Franz Albert Heinen

NS-ORDENSBURGEN

Genehmigte Lizenzausgabe für
Verlagsgruppe Weltbild GmbH, Steinerne Furt, 86167 Augsburg

Umschlaggestaltung: atelier seidel, teising
Umschlagmotiv: © ullsteinbild - Heinrich Hoffmann
Gesamtherstellung: Neografia, a.s. printing house, Martin
Printed in the EU
978-3-8289-4692-7

2015 2014 2013
Die letzte Jahreszahl gibt die aktuelle Lizenzausgabe an.

Einkaufen im Internet:
www.weltbild.de

Inhalt

Zum Geleit

Was geschah in Vogelsang?

Die Erschließung der ehemaligen Ordensburg Vogelsang hat gerade erst begonnen. Das gilt für Aspekte der Baugeschichte und der Architektur der Monumentalanlage, aber mehr noch für die Aufgaben und die Praxis der nationalsozialistischen Schulungsarbeit, für die Herkunft, Rekrutierung und politisch-ideologische Formierung der nationalsozialistischen Ordensjunker sowie für die Wirkung der weltanschaulichen Erziehung, die in der Eifel wie in den beiden anderen NS-Ordensburgen in mehreren Lehrgängen ab 1936/37 stattfand. Was wissen wir überdies über den Einsatz der Ordensburg-Mannschaften in den Jahren 1939 bis 1945 und über die Verwendung der Ordensburg während des Krieges?

Was also geschah in Vogelsang, nachdem die Anlage in ihrem ersten Bauabschnitt im Sommer 1936 nach zweijähriger Bauzeit betriebsbereit war und dort ein erster Lehrgang stattfinden konnte? Sollte hier tatsächlich die Formierung einer neuen nationalsozialistischen Elite stattfinden, sollte hier ein neuer Führungsnachwuchs ausgebildet werden? Worin bestanden die Inhalte und Lernziele der Ausbildung, von der man sich »ganze Kerle« und keine Verwaltungsexperten versprach? Was geschah zwischen und während der einzelnen Lehrgänge, wenn die Ordensburg-Mannschaften auf Informations- und »Bildungsreise« in ihren burgeigenen Bussen – nicht zuletzt mit dem Ziel der propagandistischen Selbstdarstellung – unterwegs waren?

Franz Albert Heinen hat sich auf die schwierige Quellensuche begeben und dabei viele Mosaiksteine zusammengetragen bzw. mit den bisherigen Kenntnissen verbunden, die unser Bild von dem, was sich in Vogelsang (und auch in den beiden anderen Ordensburgen Krössinsee und Sonthofen) ereignete, ganz entscheidend erweitern, die neue Tatbestände hinzufügen, vertraute Legenden teilweise widerlegen, unser Wissen und die historische Einordnung auf jeden Fall erheblich differenzieren.

Wir erfahren Genaueres über die Ausbildung der Ordensjunker, die aus kleinen sozialen Verhältnissen stammend, nicht mit wissenschaftlichen Vorträgen und einer vorwiegend kognitiven Vermittlung von Wissen, sondern durch körperlichen Drill und weltanschauliche Propaganda auf ihren künftigen Einsatz vorbereitet wurden. Wir erfahren Neues über die tastenden Anfänge, die Widersprüche und das Herumexperimentieren in der Ausbildung, über die parteiinterne Kritik an dieser Schulung, über die ständigen Kompetenzkonflikte zwischen den einzelnen nationalsozialistischen Machtgruppen und Führern, die sich auch im Ausbildungsbereich niederschlugen. Das sind einmal mehr deutliche Indizien dafür, dass es hier – wie in anderen Bereichen der NS-Herrschaftspraxis – nicht den großen Plan zur Ausbildung, Formierung und dem Einsatz der Nachwuchskader gab.

Wir erfahren erstmals etwas über die etwa zwei Dutzend Tagungen, die für NS-Funktionäre in dem in seiner monumentalen Landschaftsarchitektur sicherlich beeindruckenden Ort der nationalsozialistischen Selbstdarstellung durchgeführt wurden und das Ziel hatten, durch den Einsatz von NS-Reichsleitern die vielen Funktionäre – es waren meist mehrere Hundert – auf der Gau- und Kreisebene auf politische Maßnahmen einzuschwören, sie zur Befehlsausgabe und zur Sicherung der Loyalität zusammenzurufen. Wir erfahren erstmals etwas von den SS-Burgmannschaften, die im dreimonatigen Turnus ihren Wachdienst versahen, aber auch an den Schulungen teilnahmen. Einige wenige Spuren von ihnen führen in verschiedene Lager im Reich, wo sie offenbar an der Vernichtungspraxis der SS beteiligt waren. Sollten sich diese Spuren und der mittlerweile sehr viel besser belegte Einsatz der Absolventen der ersten Lehrgänge in den Besatzungsverwaltungen in Polen und in den besetzten Teilen der Sowjetunion bestätigen, wo die ehemaligen Ordensjunker bei der »Volkstumspolitik« im Warthegau, das heißt bei der Umsiedlung, Vertreibung und »Germanisierung« beteiligt waren, wie sie später in der Verwaltung des Ostministeriums von Alfred Rosenberg oder als Gebietskommissare in den beiden Reichskommissariaten in der Sowjetunion tätig waren, dann lässt sich Vogelsang, ebenso wie die beiden anderen Ordensburgen, eindeutig als Täter-Ort identifizieren. Dann lässt sich an die Beschreibung der Schulungsburgen, die in ihren geplanten und teilweise ausgeführten zweiten Bauabschnitten eine deutlich monumentalere Architektur erhalten sollten, die Darstellung nicht nur der Ausbildungspraxis, sondern auch die Frage nach deren Wirkung im NS-Weltanschauungs- und Vernichtungskrieg anschließen. Es lässt sich die Frage diskutieren, welche Bedeutung die »weltanschauliche Erziehung«, was immer sich im Detail dahinter verbarg, für die Indoktrination und die kriegerisch-eliminatorische Praxis hatte und ob weitere Faktoren – etwa die sozialen Aufstiegserwartungen der Ordensjunker, die Pseudo-Heroisierung ihrer Lebensführung in der Monumentalarchitektur der Ordensburgen, die Verbindung von Indoktrination und Drill, die sie erfahren haben, aber auch gruppendynamische Vorgänge in der männerbündlerischen Gemeinschaft der Weltanschauungskrieger – entscheidend für die Verfolgungs- und Vernichtungspraxis waren.

Diese materialreiche und gut belegte Darstellung ist ein wichtiger Fortschritt in der Erforschung von Vogelsang und schafft die Grundlage für weitere Forschungen, nicht zuletzt für die Arbeit im Erinnerungsort bis hin zur geplanten Dauerausstellung. Indem Franz Albert Heinen uns die Komplexität der Schulungs- und Propagandapraxis mit ihrer tödlichen Konsequenz in der Verfolgungs- und Vernichtungspolitik während des Krieges vor Augen führt, macht er hoffentlich auch sensibel für den vorsichtigen Umgang mit dem Erinnerungsort, der sorgsame Dokumentation und Aufklärung erfordert, nicht aber eine vordergründige Eventkultur.

Prof. Dr. Hans-Ulrich Thamer

Historisches Seminar der
Westfälischen Wilhelms-Universität Münster

Vorwort

So spektakulär, wie die drei als »Ordensburgen« bezeichneten monumentalen Herrschaftsarchitekturen in den ersten Jahren des nationalsozialistischen Regimes aufschienen, so unscheinbar und schamhaft versteckt führten sie nach 1945 ein Dasein im Verborgenen. Sie waren ursprünglich konzipiert als multifunktionale Denkmalarchitekturen an landschaftlich attraktiven Flecken des Reiches. Nach dem Willen ihres Initiators Dr. Robert Ley sollten sie noch in 1000 Jahren von dem Beginn eines nationalsozialistischen Zeitalters künden, vergleichbar den großen Tempelanlagen der Antike oder den Kathedralen späterer Jahrhunderte, die die Botschaften ihrer Erbauer bis in unsere Tage transportieren. Die in Stein gehauene Ideologie des braunen Regimes findet man bis heute weitgehend authentisch erhalten bei dem Allgäuer Städtchen Sonthofen im Süden, im Westen in der Nordeifel (Vogelsang) nahe Gemünd sowie im Nordosten des ehemaligen Reiches in Pommern bei der damaligen Stadt Falkenburg (heute Złocieniec) am Krössinsee.

Die Ordensburgen waren seit Baubeginn 1934/35 von Mythen umrankt, und die Nachkriegsentwicklung hat nicht dazu beigetragen, den Schleier des Geheimnisvollen zu lüften, der den Bauten und den dort agierenden Mannschaften bis 1945 anhaftete. In der Nachkriegszeit umschlossen militärische Sperrgebiete die drei nun als »böse Orte« gebrandmarkten Monumente nationalsozialistischen Größenwahns. Die Abriegelung war so erfolgreich, dass selbst die Geschichtswissenschaft die Ordensburgen als eigenständiges Forschungsfeld weitgehend übersah. Erst als Vogelsang Ende 2005 nach dem Abzug der Militärs für die Öffentlichkeit zugänglich wurde, regte sich erstes fachwissenschaftliches Interesse. Über die Beleuchtung von einzelnen Facetten hinaus steht jedoch eine überzeugende Gesamtdarstellung weiterhin aus.[1]

Gleiches gilt für den Initiator: Auch zu Ley fehlt bis heute »die« zentrale wissenschaftliche Biografie. Was umso erstaunlicher anmutet, als er im NS-Staat ein Mann mit zeitweilig großer Machtfülle war und zu Hitlers engem Umfeld gehörte. Der 1890 im Bergischen Land geborene promovierte Chemiker, der als trinkfeste rheinische Frohnatur und als Schürzenjäger galt, war trotz massiver Sprechstörungen – vermutlich als Folge einer Stirnlappenverletzung während des Ersten Weltkrieges – ein erfolgreicher Parteiagitator, der in der nationalsozialistischen Bewegung schon früh Karriere gemacht hatte und ab 1925 als Gauleiter Rheinland-Süd fungierte. In bis zu seinem Suizid am 25. Oktober 1945 gezeigter unbedingter Nibelungentreue stand er zu Hitler und stimmte dessen jeweiligen politischen Zielsetzungen zu. Als Dank dafür ließ der »Führer« seinem Getreuen in dessen Arbeitsbereichen beinahe unbeschränkte Freiheiten.

Leys Funktion war ab 1932 die des »Reichsorganisationsleiters« der NSDAP, dem das Personalamt, das Organisationsamt und das Schulungsamt der Partei unterstanden. Im Kern war er damit Personalchef des Funktionärskorps der Partei. Das Jahr 1933 stärkte Leys Machtbasis erheblich, als er nach der gewaltsamen Auflösung der Gewerkschaften als »Arbeiterführer« zudem Chef der nationalsozialistischen Nachfolgeorganisation »Deutsche Arbeitsfront« (DAF) wurde. Damit avancierte Ley zum Herrn der größten NS-Organisation überhaupt

Blick vom Hörsaal in den »Kultraum« der Ordensburg Vogelsang, in dem ab 1936 die Holzplastik »Der deutsche Mensch« von Willy Meller stand.

mit weit mehr als 20 Millionen Mitgliedern, über deren finanzielle Mittel er ebenso eigenständig wie eigenwillig verfügte.

Zu seiner Aufgabe als Personalchef der NSDAP gehörte es, den Funktionärsapparat auf eine einheitliche ideologische Linie einzuschwören. Leys Aktivitäten zielten darauf ab, mittelfristig ein im Glauben an die NS-Weltanschauung verhaftetes, blindlings der politischen Führung gehorchendes Instrument zur Herrschaftsausübung zu formen. Das sollte in Neubauten geschehen, die ab 1934 errichtet und bald darauf propagandistisch als »Ordensburgen« bezeichnet wurden. Leys Absicht war dabei nichts weniger als die Nazifizierung der gesamten »Volksgemeinschaft«, »bis auch der letzte anständige Deutsche Nationalsozialist« sei. Die Parteiburgen waren also in erster Linie zentrale Elemente der Bemühungen des Regimes zur Herrschaftssicherung.

Die Wirkung dieses Systems konnte sich angesichts der kurzen Halbwertzeit des Nationalsozialismus allerdings nur sehr eingeschränkt entfalten. Die Ordensburgen, deren Gesamtbauzeit von Ley auf mindestens zehn Jahre veranschlagt worden war, blieben letztlich Fragmente, denn ab 1938 wurden Arbeiter und Material für andere, militärisch bedeutsame Vorhaben benötigt. Die heute sichtbaren monumentalen Relikte sind also nur kleine Teile weitaus umfangreicher angelegter Projekte. Die Ordensburgen blieben bis 1945 »Leys Unvollendete« und stehen heute da als monumentale Fußspuren eines größenwahnsinnig anmutenden Experiments zur Beeinflussung von Menschen im Sinne eines verbrecherischen Regimes.

Mit diesem Buch soll erstmals der Versuch unternommen werden, einen Gesamtüberblick über die drei Ordensburgen und ihre Funktion im nationalsozialistischen Herrschaftssystems zu geben: von Bau und Architektur über den Schulungsalltag und den Einsatz der Ordensjunker in den besetzten Gebieten Osteuropas bis hin zur Nachkriegsnutzung der Bauwerke.

Eine Publikation zu diesem Thema bringt es unausweichlich mit sich, dass eine ganze Flut nationalsozialistischer Begriffe verwendet werden muss. Zur deutlichen Distanzierung sind solche Begriffe zunächst in Anführungszeichen gesetzt. Im weiteren Text wird dann der besseren Lesbarkeit wegen auf die Anführung verzichtet. Aus dem gleichen Grund wurden Zitate in moderater Form der neuen deutschen Schreibweise angeglichen und offensichtliche Rechtschreibfehler in Dokumenten korrigiert. Einfügungen des Autors in Zitaten bzw. Auslassungen sind durch eckige Klammern gekennzeichnet. Teilnehmer an den Ordensburg-Lehrgängen sind – insofern sie keine weiteren Funktionen im NS-Herrschaftssystem innehatten – im Text anonymisiert worden. Gleiches gilt für ehemalige Schüler der Adolf-Hitler-Schulen, die dem Autor unter der Voraussetzung ihrer Anonymität bereitwillig Auskunft gegeben haben

Der Initiator der Ordensburgen: Dr. Robert Ley, Reichsorganisationsleiter der NSDAP und Chef der Deutschen Arbeitsfront, 1933.

Im Frühjahr 2011,
F. A. Heinen

Einleitung

Ziel Nachwuchsführerschulung

Das Thema »Schulung« hatte vor 1933 in der Partei nur nachgeordnete Bedeutung gehabt. Im Gau Köln etwa war die Schulung der Funktionäre erst 1928 allmählich in Fahrt gekommen.[1] Sie diente bis 1933 allerdings nur unmittelbar praktischen Erfordernissen: Die Aktivisten der NSDAP sollten in die Lage versetzt werden, bei Versammlungen des politischen Gegners argumentieren zu können.[2] Da solche Diskussionen häufig gewalttätig endeten, setzte Robert Ley in seinem Gau auch auf die körperliche Ertüchtigung seiner Truppen durch heimliche Wehrsportveranstaltungen, die jedoch von der Polizei misstrauisch beobachtet wurden.[3] Es ging also im Wesentlichen darum, mit »handfesten Argumenten« die Auseinandersetzung mit dem politischen Kontrahenten insbesondere vom linken politischen Flügel zu bestehen.

Das änderte sich mit dem Tag der Ernennung Hitlers zum Reichskanzler am 30. Januar 1933 grundlegend. Die Zeit der Straßenkämpfe und Saalschlachten war Vergangenheit, fortan wollte die Partei die einmal errungene Herrschaft festigen und für immer sichern. Zu dem Zweck bediente sich die NSDAP einerseits der Propaganda, andererseits der Schulung ihrer Funktionäre. Am 25. Mai 1933 legte der Gründungschef des neuen Reichsschulungsamtes der NSDAP, Otto Gohdes, eine »Denkschrift über die Schulung der Parteiorganisation und der Deutschen Arbeitsfront« vor. Darin machte er die künftige Aufgabe der Schulung deutlich: »Das Volk muss erst durch uns, durch die NSDAP, restlos für den Nationalsozialismus erobert werden. Ist dieses Ziel erreicht, dann erst ist die deutsche Revolution beendet.«[4]

Zahlreiche Schreiben sickerten alsbald durch sämtliche Hierarchieebenen des Funktionärsapparates, in denen Anweisungen erteilt wurden, wie die Schulung im Detail ausgestaltet werden sollte. Die ersten Maßnahmen betrafen allesamt die Formierung des aktiven ehren- und hauptamtlichen Funktionärskorps. In der Folge lief die Nachschulung des Parteiapparates an, und bald gab es zahllose Schulungseinrichtungen in allen Gauen, so beispielsweise in der beschlagnahmten ehemaligen Schule des Allgemeinen Deutschen Gewerkschaftsbundes (ADGB) in Bernau in Brandenburg, die zur »Reichsführerschule der P[olitischen] O[rganisation] und der Arbeitsfront« umgewidmet wurde.[5] Die Schulung in Bernau sollte »vorzugsweise weltanschaulich« erfolgen. Begriffe wie »Nationalsozialismus« und »Volksgemeinschaft« waren auf der Basis von Hitlers programmatischer Schrift *Mein Kampf* zu behandeln. Weitere Themen waren Aufbau und Geschichte der Partei. Breiten Raum nahm das Fach »Rassenlehre« ein, wo man Themen wie »das Judentum« und »Blut und Boden« behandelte. Das dritte Fachgebiet war Geschichte, wobei auch dieser Bereich von der NS-Rassenlehre überlagert war, wie das vorgegebene Unterrichtsthema »vergleichende Geschichte im Spiegel der Rasse« deutlich machte. Die »körperliche Schulung« sollte Selbstvertrauen und körperliche Leistungsfähigkeit heben, um »den Kursusteilnehmern ein sicheres Auftreten, ein Überwinden des inneren Schweinehundes« zu vermitteln. Es ging dabei um die Stärkung von »Mut und Gewandtheit, Entschlossenheit und Ausdauer«.

Otto Gohdes, bis 1934 Reichsschulungsleiter der NSDAP und danach Kommandant der Ordensburg Krössinsee.

Anfang 1934 rief Reichsschulungsleiter Otto Gohdes dazu auf, in den Gauen Ausschau nach geeignetem Parteiführernachwuchs zu halten. Das begründete er mit einer absehbaren Vergreisung des vorhandenen Funktionärskorps: »Mindestens die Hälfte« sei bereits Weltkriegsteilnehmer gewesen. Der NS-Staat habe jedoch nur so lange Bestand, wie er »fanatische Führer und Kämpfer« für seine Weltanschauung einsetzen könne. Daher müsse sofort durch »strengste Auslese« ein solider Bestand an »Kämpfern und Führern« erzogen werden.[6] Es gelte, den »Typ des Kämpfers einer Weltanschauung« heranzubilden, der »Prediger und Soldat zugleich« sei und der mit einem »durch nichts zu erschütternden Fanatismus« sich sein Leben lang für den Nationalsozialismus einsetzen würde. Gesucht wurden also künftige Weltanschauungskrieger.

Auch Robert Ley hatte bereits frühzeitig begonnen, sich dem Thema »Führernachwuchs« intensiv zu widmen. Rückblickend äußerte er: »1933 schon begann die Schulung in der Partei, und sehr bald kam die Frage nach dem Nachwuchs. Es entstand die Einsicht, dass in dieser Richtung etwas getan werden müsse.«[7] Den entscheidenden Anstoß nicht nur für Parteischulungen, sondern auch zum Neubau von Schulungseinrichtungen hatte Hitler am 16. Juni 1933 bei der Eröffnung der neuen Führerschule der NSDAP in Bernau gegeben.[8]

Anlässlich seines Besuches forderte er, das dortige »marxistische« Gebäude »des Juden May« für alle Zeiten zu erhalten und als Gegenbild dazu Bauwerke »unserer Art« zu errichten. So solle der Kontrast beider »Weltanschauungen« dargestellt werden. Ley deutete die Äußerungen seines »Führers« als Auftrag, die künftige Spitzenschulung der Funktionäre in Neubauten zu betreiben, denn er sei der Überzeugung gewesen, »dass man diese neue, gewaltige Weltanschauung Adolf Hitlers nicht in alten, modrigen und verstaubten Gebäuden predigen und lehren kann. Genau so neu wie diese weltumstürzenden Gedanken sind, muss auch die Umgebung sein, in der diese Ideen den Menschen verkündet werden.«[9] Im parteiinternen Sprachgebrauch firmierten die geplanten neuen Parteieinrichtungen am Krössinsee, in Vogelsang und Sonthofen zunächst als »Schulungslager«, dann als »Schulungsburgen«.[10] Hermann Giesler, der Architekt der Anlage in Sonthofen, erklärte diesen Wandel beim Richtfest. Im Dezember 1933 habe Ley bei einer Tagung in Königswinter von der Idee gesprochen, »Schulungsburgen zu errichten, in denen der Geist des Nationalsozialismus, in denen unsere Weltanschauung herrschen und gepflegt werden soll, dass daraus einst Ordensburgen entstehen für unsere nationalsozialistische Ordensgemeinschaft«.[11] Ab Herbst 1935 schließlich wurden die »Schulungsburgen« parteioffiziell zu »Ordensburgen« stilisiert. Und am 26. November 1935, bei der Eröffnung der Reichsschulungsburg Erwitte, verkündete Ley das Sonderprogramm der Ordensburgen als Bildungsstätten des politischen Führernachwuchses der NSDAP.[12]

Adolf Hitler (Mitte) bei der Eröffnung der Reichsführerschule in Bernau am 16. Juni 1933; links (in heller Uniform): Robert Ley.

Das Schloss Erwitte, in dem am 24. November 1935 eine Reichsschulungsburg eröffnet wurde.

Vom »Schulungslager« zur »Ordensburg«

Zur konkreten Vorgeschichte des Baus der Ordensburgen lieferte Ley zu unterschiedlichen Gelegenheiten teilweise differierende Darstellungen. Seine plausibelste Variante stammt aus dem Jahr 1939. Zwei Projekte hätten ihn demnach im Jahr 1933 neben dem Aufbau der Deutschen Arbeitsfront bewegt: die Realisierung des NS-Programms »Kraft durch Freude« (KdF) und die weltanschauliche Erziehung der Politischen Leiter. Hinsichtlich der KdF habe er sein spezielles Augenmerk dem Amt »Reisen, Reiten, Wandern und Urlaub« gewidmet, mit dem er gemäß Hitlers Auftrag dafür sorgen sollte, dass die »schaffenden Menschen« genügend Urlaub bekämen. »So dachte ich daran«, erklärte Ley später, »für den Urlaub transportable Baracken zu errichten, die man an den schönsten Punkten Deutschlands aufbauen könnte. Gleichzeitig bewegte mich auch die weltanschauliche Schulung der NSDAP außerordentlich, und ich machte mir Gedanken, wie die Schulen für diese Aufgaben aussehen müssen. Ich kam dabei auf die Ordensburgen. Da die Mittel der Partei und der Deutschen Arbeitsfront beschränkt waren, wollte ich erst beide Gedankengänge miteinander verbinden, um die Barackenlager sowohl für ›Kraft durch Freude‹ als auch für die weltanschauliche Schulung zu verwenden.«

Mit der Errichtung eines entsprechenden Barackenlagers habe er zunächst den Kölner Architekten Clemens Klotz beauftragt. Aus dessen Entwürfen könne man den »lagermäßigen Charakter der Ordensburg Krössinsee« erkennen.[13] Ein grundsätzliches Umdenken, so Ley weiter, sei schließlich durch Intervention des Architekten und Gauschulungsleiters in Schwaben, Hermann Giesler, erfolgt: »Auf einer Tagung der Gauschulungsleiter des Reiches trug ich meine Gedanken über die weltanschauliche Schulung der Politischen Leiter und des Nach-

Dieser frühe Plan des Vogelsang-Architekten Clemens Klotz vom April 1934 zeigte bereits im Wesentlichen die später realisierten Bauten mit dem »Gemeinschaftshaus« (rechts am noch runden Turm), der daran anschließenden »Wandelhalle« und den Unterkünften am Hang.

wuchses – Gedanken, wie sie sich immer mehr in den Ordensburgen und in den Adolf-Hitler-Schulen verdichteten – vor. Auf der nächsten Tagung der Gauschulungsleiter, auf der ich dieses Thema weiter behandelte, trat nun der Parteigenosse Giesler mit dem ersten Entwurf der Ordensburg Sonthofen auf den Plan. [...] Ich nahm den Entwurf sofort an. [...] Später wurde aus diesem Entwurf die jetzige Ordensburg Sonthofen.«[14] Giesler begründete seine Abkehr von der ursprünglich geplanten Barackenbauweise gegenüber Ley mit dem Argument, »wir seien keine Nomaden, [...] die Baracken seien ein Provisorium und nur auf begrenzte Zeit erträglich. [...] Baracken seien nicht geeignet, um darin Eliten auszubilden, und sie entsprächen auch nicht unserer notwendigen Selbstdarstellung«.[15] Giesler erreichte damit nicht nur, dass Sonthofen als Standort für eine neue Schulungseinrichtung aufgenommen wurde, sondern bewirkte auch für die Projekte in der Eifel und in Pommern die erste große konzeptuelle Änderung vom Barackenbau zu festen repräsentativen Bauwerken, die schließlich »Ordensburgen« genannt wurden.

Alfred Rosenberg, der »Chefideologe« der NSDAP und Autor des einflussreichen Buches *Der Mythus des 20. Jahrhunderts*; Aufnahme nach 1933.

Der »Orden der NSDAP« und seine Hochburgen

Die Bezeichnung »Ordensburg« suggeriert fälschlicherweise, dass es einen nationalsozialistischen »Orden« gegeben habe. Diese Vorstellung beschäftigte tatsächlich einige in der Partei, allen voran den Chefideologen Alfred Rosenberg. In dessen 1930 veröffentlichten Buch *Mythus des 20. Jahrhunderts* tauchte erstmals die Vorstellung von der NSDAP als Führungsorden der Partei auf: »Aufgabe dieses neuen Staatsgründers ist es, einen Männerbund, sagen wir einen Deutschen Orden, zu gestalten, der sich aus Persönlichkeiten zusammensetzt, die führend an der Erneuerung des deutschen Volkes teilgenommen haben. Die Mitglieder dieses ›Deutschen Ordens‹ werden vom ersten Staatsoberhaupt nach der Neugründung des Reiches aus allen Schichten des Volkes ernannt. Vorbedingung ist: Leistungen im Dienste des Volkstums, gleich auf welchen Gebieten.«[16] In einem Schreiben an Ley vom Sommer 1936 erklärte Rosenberg, dass der »Führer« anlässlich einer Besprechung von Reichs- und Gauleitern 1933 am Obersalzberg, Hitlers »privatem« Wohn- und Regierungssitz bei Berchtesgaden, die Idee »sanktioniert« habe, nach der die »Führung des deutschen Volkes« »in einer strengen Ordensform« zusammengefasst werden solle.[17] Später, so hieß es in dem Brief an Ley weiter, habe er, Rosenberg, dann auf der Marienburg, einem ehemals bedeutenden Sitz des mittelalterlichen Deutschen Ordens, einen Vortrag zum »deutschen Ordensstaat« gehalten. Die am 30. Mai 1934 gehaltene Rede, so notierte Rosenbergs Adjutant und Kanzlei-Leiter Thilo von Trotha,[18] sei ein »Markstein in der Geschichte des Nationalsozialismus« gewesen, da sie die »geschichtliche und staatliche Idee der Bewegung ins Überzeitliche« erhoben habe. Gerade von dieser Rede seien in der Folge »außerordentliche Wirkungen« ausgegangen. Rosenbergs Ordensidee habe »mit einem Schlage die nationalsozialistische Staatsidee aus der Sphäre des Zufälligen in die des Gesetzmäßigen und

Typischen« gehoben. Bei der Marienburg-Rede habe die NSDAP innerlich »Besitz vom germanischen Gehalt des deutschen Mittelalters« genommen.[19] Auch auf Hitler muss die Ordensidee Eindruck gemacht haben, denn auf dem Reichsparteitag 1934 in Nürnberg erklärte er: »Die Partei als große politische Führungsauslese, als die Schule der Nation, ist der große deutsche Orden, mit dessen Leben und Inhalt Volk und Staat auf immer ungetrennt verbunden sein werden.«[20]

1935 thematisierte Rosenberg den Parteiorden erneut, diesmal in einem Beitrag für *Das Schwarze Korps,* eine Zeitschrift der SS. Die nationalsozialistische »Bewegung« müsse sich eine »dauerhafte Führungsform« schaffen, in der das Prinzip von »Führer und Gefolgschaft« ihren »klar fassbaren Niederschlag finden« müsse. So wirke das Führerprinzip »typenschaffend auf kommende Zeiten« ein. Das »Geloben von Treue und Gefolgschaft und der einmütige Einsatz« hätten den Deutschen Orden groß und leistungsfähig gemacht: »Der Orden und der Ordensrat sollen also jene stählerne Klammer bilden, welche die Form des deutschen Lebens zusammenhält.« Wenn man diese äußere Form mit der »Weltanschauung« erfülle, dann erscheine der Orden »als eine auf einer Weltanschauung begründete, von stärkster Disziplin bestimmte Führungsgemeinschaft«. Der Ordensgedanke stehe immer bewusster im Vordergrund der Debatte über die »künftigen Lebensformen« des Nationalsozialismus. Der Schutzstaffel billigte Rosenberg eine Vorreiterrolle zu: »Die SS hat hier mit die große Aufgabe, in ihrer Gemeinschaft diese Ordensform schon vorzuleben und vorzubilden« und diese Form mit dem Gehalt nationalsozialistischer Ideen »zu einer einzigen Einheit zu führen«. In diesem Sinne sei die SS »pflichtbewusste Vorkämpferin« des Nationalsozialismus.[21] Der Verweis auf die Rolle der SS kam nicht von ungefähr, denn auch Heinrich Himmler bezeichnete die Schutzstaffel als »Orden«, sah allerdings keinen Widerspruch zum »Orden der NSDAP«, wie er 1937 bekundete: »Das schließt sich gegenseitig gar nicht aus.« Die SS sei ein nationalsozialistischer Orden mit rassischer Bestimmung, nämlich ein Orden »nordisch bestimmter Männer und eine beschworene Gemeinschaft ihrer Sippen«. Beide Orden, der der NSDAP und der der SS, seien »soldatische« Orden, beide »zuchtmäßig, blutsmäßig gebunden an das nordische Blut, eine Sippengemeinschaft, wenn Sie es wollen«. Die Aufgabe des Ordens der SS gehe allerdings »ins Menschenzüchterische«, der Parteiorden ziele hingegen auf das »politisch Führungsmäßige«.[22]

Die Marienburg in den Nähe von Danzig, um 1936, im Mittelalter Sitz des Deutschen Ordens.

Als Robert Ley mit dem Bau seiner Schulungseinrichtungen begann, erörterte Rosenberg mit dem Reichsschulungsleiter Otto Gohdes das Thema »Parteiorden«, und von diesem war die Idee offenbar an Ley herangetragen worden. Rosenberg begrüßte es in dem schon zitierten Brief an Ley ausdrücklich, dass er die Schulungshäuser als »Ordensburgen« bezeichne, in denen »eine übersichtliche Zahl von Nationalsozialisten auf längere Zeit in disziplinärer Weise geformt« würde.[23] Auch in der Öffentlichkeit thematisierte man die Verbindung zwischen Leys Lehrgangsteilnehmern und dem Orden der NSDAP. So hieß es in der Zeitschrift *Der Angriff* im April 1936: Nach drei Jahren Schulung auf der Ordensburg gehöre ein Kursteilnehmer »mit seiner ganzen Existenz der Partei und dem Führer«. Dass er dann zur politischen Führung gehöre, »verdankt er dem Orden, dem er sich verschworen hat, und dem er in unbedingtem Gehorsam unterworfen ist«.[24] Welchen Typus von Ordensmitgliedern man anstrebte, beschrieb der *Schulungsbrief* der NSDAP bereits 1936. Die Partei werde immer eine Minderheit bleiben, ein »Orden der nationalsozialistischen Weltanschauung, der das Führertum unseres Volkes umfasst«. Gefragt seien für diese Aufgabe nur »Kämpfer«, die bereit seien, »alles für die totale Durchsetzung der nationalsozialistischen Weltanschauung auf sich zu nehmen und alles einzusetzen«.[25]

Holzschnitt von Georg Sluyterman von Langeweyde, der den Orden der NSDAP und dessen Anlehnung an das historische Vorbild des christlichen Deutschen Ordens thematisiert. Die Darstellung zeigt einen stilisierten NS-Ordensjunker und das angebliche mittelalterliche Vorbild vor der Kulisse Vogelsangs.

Propagandistisch flankiert wurde die Verwendung des Begriffs »Ordensburg« für die Parteibauten im Frühjahr 1936 im *Westdeutschen Beobachter* (WB), der unter Berufung auf Leys Stellvertreter als DAF-Chef, Rudolf Schmeer, auf eine seit dem 13. Jahrhundert bestehende Burg des Deutschen Ordens in Thorn an der Weichsel mit der Bezeichnung »Vogelsanck« verwies. Damit war in der Propaganda die Verknüpfung zwischen der Vorstellung eines Parteiordens und dem angeblichen historischen Vorbild hergestellt.[26] So erschien es folgerichtig, dass Ley ab Ende 1935 seine »Hochburgen« nationalsozialistischer Weltanschauung begrifflich an dieses Bild anlehnte und sie fortan als »Ordensburgen« bezeichnete. Damit war ein neuer Mythos geboren. Tatsächlich stellten diese Bauten bis 1945 die einzige Konkretisierung des »Ordens der Partei« dar. Der Orden selbst blieb, wie fast alles bei Leys hochfliegenden Plänen, ein Hirngespinst.

Bau und Architektur

Wahl der Standorte und der Architekten

Nachdem mit der DAF eine offiziell als Bauherrin auftretende Zahlmeisterin für die geplanten Neubauten bestimmt war, musste zunächst die Standortfrage geklärt werden. Der Vogelsang-Architekt Clemens Klotz bestätigte in der Nachkriegszeit, dass in der Eifel zunächst nur ein »Sommerurlaubslager der Deutschen Arbeitsfront« entstehen sollte.[1] Für Schulungszwecke habe die Partei ursprünglich einen Ort am Rheinufer gegenüber der Insel Nonnenwerth vorgesehen, wobei Teile des Bauwerks den Rhein überkragen sollten. Klotz behauptete später, er habe Ley davon überzeugen können, dass diese Lösung viel zu teuer geworden wäre. In Wahrheit habe er den im Kloster lebenden Schwestern die Nähe zu der geplanten Parteieinrichtung ersparen wollen. Er sei dann mit der Suche nach einem alternativen Standort beauftragt worden und dachte »gleich an die Eifel, und zwar an die Höhen über dem Urftsee«.

Da die ursprünglich für den Bau vorgesehene Parzelle nahe bei Gemünd mit der Flurbezeichnung »Im Vogelsang« sich im Lauf der Planungen als zu beengt erwies, verschob die DAF ihr Projekt kurzerhand auf den benachbarten Bereich »Erpenscheid«, der sich auf einer Länge

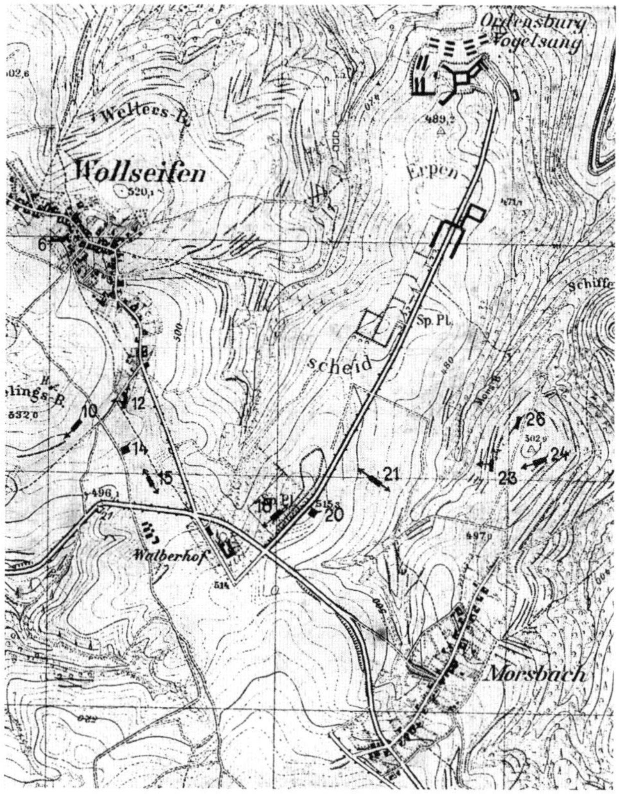

Landkarte (vermutlich von 1939/40), die noch die ursprüngliche Geländebezeichnung »Erpenscheid« für den Bauplatz der Ordensburg verzeichnet.

Die Baustelle Vogelsang im Jahr 1934 unmittelbar vor dem Beginn der Erdarbeiten zur Terrassierung des Areals.

von rund zweieinhalb Kilometern mit weniger als hundert Metern Höhenunterschied in Richtung Urftsee erstreckt. Als Namen behielt das Projekt jedoch »Vogelsang« bei. Für zunächst 145 000 Reichsmark wurde den Bauern eine etwa 110 Hektar große Fläche zwischen den Dörfern Wollseifen, Morsbach und Dreiborn abgekauft. Später erwarb die DAF noch weiteres Land hinzu. Wohl um die Jahreswende 1933/34 fiel auch die Entscheidung für einen zweiten Standort in Pommern, wo in der Folge die Ordensburg Krössinsee entstand. Der Bauplatz lag in Sichtweite des Städtchens Falkenburg unmittelbar am Ufer des Krössinsees.[2] Etwa zeitgleich kam schließlich auf Vorschlag Hermann Gieslers noch ein dritter Standort hinzu: Sonthofen im Allgäu.

Bei der Auswahl der Standorte an den Grenzen des Deutschen Reiches spielten wohl neben Aspekten der

Wirtschaftsförderung auch politische Überlegungen eine Rolle. So war durchaus beabsichtigt, die von nationalsozialistischem Gedankengut noch relativ wenig durchdrungenen Bewohner der grenznahen ländlichen Gebiete für das neue Regime zu erwärmen, oder, wie es im NS-Jargon hieß: die peripheren Gebiete »mit nationalsozialistischem Gedankengut zu durchbluten«.[3] Zudem zielten die Burgen auf das jenseits der Grenze lebende Auslandsdeutschtum ab, wie Otto Gohdes, der spätere Krössinseer Kommandant, erklärte: »Man ging von dem Gedanken aus, die Burgen in Grenzgebiete zu stellen, sie sollten gleichzeitig Stätten des volksdeutschen Kampfes werden. Krössinsee war damals 48 km von der polnischen Grenze entfernt, Vogelsang 12 km von der belgischen, und von Sonthofen aus waren es nur wenige km bis zur Reichsgrenze.«[4]

Parallel zur Wahl der Standorte fiel auch die Entscheidung für die Architekten. Zwei der drei NS-Ordensburgen – Vogelsang und Krössinsee – plante der Kölner Architekt Clemens August Klotz (geb. 31. Mai 1886, gest. 18. August 1969). Klotz hatte bereits vor 1933 erfolgreich in Köln ein großes Architekturbüro geleitet.[5] Anfang der 1930er Jahre lernte er Robert Ley kennen, dem Klotz später zahlreiche Großaufträge für die DAF verdankte. Die Aufträge wurden teilweise ohne Ausschreibung direkt an Klotz vergeben, getreu dem rheinischen Motto »Man kennt sich, man hilft sich«. Das traf auf die Ordensburgen genauso zu wie auf ein Großprojekt, das 1935 hinzukam: die Planung eines KdF-Seebades für 20 000 Urlauber auf der Ostseeinsel Rügen bei Prora. Für das Modell dieses Entwurfs erhielt Klotz 1937 auf der Pariser Weltausstellung einen »Grand Prix«. Auf Wunsch Hitlers übersiedelte Klotz nach München und unterhielt dort ab 1935/36 wie in Köln ein Büro mit 15 bis 18 Mitarbeitern, eigenem Statikbüro und einem Bildhaueratelier für die Anfertigung der Architekturmodelle. Darüber hinaus entwarf er später zwei weitere Ordensburgen, die jedoch über Planungen nie hinauskamen: bei der historischen Marienburg an der Nogat und eine »Weichselburg« in Kasimierz in Polen, unweit des Krakauer Wawel. Nach dem Krieg versuchte Klotz, in Köln wieder beruflich Fuß zu fassen, bemühte sich meist jedoch vergeblich um öffentliche Aufträge.

Die Klotz-Biografin Petra Leser geht davon aus, dass

Der Kölner Architekt Clemens Klotz, der die beiden Ordensburgen Vogelsang und Krössinsee entwarf; undatiertes Foto.

die Entwürfe für die Ordensburgen und das Prora-Projekt von Julius Schulte-Frohlinde als dem Leiter des DAF-Baubüros und von Albert Speer als dem Leiter des KdF-Amtes »Schönheit der Arbeit« begutachtet und verändert wurden. Dabei soll es teils erregte Diskussionen zwischen Klotz und Speer gegeben haben, die oft im Zerreißen gerade fertiggestellter Entwürfe endeten. Auch Hitler informierte sich bei mindestens zwei Besuchen in Köln über die Planungen.

Der Architekt der dritten Ordensburg in Sonthofen hieß Hermann Giesler, war eigentlich Innenarchitekt und seit einem persönlichen Treffen mit dem »Führer« im Jahr 1933 ein fanatischer Nationalsozialist und Hitler-Fan.[6] Die Bewunderung für sein Idol überdauerte sogar das Ende des Regimes; noch in den 1970er Jahren veröffentlichte er, inzwischen fast 80 Jahre alt, ein spätes Bekenntnis zu seinem »Führer«. Die Ordensburg Sonthofen

Modell des ebenfalls von Clemens Klotz geplanten KdF-Seebades Prora auf Rügen.

Hermann Giesler, der Architekt der Ordensburg Sonthofen im Allgäu, um 1938.

vor der Gebirgskulisse des Allgäus war Gieslers Eintrittskarte in die Führungsriege der NS-Architekten. Nachdem Albert Speer für Rüstungsaufgaben eingespannt war, rückte Giesler in der Architekten-Hierarchie weit nach vorn. Bald gehörte er zum persönlichen Bekanntenkreis Hitlers. Dabei zeigte seine Jugendbiografie aus zeitgenössischer Sicht einen ziemlich dunklen Fleck, den zu verstecken Giesler alle Veranlassung hatte: Der 1898 in Siegen geborene Giesler war nach Kriegsende als Student in München Mitglied der »Kommunistischen Siedlung Blankenburg« geworden. Um den 20. Juni 1919 hob die Polizei das »Spartakistennest« aus. Im Polizeibericht vom 6. August 1919 war die Rede von »Verschwörung gegen die Ruhe des Landes und für die Errichtung einer neuen Räterepublik getreu nach Leninschem Muster«.[7] Ironie der Geschichte: Der ehemalige Angehörige einer Bolschewistengruppe avancierte später zu einem der favorisierten Architekten Hitlers.

Der NSDAP trat Giesler offiziell zum 1. Oktober 1931 bei, ein halbes Jahr nach seinem späteren Erzrivalen Albert Speer. Sonderliche parteipolitische Aktivitäten bis zum Regierungsantritt Hitlers sind allerdings nicht belegt. In Publikationen aus der Zeit nach 1933 finden sich jedoch Hinweise darauf, dass Giesler als »Kreisredner« aufgetreten sei, angeblich vor 1933 als »Gauredner«. Zudem war er Mitglied der SA mit zuletzt hohem Dienstgrad. Jedenfalls begann Gieslers politisches Engagement spätestens mit dem Tag der »Machtergreifung«. Bereits

1933 sollte eine »Amtswalterschule« für den Gau Schwaben in Blaichach errichtet werden, Giesler wurde für die Funktion des dortigen ehrenamtlichen Schulungsleiters vorgesehen und nach Bernau geschickt, wo er erstmals auf Hitler und Ley persönlich traf. Fortan war Giesler Hitler verfallen. Beruflich halfen ihm die neuen Machthaber auf die Beine: Am 20. November 1933 wurde er offiziell zum »Bezirksbaumeister« in Sonthofen ernannt. Im Dezember 1933 erfuhr er bei einer Tagung der Gauschulungsleiter in Königswinter von Leys Absicht, »Schulungslager« zu errichten, wenig später bekam er offiziell den Auftrag für die Allgäuer Ordensburg. Neben dem Bauvorhaben in Sonthofen, dem Weimarer Gauforum und dem Umbau des dortigen »Hotel Elephant«[8] plante Giesler die Neugestaltung Augsburgs sowie die deutschen Bauten für die vorgesehene Weltausstellung 1942 in Rom; in München sollte er als »Generalbaurat der Hauptstadt der Bewegung« die komplette Neugestaltung der bayerischen Metropole übernehmen.

Die zwei von Ley beauftragten Architekten hinterließen jeweils deutlich verschiedene Handschriften. Hermann Giesler als Innenarchitekt betonte in Sonthofen die Innenraumgestaltung und bemühte sich um einen eher wohnlichen und gefälligen Entwurf, während Klotz gewaltige Wände aus kühlem, dunklem Eifelgestein aufbaute, was insgesamt eher abweisend wirkte. Auch topografische Unterschiede spielten eine Rolle: Im Gegensatz zur Anlage am Krössinsee, die auf einer nahezu brettebenen Grundfläche auf sandigem Boden errichtet wurde, entstand Vogelsang im ersten Bauabschnitt an einem sehr steilen Nordhang oberhalb der seit 1905 bestehenden Urfttalsperre. Sonthofen wiederum erstreckte sich auf einem Hügel oberhalb der Ortschaft.

Beide Architekten hatten ein gemeinsames Problem, und das hieß Robert Ley. Der hatte nach eigenem Eingeständnis die Projekte ohne jedes Konzept in Angriff genommen. Er habe den Bau der Ordensburgen »weit mehr intuitiv begonnen als aus verstandesmäßigem Wissen. Ja, ich muss gestehen, dass mich meine eigenen Mitarbeiter vor dieser gewaltigen geldlichen Belastung der Deutschen Arbeitsfront warnten, und doch hielt ich an dem einmal gefassten Plan stur fest.«[9] Das betraf nur die Absicht zur Errichtung der Ordensburgen, nicht jedoch die Durchführung. Denn die beiden Architekten mussten jederzeit mit unvorhersehbaren Veränderungen der Bauaufgabe durch den Auftraggeber rechnen. Wie bereits geschildert, ging es – zumindest für Klotz – anfangs um den Bau besserer Barackenlager, die dann unvermittelt zu massiv in Stein gehauenen »Schulungsburgen« und nur wenig später, noch während der Bauphase, zu megalomanen Ordensburgen ausgebaut werden sollten. Das bedingte jedes Mal gravierende Planungsänderungen, die aber möglichst stimmig mit den bereits fertiggestellten Teilen in Einklang gebracht werden mussten. Sowohl Klotz als auch Giesler wurden dieser schwierigen Aufgabe gerecht, wenngleich die Planungsbrüche bis heute an der Architektur ablesbar sind. Während die jeweils ersten Bauabschnitte in sich geschlossen und stimmig wirken, setzen sich die späteren monumentalen Erweiterungsbauten deutlich davon ab.

Adolf Hitler mit seinem Architekten Hermann Giesler (l.) vor Modellen geplanter Neubauten in München, 1940.

Die vorgesehenen Funktionen der Bauten waren bei allen Projekten identisch. Zunächst ging es um den Bau einer Schule mit Internatsunterkünften für 500 Kursteilnehmer einschließlich Versorgungseinrichtungen sowie großzügigen Sportanlagen. Bereits im November 1935, als der jeweils erste Abschnitt noch im Rohbau stand, kündigte Ley bei der Eröffnung der Reichsschulungsburg Erwitte die Verdoppelung der geplanten Unterbringungskapazität der Ordensburgen an: »Alljährlich können dann 1000 junge Menschen geschult, erzogen und in das Leben geschickt werden.«[10]

Die »Ehrenhalle« der Reichsschulungsburg Erwitte mit den üblichen Insignien des Nationalsozialismus, nach 1935.

Das erzwang Neuplanungen für den Hörsaal sowie zusätzliche Unterkünfte und Versorgungseinrichtungen. Bereits diese Erweiterungen ließen sich nicht ohne Brüche an den ersten Bauabschnitt anfügen. Wenig später kam offenbar unter dem Einfluss von Albert Speer die Aufgabe hinzu, bei den nunmehr vorgesehenen monumentalen Bauwerken Denkmalarchitektur zu planen. Die Erweiterungen erreichten schließlich Dimensionen, die den Ursprungsentwurf als nachgerade unbedeutende Kleinigkeit erscheinen ließen. Vorgesehen waren nunmehr Tempel des Nationalsozialismus, die gleichermaßen den »Führer« und seine Partei, die »Volksgemeinschaft« und die NS-Weltanschauung glorifizieren sollten.

Kaum waren diese Erweiterungen ab 1937 geplant und teilweise begonnen worden, da zeichnete sich eine Entwicklung ab, die alsbald zum beinahe völligen Stillstand auf den Baustellen führte. Im Zusammenhang mit Hitlers Kriegsvorbereitungen setzte – verstärkt ab 1938 – eine Rüstungskonjunktur ein, die einen akuten Mangel an Arbeitskräften und Material auf Leys Baustellen auslöste. Am 12. September 1938 gab Hitler offiziell bekannt, dass er massive Aufrüstung befohlen habe: »Ich habe [...] nunmehr am 28. Mai sehr schwere Maßnahmen getroffen: Erstens: Die angekündigten Verstärkungen des Heeres und der Luftwaffe wurden auf meinen Befehl hin außerordentlich erweitert und augenblicklich eingeleitet und ausgeführt. Zweitens: Ich befahl den sofortigen Ausbau unserer Festungsanlagen im Westen.«[11] Das war der Startschuss zum Bau des »Westwalls«, einer aufwendigen Kette von Befestigungsbauten entlang der gesamten Westgrenze vom Niederrhein bis nach Basel. Fortan wurden Arbeiter und Material an diesen und anderen militärisch bedeutsameren Projekten benötigt. Damit kam auch die Bautätigkeit an den Ordensburgen ab Herbst 1938 nahezu ganz zum Erliegen. Mit wenig Personal wurden lediglich Rest- und Sicherungsarbeiten bis zum Frühjahr 1942 erledigt, danach waren die Baustellen bis 1945 eingemottet.

Welche Bauten entstanden und unter welchen Umständen die Baufortschritte erzielt wurden, das soll – um Wiederholungen zu vermeiden – nachfolgend schwerpunktmäßig am Beispiel Vogelsangs aufgezeigt werden. Die Projekte Krössinsee und Sonthofen werden straff zusammengefasst.

Vogelsang

Vorbereitende Arbeiten

Das immer weiter ausufernde Ausmaß des Eifeler Projektes wurde bereits bei der Landbeschaffung deutlich. Nach Auskunft des Zeitzeugen Josef Lorbach war zunächst der Ankauf von 270 Hektar Gelände in Aussicht genommen worden.[12] Die Gesamtbauzeit für Vogelsang wurde auf mindestens zehn Jahre geschätzt, bei einer Bausumme von 250 Millionen Reichsmark.[13] Die Ausweitungstendenz war bis nach dem Kriegsbeginn weiterhin ungebrochen, wie Landrat Josef Schramm 1940 konstatierte.[14]

Die Verkehrsinfrastruktur der Region war zunächst völlig ungeeignet, um die Großbaustelle im Hinterland mit dem erforderlichen Material versorgen zu können. Deshalb wurden ab dem Frühjahr 1934 verschiedene Straßen zum Baugelände aus- bzw. neugebaut.

Die Bauaufträge vergab die DAF freihändig nach engerer öffentlicher Ausschreibung.[15] Die großen Gewerke gingen überwiegend an Unternehmen in Köln oder Aachen. Offensichtlich spielten dabei einerseits Parteiseilschaften eine Rolle, andererseits natürlich auch die beschränkte Leistungsfähigkeit der Eifeler Unternehmen. Für das regionale Handwerk blieben kleinere Aufträge, die aber dankbar angenommen wurden und die vielen Menschen Arbeit boten. Das überregional bekannteste Unternehmen an der Baustelle war die Kölner Philipp Holzmann AG. Holzmann war für einen größeren Teilbereich des ersten Bauabschnitts als Rohbauunternehmen beauftragt: das Gemeinschaftshaus mit Hörsaal und Speisesaal. Laut Kostenvoranschlag Holzmanns sollte das 1 230 000 Reichsmark kosten. Auftraggeber war die »Deutsche Arbeitsfront/Reichsschulungsamt Berlin«. Weitere Firmen in Vogelsang waren beispielsweise Derichs und Konert (Aachen), Bungard (Euskirchen, Hochbau), REGRO (Heizungsbau)[16] und Heiderich (Köln, Zimmereiarbeiten). Für Heizung und Installation war das Kölner Unternehmen Hugo Simon zuständig.[17] Die Firmen richteten sich an der Baustelle ein: »Bürobaracken und Arbeiterunterkünfte der einzelnen Baufirmen und Dienststellen waren auf der Baustelle untergebracht. Hunderte Arbeiter kamen noch zusätzlich täglich mit Bussen aus den Dörfern der Kreise Monschau und Schleiden nach Vogelsang.«[18]

Am 15. März 1934 gab es offiziell den »ersten Spatenstich«, im September 1934 war Grundsteinlegung, und bereits am 15. Dezember des gleichen Jahres ging über

Straßenbau zur Erschließung der abseits gelegenen Großbaustelle Vogelsang, 1934.

den Hauptgebäuden der Richtkranz hoch.[19] Zu diesen Anlässen, über die in der NS-Presse – insbesondere im regionalen Parteiblatt *Westdeutscher Beobachter* (WB) – umfangreich berichtet wurde, besuchten die Gauführung sowie die Spitzen der Reichsorganisationsleitung und der DAF die Baustelle. Am Tag der Grundsteinlegung schwadronierte Ley: »Wir bauen ein Fundament, das ewig sein wird. Für dieses Werk sollen hier Männer erzogen werden, keine Theologen, aber Führer und Prediger und Schwärmer für das deutsche Volk, die von dem Glauben an Deutschland besessen sind. Von dem Glauben an das deutsche Volk, und vor allem von dem Glauben an den Führer. So wird hier der neue Adel Deutschlands gezüchtet.« Und Gauleiter Josef Grohé bezeichnete Vogelsang als »Bollwerk deutschen Wesens«.[20]

Zunächst war die Baustelle geprägt vom Bemühen, den Hang unter Einsatz von »tonnenweise Sprengstoff« zu terrassieren. Der steinige Boden wurde von Hand auf Loren geladen, die von Diesellokomotiven gezogen wurden. Zu dieser Zeit waren rund 650 Arbeiter im Einsatz.[21] Sie brachten den Fels zu anderen Bereichen der Baustelle, wo Aufschüttungen erforderlich waren. Insgesamt wurden gewaltige Erdbewegungen ausgeführt: bis zum Ende der Arbeiten im Jahr 1941 im Volumen von mehreren hunderttausend Kubikmetern Fels.[22] Der Hochbau machte indes schnelle Fortschritte. Das war nicht zuletzt der Bauweise zu verdanken. Zwar hatte Klotz – wohl als Reminiszenz an die Bauaufgabe Ordensburg – eine Außenverkleidung der Bauten mit Bruchsteinen gewählt, aber die tragenden Elemente wurden in der Regel in Stahlbetonskelett- und Ziegelsteinbauweise errichtet. Beim Baumaterial griff Klotz auf typisches Material der Region zurück: Grauwacke zur Verblendung der Außenmauern, Schiefer für die Dächer und viel sichtbares massives Holz – Propaganda zur Suggestion von Heimat- und Landschaftsverbundenheit.

Feier anlässlich des offiziellen »ersten Spatenstichs« an der Baustelle Vogelsang durch Reichsschulungsleiter Otto Gohdes, 15. März 1934.

Links oben: Bereits in den ersten Wochen der Einrichtung der Baustelle entstand im Mai / Juni 1934 auf einem natürlichen Plateau am unteren Hangbereich unter Einbeziehung eines früheren Forsthauses das Lager für die Arbeiter, die nicht abends nach Hause fahren konnten, da sie zu weit entfernt wohnten; rechts oben: Bis zu 1500 Arbeiter sollen beim ersten Bauabschnitt in Vogelsang tätig gewesen sein; unten: Die Arbeiter stellten sich im Frühherbst 1934 zum Foto auf die Gerüste am Rohbau des künftigen »Gemeinschaftshauses«, das Hörsaal und Speisesaal aufnehmen sollte.

Baustelle Vogelsang, 1934: links oben: Steinbrecher, eines der wenigen schweren Baugeräte, die in der Frühphase des Baus zum Einsatz kamen; rechts oben: Lastenaufzug für den Materialtransport. Mitte rechts: Sonnenwendfeier am Abend des 22. Juni 1934; links unten: Bauleiter Karl Friedrich Liebermann (rechts) im Gespräch mit privaten Bauunternehmern; rechts unten: Bau der »großen Mauer« an der Hangabbruchkante, wo bereits im Sommer 1934 erste Unterkünfte entstanden.

Erster Bauabschnitt

Klotz plante Vogelsang als Landschaftsarchitektur mit dem Charakter einer Filmkulisse am steil zum Urftsee abfallenden Nordhang.[23] An der Abbruchkante des Hochplateaus entstand das Gemeinschaftshaus mit einer als »Wandelhalle« bezeichneten Erweiterung nach Westen und mit einem vorgelagerten umbauten Platz. Südwestlich angewinkelt schloss eine propagandistisch zur »Burgschänke« aufgewertete Kantine an. Unterhalb, über steile Treppen angebunden, entstanden insgesamt zehn Unterkunftsbauten, denen 1937 am Westhang vier weitere, erheblich größere Schlafhäuser hinzugesellt wurden. Noch weiter hangabwärts folgten schließlich die Sportanlagen mit einer Aussichtsplattform zum See. Den Zentralbereich mit der Schnittstelle der Architekturachsen bildete der als »Adlerhof« bezeichnete Platz am Gemeinschaftshaus. Dort stand eine Brunnenschale. Bald folgten auf dem Platz zwei Adlerplastiken aus Stein, denen der Bereich seine spätere Bezeichnung verdankte. Die den Hof umgebenden, nur eingeschossigen Bauten erstreckten sich an drei Seiten über eine Breite von fast 70 Metern zwischen Ost- und Westflügel. Südlich, zur Hochebene hin, entstand ein knapp elf Meter breites Zugangsportal. Die »Adlerhof«-Bauten sollten Funktionsräume aufnehmen: Wohnung und Büros des Kommandanten, Frisör, Ambulanz, Poststelle, Wache sowie sieben Wohnungen für leitende Mitarbeiter. Zum See hin verließ man den »Adlerhof« zur Wandelhalle durch ein verglastes Portal.[24]

Die großen Funktionsräume waren im Ostflügel untergebracht. Das Gemeinschaftshaus nahm Speise- und Hörsaal in Erd- und Obergeschoss auf. Der Speisesaal war rund 60 Meter lang und hatte 16 eingestellte Säulen, auf denen die etwas vorgesetzte Nord-Außenmauer des Obergeschosses ruhte. Über dem Speisesaal lag der Hörsaal. Der Turm lehnte sich an den Ostflügel an. Er konnte durch einen etwas schmaleren Verbindungsbau vom Hörsaal aus betreten werden. Der Mauerdurchbruch in den Turm war als stark überdimensioniertes Halboval ausgelegt. Dahinter lag ein sehr hoher, durch seitliche schmale Lichtschlitze beleuchteter und deutlich sakral inszenierter »Kultraum«. 1936 wurde dort eine rund 3,50 Meter hohe Holzstatue des Bildhauers Willy Meller

Blick vom Nordost-Hang zum Turmgebäude, dem sogenannten Gemeinschaftshaus mit Hörsaal und Speisesaal, etwa 1937.

Blick vom 42 Meter hohen Turm auf den »Adlerhof«, 1937; im Hintergrund die 1936 fertiggestellte Kantine.

Eine der beiden Adlerplastiken auf dem »Adlerhof«, die diesem Platz ab 1936 den Namen gaben.

Links oben: **Der rund 500 Personen fassende Hörsaal, Zustand 1936;** rechts oben: **Der Speisesaal unter dem Hörsaal im »Gemeinschaftshaus«;** links unten: **Die Kantine vor ihrer Fertigstellung am 20. November 1936;** rechts unten: **Der Speiseraum in der Kantine, Ansicht von 1937.**

aufgestellt. Äußerlich erinnerte der Turm an einen mittelalterlichen Wehrturm, insbesondere durch einen tief angebrachten scheinbaren »Wehrgang« für die »Wache«.

Der Ostflügel war nach Süden mit einem niedrigeren Parallelbau verbunden, der die Wirtschaftsbetriebe der Anlage aufnahm. In dem verbindenden Querbau war auf der Höhenebene des Speisesaals die Küche eingerichtet, so dass beides eine räumliche und funktionale Einheit bildete. Der Wirtschaftstrakt nahm Wäscherei und Wäscheausgabe, Nähraum sowie Bügel- und Trockenraum und weitere Funktionsräume auf.[25]

Im Westflügel, einer mehrstöckigen, zum See hin offenen Schaubühne zum Landschaftspanorama, wurde im Untergeschoss ab 1936 eine Bibliothek mit Lesesaal eingerichtet.[26] Auch die Kleiderkammer befand sich dort. Die seeseitige Fassade der Wandelhalle war leicht schräg gestellt, so dass sie optisch an einen Wehrgang erinnerte. Das nordwestliche Ende des Flügels markierte ein halbrund vorspringender Treppenturm: weitere Reminiszenz des Planers an die Bauaufgabe Ordensburg. Genau in der Architektur-Mittelachse an der Wandelhalle war eine Art »Führertribüne« errichtet worden mit ungehindertem Blick auf den davor liegenden Appellplatz mit Fahnenmast sowie über die markante Seenlandschaft unterhalb. Von der Tribüne führten rechts und links Treppenabgänge zum darunterliegenden Appellplatz. Noch vor dem Jahresende 1936 konnte die Kantine im Südwestflügel eröffnet werden. Das Bauwerk war gut 64 Meter lang mit einer markanten Rundung an der südwestlichen Stirnseite. Im Untergeschoss befanden sich Lagerräume sowie Toiletten und eine Kegelbahn mit Spielzimmer und Billardraum. Der Schank- und Speiseraum war gut 33 Meter lang und lag im ersten Obergeschoss. Die Einrichtung war rustikal und entsprach dem Zeitgeschmack. Im Obergeschoss gab es seeseitig noch eine Galerie. Kantine und ein im Rundbau gelegenes attraktiv gestaltetes Kaminzimmer waren durch einen breiten Zugang miteinander verbunden.[27]

Zunächst waren die Ordensburgen angelegt für 500 Lehrgangsteilnehmer, ab 1936 begann der Ausbau für Lehrgänge mit 1000 Teilnehmern. Bereits 1936/37 wurden daher in Höhe der »Kameradschaftshäuser« am Westhang weitere Massenunterkünfte errichtet. In der Raumstruktur glichen diese »Hundertschaftshäuser« den am Nordhang bestehenden Unterkünften, sie waren jedoch länger und dreigeschossig. Nach dem Kostenvoranschlag sollten die Gesamtkosten 2 776 600 Reichsmark betragen.[28] Darin eingeschlossen war auch der Bau von Luftschutzbunkern, die am Westhang zwischen den Hundertschafts- und Kameradschaftshäusern errichtet wurden. Zur Tarnung wurde über dem Eingang zu den Luftschutzbunkern mit meterdicken Decken und Wänden ein weiteres Bauwerk errichtet.

Kurz nach dem Beginn des ersten Lehrgangs 1936 wurde eine zunächst als »Thingstätte« bezeichnete Freilichtbühne fertiggestellt. Sie lag am Hang in der Mittelachse auf der Ebene unterhalb der Schlafhäuser und oberhalb der noch unfertigen Sportanlagen. Zu der Freilichtbühne gehörten auch tribünenartig am Hang aufgereihte Sitzbänke für rund 800 Zuschauer. Die amphitheatralisch anmutende Freilichtbühne war in der Folge Schauplatz von Ansprachen und Feierlichkeiten.

Am unteren Hangbereich waren ein Sportplatz mit Laufbahn und Tribüne sowie Schwimm- und Turnhalle vorgesehen. Die Schwimmhalle wurde Ende Juli 1938 fertig, die Turnhalle einen Monat vorher. Im Schwimm-

Seitenansicht der Hangbebauung des ersten Bauabschnitts im Jahr 1939 von Osten. Links im Vordergrund der mit Platten belegte Bereich des »Sonnwendplatzes«. In der Bildmitte sind die »lagermäßig« aufgestellten zehn Unterkünfte sichtbar.

Die rund fünf Meter hohe Plastik »Der Fackelträger« des Kölner Bildhauers Willy Meller auf dem »Sonnwendplatz«.

bad findet sich bis heute an der Stirnwand ein großformatiges Mosaik des Wiesbadener Malers Ernst Zoberbier mit der Darstellung von unbekleideten Schwimmern, die am Strand den Wellen entgegenschreiten.

Die Verwaltung beschäftigte ab 1936 mehrere hundert Hilfskräfte für den Servicebereich. Der regionale Arbeitsmarkt konnte die enorme Nachfrage nicht bedienen. Daher wurden auch viele weibliche Angestellte von weiter her angeheuert. Um sie in der Nähe ihres Arbeitsplatzes angemessen unterbringen zu können, nutzte man provisorisch ein Gebäude am Nordost-Hang, das ursprünglich als »Gemeinschaftshaus« in der Klotz-Planung bezeichnet war.[29] Es lag etwas abseits der Hauptarchitekturachse. Als einziges Bauwerk vor 1945 war es teilweise an der Vorderseite verputzt. Im Herbst 1938 wurden die Frauen jedoch in eine nahegelegene Baracke ausquartiert, stattdessen errichtete der aus Aachen kommende Arzt Dr. Stefan Wunsch ein Krankenrevier für die Ordensburg.

Ein »Sonnwendplatz« mit der monumentalen Plastik »Der Fackelträger« entstand zwar zeitlich verzögert, er gehört jedoch thematisch zum ersten Bauabschnitt. Der Platz lag auf einer Terrasse östlich in Höhe der Unterkünfte. In den Jahren 1938 und 1939 schuf der Kölner Bildhauer Willy Meller dort eine etwa fünf Meter hohe Plastik. Sie zeigte einen unbekleideten Athleten, dessen Linke zur Faust geballt war, während die Rechte eine Fackel emporhielt. Die Fackel stand für die an den Ordensburgen vermittelte NS-Ideologie. In dem Bauwerk, an das die Plastik »Fackelträger« angelehnt war, gab es einen Treppenaufgang, der zu einer Feuerschale führte. Dort sollten wohl bei Sonnwendfeiern Flammen lodern. An der Wand des Bauwerks waren in Steinplatten die Sätze ablesbar: »Ihr seid die Fackelträger der Nation. Ihr tragt das Licht des Geistes voran im Kampfe für Adolf Hitler.«

Zweiter Bauabschnitt

Klotz und Giesler planten ab 1936 auf Anweisung Leys die Erweiterung der Ordensburgen zu monumentalen Anlagen. Das könnte möglicherweise auf eine Einflussnahme Albert Speers hindeuten.[30] Fortan ging es um die Schaffung von Denkmalarchitektur, die allenfalls für Parteiaufmärsche und Tagungen nutzbar gewesen wäre, keineswegs jedoch für die ursprünglich vorgesehenen Lehrgänge. Die weiteren Planungen bekamen zunehmend beherrschenden Charakter, durchaus in einer Reihe zu sehen mit anderen großen Denkmalarchitekturen der NS-Zeit. Damit entsprachen sie den architektonischen Vorstellungen Hitlers: »Niemals wurden in der deutschen Geschichte größere und edlere Bauwerke geplant, begonnen und ausgeführt als in unserer Zeit. [...] Deshalb sollen diese Bauwerke nicht gedacht sein für das Jahr 1940, auch nicht für das Jahr 2000, sondern sie sollen hineinragen gleich den Domen unserer Vergangenheit in die Jahrtausende der Zukunft.«[31]

In diesem Sinne hatte Klotz' Planung bis 1936 nicht der Zielsetzung Hitlers entsprochen. Die zweigeschossigen Unterkünfte und die nur eingeschossigen Adlerhof-Bauten waren für sich genommen eher banale Bauten, und auch das Gemeinschaftshaus als größtes Bauwerk war nicht größer ausgefallen als das zur Erfüllung der ihm zugedachten Aufgaben erforderlich war. Monumentalität konnten diese Bauten aus der Nähe keinesfalls

Oben: Bereits ab 1935, noch bevor der erste Bauabschnitt nutzbar war, forderte Ley die Verdoppelung der Unterkunftskapazitäten auf 1000 Personen. Daraus resultierte unter anderem der Bau von vier weiteren, großen Unterkünften am Westhang (rechte Bildmitte), die 1937 fertiggestellt wurden; unten: Vogelsang 1938, Hangansicht. Die Ansichtskarte zeigt im Wesentlichen den ersten Bauabschnitt, erweitert um die zusätzlichen Unterkünfte am Westhang (»Hundertschaftshäuser«, rechts im Bild). Von unten nach oben sieht man: Sportanlagen mit der 1938 verspätet fertiggestellten Turnhalle (links) und Schwimmhalle (rechts), darüber Sportplatz, Freilichtbühne, Unterkunftsbauten sowie das Gemeinschaftshaus samt Wandelhalle. Jenseits der Wandelhalle ragen bereits Gerüststangen auf für den Bau der Grundmauer am »Haus des Wissens«.

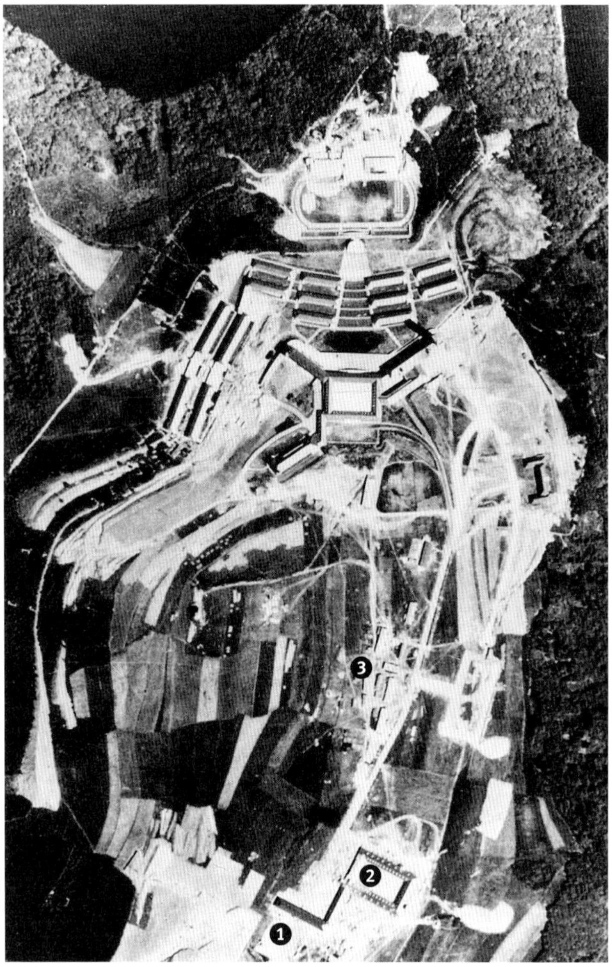

Dieses Luftbild aus dem Jahr 1938 zeigt die Ausweitung der Bautätigkeit weit nach Süden: Das neue Torgebäude ❶ (Bildmitte unten) ist bereits fertig, allerdings noch ohne die wenig später errichteten Flügelbauten mit den abgewinkelt angebauten Türmen. Rechts hinter der Tordurchfahrt, die an der hindurchführenden Straße erkennbar ist, liegen der neue Wirtschaftstrakt ❷ und der darauf im Obergeschoss errichtete Kraftfahrzeughof. Die noch leere Mitte des Bauplatzes ❸ sollte wenig später mit dem »Haus des Wissens« bebaut werden.

ausstrahlen. Lediglich die Gesamtschau aus der Distanz, etwa vom gegenüberliegenden Hang, ließ die Summe aller Bauten beeindruckend erscheinen. Dazu trug einerseits die von Klotz bestimmte Achsensymmetrie bei, andererseits die spektakuläre Lage am Steilhang.

Ab 1937 entstand weit südöstlich des Adlerhofes vorgelagert auf der Hochfläche ein neuer mehrgeschossiger Wirtschafts- und Kraftfahrzeugbereich in leichter Hanglage. Die obere Bauebene umschloss einen Innenhof mit Tankstelle, der umgeben war von Werkstätten und Garagen sowie Wohnungen im Dachgeschoss. Das Untergeschoss nahm die zentralen Wirtschaftsbetriebe wie Wäscherei, Büglerei, Zeugmeisterei und dergleichen mehr auf. Dort entstand auch eine weitere große Heizzentrale. Die technische Ausstattung des neuen Wirtschaftstraktes entsprach modernsten Standards. Für die ursprünglich am Adlerhof-Eingang stationierte Wache und die Verwaltung plante Klotz bereits ab 1936 Neubauten rund 600 Meter südlich des Adlerhofes, noch jenseits des Kraftfahrzeughofes. Auf diese Weise wurden ab 1938 sämtliche Verwaltungs- und Wirtschaftsabteilungen von der Ordensburg räumlich deutlich abgesetzt. Zunächst entstand ein Torgebäude mit den Räumen für die Wache. Das Gebäude stand als Riegelbau quer zur Hauptzufahrt. Optisch aufgewertet wurde die Einfahrt später durch das Einstellen von insgesamt acht Säulen, die jedoch keinerlei statische Funktion hatten.

1939 wurden parallel beiderseits der Zufahrtstraße zwei Längsflügel errichtet, von denen wiederum beiderseits nach außen Querflügel abknickten. Diese endeten jeweils an einem Turm. Der Eingangs- und Wachbereich wurde weitgehend fertiggestellt, blieb jedoch in einem Detail Fragment: Beide Eingangstürme waren lediglich bis zur halben vorgesehenen Höhe errichtet, als die Arbeiten kriegsbedingt eingestellt wurden.[32] Im östlichen Flügelbau des Eingangsbereiches war zu der Zeit die Intendantur (Hausverwaltung) untergebracht. Das Untergeschoss und die zum Turm hin abzweigenden Gebäudeteile wurden als Lager genutzt. Dort stand auch ein großes Gipsmodell der Klotz-Planungen für Vogelsang. In einem Verbindungsbau vom Kraftfahrzeughof zum neuen Wach- und Eingangsbauwerk wurden Poststelle, Fernmeldestelle und eine Filiale der Kreissparkasse Schleiden etabliert.

Dritter Bauabschnitt

Durch die Verlagerung des Eingangs um viele hundert Meter nach Süden auf das Plateau ergab sich ab 1937 eine weitläufige unbebaute Fläche zwischen neuem Eingang und den Bauten des ersten Abschnitts. Dort war nach der erweiterten Planung die eigentliche »Mitte« Vogelsangs vorgesehen. Die Propaganda bezeichnete den Komplex als »Haus des Wissens«: Eine durchaus irreführende Beschreibung, wenngleich dort auch Seminarräume, ein neuer Hörsaal mit weit mehr als 1000 Sitzplätzen und die neue Bibliothek in den Randbereichen vorgesehen waren. Den Kern dieser neuen Mitte bildete ein wie ein antiker Tempel aufragender Bau mit einer riesigen Halle, zu deren Zweckbestimmung keine Quellen vorliegen.

Gleichwohl liegt der Schluss geradezu nahe, dass das »Haus des Wissens« womöglich – im Sinne der Vorstellungen von einem zu gründenden Orden der NSDAP – dessen »Kathedrale« werden sollte. Eine gezeichnete Innenansicht des als Palas bezeichneten Bauwerks zeigte eine beinahe leere, riesige Halle mit senkrechten Lichtöffnungen, welche die Vertikale stark betonen sollten. Zugleich hatte der Raum zweifellos sakrale Anmutung. Die Anlage mit dem Palas und einem weitläufigen vorgelagerten Aufmarschplatz hätte allenfalls als »Tempel des Nationalsozialismus« dienen können. Ähnlich deutete das auch die Kunsthistorikerin Monika Herzog: »In den immer wieder abgeänderten Entwürfen findet sich stets als Kernbau ein beängstigend monumentaler turmartiger Kubus (Kantenlänge nur des Podestes 100 x 300 Meter), der landschaftsbeherrschend bis hin in die rheinische Tiefebene gewesen wäre. Um diesen dominanten Baukörper herum sollten sich, unterbrochen von Terrassen, Treppenanlagen, Rampen, Plätzen und Bastionen endlos erscheinende Bautrakte gruppieren.«[33] Das ließ, so Herzog weiter, »zunehmend den Vorsatz erkennen, Hitler und die Partei zu verherrlichen und in gebauter Form Macht, Elitebewusstsein und Überlegenheit zu demonstrieren«.

Irreführend beschrieb die NS-Presse die Funktion des Neubaus jedoch so: »Hier entsteht das Haus des Wissens, das in Zukunft die Hochschule der geistigen Schulung sein soll, die auf Vogelsang betrieben wird.«[34] Der Kölner Rundfunkjournalist Heiner Lichtenstein übernahm nach einem Interview mit dem Vogelsang-Architekten Clemens Klotz in den 1960er Jahren diese Ansichten: »300 Meter lang, 200 Meter breit, mit einem riesigen Turm, sollte dieses ›Haus des Wissens‹ mit Forschungsinstituten für Historiker, Rassen- und Vererbungsfachleute und Geographen sowie einem 1400 Personen fassenden Hörsaal das Prunkstück von Vogelsang werden.«[35] Dass Rosenberg, der zu dieser Zeit mit Zustimmung Hitlers eine eigene Parteihochschule am Chiemsee plante, solche Konkurrenz an den Ordensburgen zugelassen hätte, ist jedoch eine abwegige Vorstellung.

Erd- und Fundamentierungsarbeiten für das Haus des Wissens begannen im Frühjahr 1938. Zum Jahreswechsel 1937/38 war der bis dahin bauleitende Architekt Karl Friedrich Liebermann zur Parteitagsbaustelle nach Nürnberg berufen worden.[36] Sein Nachfolger als Bauleiter, Fr. Hähnlein, berichtete im Frühjahr 1938 dem *Montjoi'r Volksblatt,* dass die Fundamentierungsarbeiten in Angriff genommen seien. Zu der Zeit waren angeblich 1200 Arbeiter beschäftigt.[37] Zur Terrassierung des nach Norden und Osten abfallenden Areals entstanden riesenhafte Fundamentbauten. Am Osthang wurde eine 160 Meter lange Stützmauer aus Beton mit vorgesetztem Bruchstein errichtet. Innen lagen Kellerräume, die während des Krieges verstärkt und mit einer dicken Lage Fels abgedeckt wurden. Die so entstandenen Kasematten dienten

Clemens Klotz beim Zeichnen der Südfront des »Haus des Wissens« mit dem hohen »Palas«, 1940.

Entwurf von Clemens Klotz für die Gestaltung des Glockenturms im Vogelsanger »Palas«, 1940.

als provisorische Luftschutzräume.[38] Nach Norden hin wurde das abfallende Plateau durch eine rund 120 Meter lange Mauer terrassiert, hinter der sich ebenfalls Kellerräume befanden. Darüber war teilweise bereits eine Betondecke gegossen, als die Arbeiten endgültig eingestellt wurden.[39] Westlich angrenzend wurden Grundmauern eines neuen Hörsaals für weit über 1000 Menschen errichtet. Die Planung sah weitere Parallelbauten zum Hörsaal vor, südlich war bereits mit dem Ausheben der Baugrube begonnen worden. Über solche Fundamente kam die Vogelsanger Mitte jedoch nicht hinaus.

Ergänzend zu den bereits vorhandenen Sportanlagen sollte ab dem Frühjahr westlich des Aufmarschplatzes ein zusätzliches Sportstadion entstehen, dessen Dimension jeden Rahmen sprengte. Die Baugrube für das Stadion wurde zwar mit Ausnahme einer schmalen Fahrrampe für den Abtransport des gebrochenen Gesteins tatsächlich vollständig ausgehoben, zu Fundamentarbeiten oder Aufbauten kam es aber nicht mehr.

Am Osthang des Vogelsang-Plateaus zum Morsbachtal hin entstand jedoch ein Schießstand mit einer 400-Meter-Schießbahn. Die Anlage dürfte etwa 1938 in Betrieb genommen worden sein.[40] Da die Burgmannschaften zu Piloten ausgebildet werden sollten, wurde ab 1938 in der Nähe des Walberhofs gegenüber der Zufahrtsstraße ein Sportflugplatz errichtet, der am 15. Juli 1939 offiziell in Betrieb genommen wurde. Des Weiteren wurde mit dem Bau einer »NS-Mustersiedlung« begonnen, die unter der Bezeichnung »Dorf Vogelsang« zwischen dem Dorf Wollseifen und der Ordensburg entstehen sollte.[41] Pläne zeigen verschiedene Haustypen, meist in Fachwerk-Bauweise. Bilder aus dem Nachlass des Kölner Architekturfotografen Hugo Schmölz[42] aus dem Jahr 1941 belegen jedoch lediglich Mehrfamilienhäuser, die offensichtlich mit Schwemmsteinen gebaut waren. Die Häuser sollten den Angehörigen des Stammführerkorps sowie den auswärtigen Verwaltungsmitarbeitern zur neuen Heimat werden.

Nicht realisiert wurde dagegen das von Ley angekündigte Hotelbau-Projekt. Ley hatte versprochen, bei »jeder der vier Burgen und auch bei der Hohen Schule« werde »ein KdF-Hotel mit 2000 Betten nach dem Muster der KdF-Bäder erbaut«.[43] Er begründete die Hotelbauten nach außen damit, dass die Junker den Kontakt zum Volk halten sollten. Im November 1937 offenbarte Ley in Sonthofen im vertrauten Kreis seine wahre Absicht. Der Grund für die Verbindung von Ordensburgen und KdF-Hotels läge vor allem in der beabsichtigten Beseitigung sexueller Probleme der Kursteilnehmer. Ley sagte nach den Aufzeichnungen eines Zuhörers: »Die Gefahr der Vereinsamung der Junker in sexueller Beziehung soll unter allen Umständen vermieden werden.« Sollte, so Ley weiter, »aus dem Zusammensein zwischen Junkern und KdF-Gästen eine Reihe von ›unehelichen Ordensbürgern‹ entstehen, so sei das auch nicht weiter schlimm«.[44]

Ley sah die Burgen der Partei auch als Treffpunkt der alten Kumpane, wie er, in Erinnerungen schwelgend, den Parteiführern bekannte. Nationalsozialistische Kämpfer dächten oft »mit Wehmut und unstillbarer Sehnsucht zurück an jenes rauchige, biergeschwängerte Sturmlokal«, in dem sie sich nach den Saalschlachten zusammengefunden hätten. Das sei ihre »eigentliche Heimat« geworden. Später, in den Zeiten der Herrschaft, sei ihnen die Erinnerung an diese alkoholumwölkte »Heimat« nicht mehr aus dem Sinn gegangen. »Deshalb«, so Ley, »habe ich diese alljährlichen Zusammenkünfte der alten Kämpfer, der Gauleiter und der Kreisleiter veranstaltet. [...] Möge die Ordensburg unsere eigentliche Heimat werden, wie es früher das Sturmlokal gewesen.«[45] Na also: Die NS-Ordensburgen nicht nur als »Burgen der

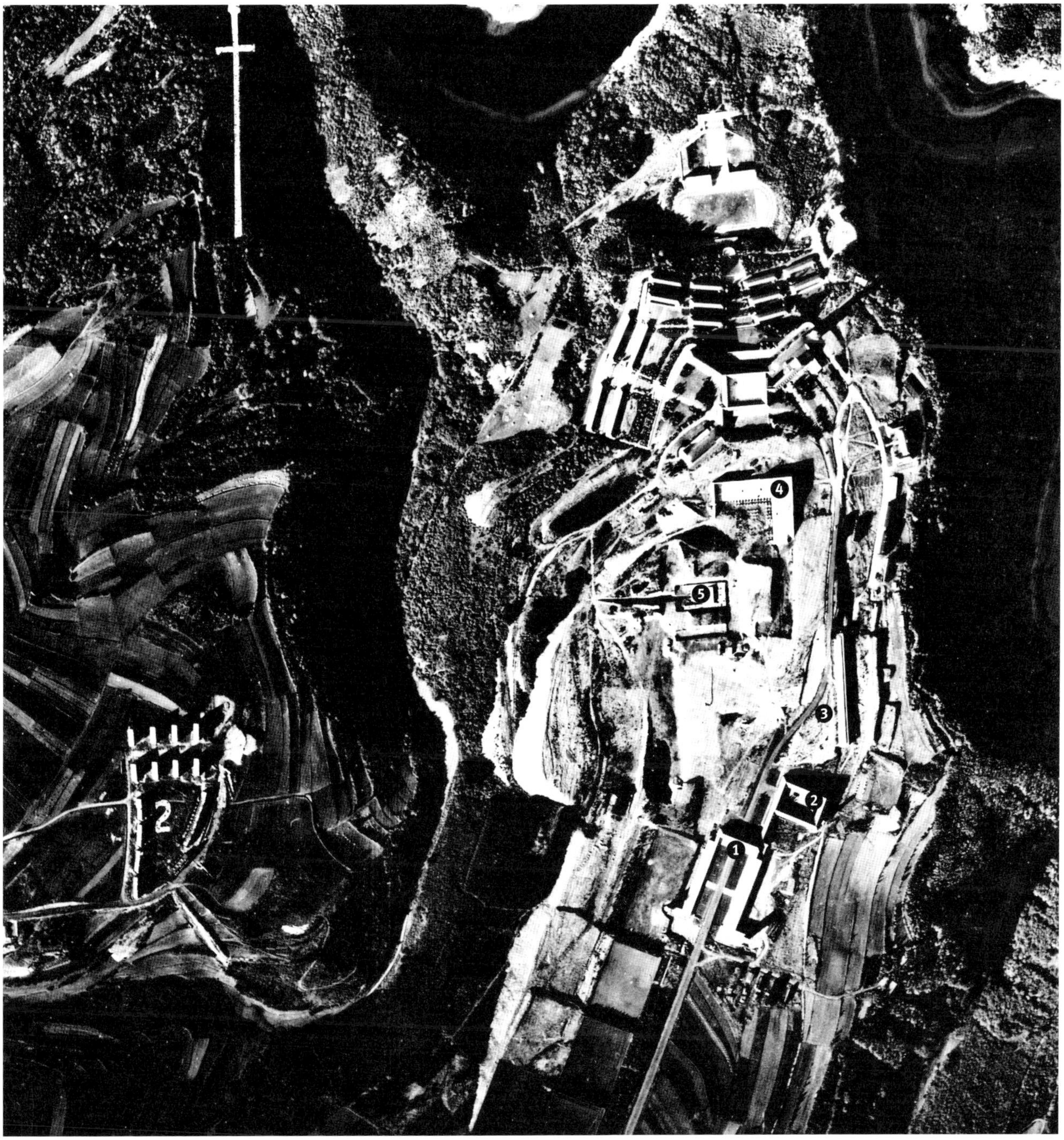

Dieses Luftbild der britischen Luftaufklärung von 1944 zeigt den Endzustand der NS-Bauten in der Vogelsanger Mitte. Die Zufahrtsstraße mündet ein in die Neue Wache ❶ mit den weiteren Eingangsbauten und dem Wirtschaftsgebäude samt Kfz-Hof ❷. Die Straße führt weiter zu einer großen Stützmauer ❸. Links des weiteren Straßenverlaufs folgen dann die Fundamente des »Haus des Wissens« mit dem rechtwinkligen, fertigen Teil ❹. Links daneben wird die betonierte Rampe des geplanten neuen Hörsaals sichtbar ❺.

Die südlich vorgelagerten Sporteinrichtungen ❶ der Ordensburg sind rechts unten im Bild der britischen Luftaufklärung von 1944 sichtbar. Oben erkennt man die Bauten des Flugplatzes, dessen Gras-Startbahn an dem gut erkennbaren großen Hangar ❷ begann und nach links aus dem Bild heraus weiterführte. Die drei als kleine Kreise an der Straße entlang des Flugplatzes liegenden Punkte am linken Bildrand waren Flak-Stellungen ❸. Das längliche Gebilde im Wald unten links im Bild war der Vogelsanger Schießstand ❹. Rechts daneben am Hang ein Bunker der »Igelstellung« Vogelsangs ❺.

Weltanschauung«, nicht nur als Ersatz für Leys altes »Sturmlokal«, nicht nur als Denkmalarchitektur, sondern auch als Orte der Reproduktion der Nachwuchsführer. Ley konnte weiß Gott auch bei seinen offiziellen Ansprachen in bester Kneipenphraseologie schwadronieren!

Endplanung 1941

Trotz des Baustopps ab 1939 plante Klotz während des Krieges unbeirrt weiter, allerdings mit zunehmend sinkenden Realisierungsaussichten. Sein Übersichtsplan aus dem Jahr 1941 zeigte vermutlich die Endplanung, die eine Fülle zusätzlicher Bauwerke vorsah. Am Westhang sollten sechs weitere Unterkunftsbauten die Reihe der »Hundertschaftshäuser« fortsetzen. Die westliche Bebauung erstreckte sich sogar über das Sportstadion nach Süden hinaus und endete erst an der Tordurchfahrt von 1938. Am Osthang war ebenso dichte Bebauung erkennbar, die sich sogar noch viel weiter nach Süden fortsetzte und letztlich bis an das etwas abseits geplante Hotel reichte. In Flugplatznähe hatte Klotz wieder einmal einen neuen Eingangs- und Wachbereich vorgesehen: den dritten in der Planungsgeschichte Vogelsangs. Westlich der neuen Wache führten mehrere Wege zu einem großen Kreisverkehr. Von dort wurde unter anderen die »Burg-Gemeinde« angebunden. Die eingezeichneten Häuser zeigten, dass die zu der Zeit im Rohbau stehenden Bauten des »Dorf Vogelsang« erst der Anfang eines weitaus größeren Projektes waren. Die Siedlung selbst war als Straßendorf angelegt. Über den Urftsee hatte Klotz eine neue Brücke eingezeichnet. Sie sollte nordwestlich von Vogelsang den See überqueren. Damit hätte sich die Parteiburg in Nord-Süd-Richtung vom Flugplatzrand bis zu den Sportanlagen am Hang über eine Distanz von beinahe vier Kilometern erstreckt.[46] Ley blieb persönlich bis weit in den Krieg hinein höchst interessiert am Fortschritt »seiner« Burgen. Wenn der Reichsorganisationsleiter mit seinem Flugzeug, einer JU 52 mit der Zulassung »D-AQIT«, auf Dienstreise ging, war für den Piloten – Flugkapitän Gundlfinger – ganz klar, dass er wenn möglich einen Schlenker zu den Ordensburgen machte, sofern sie nicht allzu fern der Flugroute lagen.[47]

Architekturwertung

Erwartungsgemäß überschlug sich die NS-Presse mit lobenden Artikeln über die Architektur. So hieß es beispielsweise 1936 in den *NS-Monatsheften:* Die Ordensburg verkörpere »von den jetzt neu erbauten Burgen am stärksten den harten Kampfgeist der Bewegung«. Die Architektur erhebe sich »trutzig« auf den Hügeln. Insgesamt sei das Bauwerk »vollendet schön in die Landschaft eingefügt«.[48] Aber es gab auch Kritiker, wie etwa Leys Widersacher Rosenberg. Seiner Ansicht nach mache Vogelsang zwar einen »wuchtigen« Eindruck, aber die Schulungshäuser seien so am Hang gebaut, dass ringsum freie Bewegung kaum möglich sei. Zudem wunderte er sich darüber, dass die Anlage am Nordhang der Sonne den Rücken kehre. Er fühlte sich wohl an die Nachahmung einer mittelalterlichen Burg erinnert; bei künftigen Neubauten sei allerdings »von den inneren Notwendigkeiten«, also der Zweckmäßigkeit für die Schulung, auszugehen, »damit nicht eine verschwommene Vorstellung auch eine Architektur hervorbringt, die schließlich ins Gestaltlose sich erweitert«.[49]

Demgegenüber sah Gerdy Troost, die Witwe von Hitlers erstem Architekt, die Anlagen durchaus als zeitgemäße Anknüpfung an die mittelalterlichen Ordens-

Blick vom Vorplatz der Sportanlagen den Hang hinauf, etwa 1938. Das Flachdach-Bauwerk im Vordergrund ist die 1938 fertiggestellte Turnhalle.

burgen: »Die Auslese eines weltanschaulichen Ordens zu stärkster innerer Geschlossenheit, zu klarer Geradlinigkeit des Fühlens, Denkens und Handelns zu bilden – dieser Sinn ist in den Ordensburgen der NSDAP eindrucksvoll verwirklicht. [...] Zusammen mit den Bauten in München und Nürnberg bilden sie jene Gruppe von monumentaler Gemeinschaftsarchitektur, die im engsten Sinne ›Bauten des Glaubens‹ sind.«[50] Hitlers Krieg und sein Bedarf an Menschen und Material bewahrte die Nachwelt letztlich vor solchem realen Architekturgigantismus.

In Kurzform: Krössinsee

Bauwerke bis 1939

Parallel zum Projekt Vogelsang plante Clemens Klotz in Pommern eine weitere Ordensburg. Die landschaftlichen Rahmenbedingungen hätten im Vergleich zu Vogelsang unterschiedlicher kaum sein können. Während die wuchtig anmutende Architektur in der Nordeifel geradezu aus dem herben Mittelgebirge herauszuwachsen schien, lieferte die nur leicht gewellte pommersche Ebene mit zahlreichen Seen und weiten Wäldern einen sehr viel anheimelnderen Landschaftsrahmen. Als Standort wählte Klotz eine Fläche in Sichtweite des 7000-Einwohner-Städtchens Falkenburg im Kreis Dramburg. Wenige Kilometer nordöstlich des Ortes lag der Krössinsee, der dem Projekt den Namen gab. Die Baustelle erstreckte sich parallel zum Südwestufer des Gewässers. Es wurden Grundstücke genutzt, die zu dem nahegelegenen Gut Büddow gehörten und die teilweise enteignet wurden, sowie um die Flur »Frauenjagden«.[51] Die Wahl dieses Bauplatzes dürfte auf den Reichsschulungsleiter Otto Gohdes zurückzuführen sein, der aus Falkenburg stammte und ab 1936 als Kommandant der dortigen Ordensburg eingesetzt war.

Der Planungsstand 1937 sah die folgenden – nur teilweise realisierten – Bauten vor, beginnend im Südwesten an einer schnurgerade als Aufmarschstraße ausgelegten Zufahrt von Falkenburg her.[52] Im Endausbau sollte man noch vor der Torwache eine vorgelagerte Reitbahn mit Reithalle neben der Zufahrt erreichen. Zwischen See und Reitanlage war – etwas abgelegen – der Bau eines Hauses für das weibliche Verwaltungs- und Hauspersonal vorgesehen. Unmittelbar an den Reitplatz grenzend sollte dann als erstes großes Bauwerk ein Kammer- und Verwaltungsgebäude entstehen, das jedoch bis 1941 über Erdarbeiten nicht hinauskam. Auf der anderen Seite der Zufahrtsstraße wurde die Kommandantur mit Seminarräumen, Bibliothek, Besprechungsräumen und dergleichen mehr errichtet. Verwaltungsgebäude und Kommandantur waren durch das Torgebäude mit der Durchfahrt verbunden. Hinter dem Tor waren eine Fahrzeughalle und ein zentrales Haus des Wissens mit vier Ecktürmen vorgesehen. Zwei der Türme wurden fertiggestellt und einer begonnen. Ein zunächst errichteter niedriger Rundturm – wie in Vogelsang als Wasserturm ausgelegt – wurde 1940 wieder abgerissen.

Weiter zum See entstand eine Kantine in recht exklusiver Lage direkt oberhalb des Seeufers mit attraktivem Landschaftsblick. Zur anderen Straßenseite erstreckte sich ein Ehrenhof. Er sollte im Endausbau aus folgenden Baugruppen gebildet werden: Schulungshalle sowie Sport- und Schwimmhalle und freistehende Säulenhalle als Ehrenhalle. Im Zentrum dieser Ehrenhalle stand über einem Hakenkreuz eine Adlerplastik von Willy Meller. Jede der 16 Säulen war mit Fackelhaltern ausgerüstet, auf denen die Namen der 16 gestorbenen Mitverschwörer Hitlers beim Münchner Putsch ablesbar waren. Zur Straße hin erreichte man den Ehrenhof über eine breite Treppe. Neben dem nicht errichteten Haus des Wissens war ein großes Gemeinschaftshaus vorgesehen. Daran schlossen sich beiderseits eines Feierplatzes die Unterkünfte an. Dabei handelte es sich um je zehn Gebäude links und rechts der Architekturachse, die an der Rückseite durch querliegende Riegelbauten für die Sanitärbereiche verbunden waren. Unmittelbar an die südlichen Unterkünfte schloss sich ein Exerzierplatz an. Hinter dem Feierplatz folgten in der Verlängerung der Architekturachse ein Sportplatz (»Kampfbahn«) und am Seeufer ein Badeplatz. Das Ende der Bebauung sollte dort das monumentale Standbild eines stehenden unbekleideten Athleten markieren, der in der rechten Hand senkrecht ein Schwert hielt. Tatsächlich wurde lediglich der Sockel aufgestellt.

Oben: Ansichtskarte der Anlage am Krössinsee, vermutlich Ende 1935. Die rechteckigen Bauten vor dem runden Turm waren unter anderem das »Gemeinschaftshaus« mit Speisesaal, die Kfz-Halle und das Verwaltungsgebäude. Zu beiden Seiten des Ehrenmals (linke Bildmitte) standen der Große Hörsaal (links) bzw. die Sporthalle (rechts); unten: Gipsmodell der Ordensburg Krössinsee mit den vorgesehenen vier Türmen am neu hinzugekommenen »Palas«, etwa 1939.

Im ersten Bauabschnitt entstanden zunächst zwei Gebäudegruppen, die jeweils um einen Platz herum angeordnet waren. Es handelte sich um die Wohn- und Schlafhäuser sowie ein als »Remter« bezeichnetes Gemeinschaftshaus mit Speisesaal. Gemeinsam mit den Wirtschaftsgebäuden bildete der Bereich einen Innenhof mit einer aus Granitquadern gemauerten Feierstätte. Diese Baugruppe setzte sich in gleicher Art entlang der Hauptstraße als Verwaltungsblock fort und stieß rechtwinklig auf das die Zufahrtsstraße abriegelnde Wachgebäude mit dem Tor. Gegenüber dem Turm nach Süden zu öffnete sich über eine breite Treppenanlage die Fläche des Sportplatzes vor der Ehrenhalle.

Hinzu kamen mit der Zeit weitere Bauten, wie Kommandantenwohnung, Bootshäuser, Kläranlage, Stall und Gärtnerei, Wäscherei und derlei mehr. Im Frühjahr 1941 war die zentrale Fernheizung der Anlage so weit fertiggestellt, dass alle Bauten daran angeschlossen waren. 1938 entstand etwas außerhalb von Falkenburg in Richtung Grünow-Zülshagen eine Siedlung zur Unterbringung des Personals.[53] Dort gab es eigene Post, Geschäft, Verwaltung und Kindergarten. Die Bauten waren maximal zweigeschossig. Auch eine Autobahn war geplant,[54] die Straßenmeistereien sogar schon gebaut.

Bei der Auswahl des Baumaterials orientiert sich Klotz an den in der Region vorhandenen Ressourcen. So ließ er die Bauten unter Verwendung von viel sichtbarem Holz in Ziegelbauweise errichten, da es in der Umgebung zahlreiche Ziegeleien gab, die den Baustoff liefern konnten. Für das Eindecken der Dächer nutzte Klotz das Rohrschilf, das an den Seeufern wuchs, und verwendete auch vereinzelt Granitfindlinge aus der Region.

Die Bauten des ersten Abschnitts entstanden wie in Vogelsang unter erheblichem Zeitdruck. Am 22. April 1934 fand die Grundsteinlegung durch Reichsschulungsleiter Otto Gohdes und den Bürgermeister von Falken-

Die in Schilf eingedeckte Ehrenhalle, etwa 1938.

Der Hörsaal der Ordensburg Krössinsee während der Zeit der dortigen Lehrgänge 1937 bis 1939.

burg, Hermann von Lübken, statt.[55] In der Folge waren durchschnittlich rund 600 Menschen beschäftigt. Bis 1937 waren die für den Lehrgangsbetrieb benötigten Bauten nutzbar, so dass im Herbst des Jahres der erste Lehrgang einrücken konnte. Zu dieser Zeit waren jedoch noch überall auf dem Areal Bauarbeiten im Gange. Der Baufortschritt für die nachfolgenden Abschnitte verzögerte sich mit den beginnenden Kriegsvorbereitungen des Reiches. Viele Vorhaben kamen über das Planungsstadium oder erste Fundamentarbeiten nicht hinaus. Deutsche Arbeiter standen nach Kriegsbeginn kaum noch zur Verfügung, zeitweilig wurden in den ersten Kriegsjahren auch polnische und französische Kriegsgefangene als Arbeitskräfte eingesetzt. Am 29. Juni 1944 wurden Teile der Anlage durch einen Brand vernichtet, dem auch die große Burgschänke zum Opfer fiel. Wie in Vogelsang, entstand in der Nähe eine Burgsiedlung für das Personal in Richtung Grünow-Zülshagen. Die Häuser wurden durch die »Pommersche Heimstätte« erbaut. Zu den Gesamtbaukosten hieß es: »Bei Kriegsende waren etwa 50 Millionen Reichsmark für den Bau aufgewandt worden.«[56]

Baumaßnahmen im Krieg

Da die Bauarbeiten in Pommern ähnlich wie in Vogelsang abliefen – sieht man von den topografisch bedingten Unterschieden und den andersartigen Baumaterialien ab –, soll in dieser Kurzdarstellung verstärkt ein Blick auf den Fortgang der Bauarbeiten während des Krieges gelegt werden. Durch Einberufungen und Dienstverpflichtungen reduzierte sich bereits im Sommer 1939 die Belegschaft auf den Baustellen auf rund 150 Arbeiter. Die Bauleitung bemühte sich nun verstärkt darum, die begonnenen Projekte winterfest zu machen, um Schäden zu vermeiden. Örtliche Handwerker von Falkenburg und Dramburg stellten 1940 den Innenausbau des Gästehauses nahezu fertig. Polnische Kriegsgefangene wurden für Erdarbeiten eingesetzt. Da es sich nicht um Facharbeiter handelte, wie Baudirektor Richard Bretschneider beklagte, kamen die Arbeiten am Seminar nur langsam voran. Im Sommer 1940 wurden der Ordensburg jedoch 150 französische Kriegsgefangene zugewiesen, unter denen sich einige versierte Facharbeiter befanden, so dass der erste Bauabschnitt des neuen Seminargebäudes abgeschlossen werden konnte. Unter dem Wäschereihof war eine große zentrale Heizungsanlage im Bau, die im Frühjahr 1940 den Betrieb aufnahm.

Im Sommer 1940 gab es weitere Arbeiten: »Zur Zeit wird wieder viel gebaut. Vor allem sind es wieder und immer wieder Erdbewegungen, 2000 cbm Sand werden allein zwischen Haus 1 und der Burgschenke nach dem See zu bewegt. Der Platz wird eingeebnet und mit dem gewonnenen Sand dem Seeufer ein schöneres Aussehen gegeben, dadurch, dass der sumpfige Rand verschwindet.«[57]

Zwei der vier geplanten Türme waren fertiggestellt, für den dritten wurde das Fundament gelegt. Entlang des Sees im Bereich Kommandantenhaus und Bootshaus wurden im Laufe des Jahres 1940 Grünanlagen und Wege angelegt. Zwischen dem Grün der Bäume stand, so hieß es jubelnd in der Novemberausgabe der Krössinseer Zeitschrift *Burggemeinschaft,* »der über alles Erwarten gelungene Bau des Gästehauses«. Dieses erstreckte sich mit seinen beiden Flügeln schräg zum See. Der Einsatz von Kriegsgefangenen war offensichtlich in großem Stil Praxis: »Mit Hilfe der Polen ist auch der Turnierplatz mit einer schönen Zuschauertribüne und allen möglichen Hindernissen, sowie Schiedsrichterturm usw. so weit gekommen, dass jederzeit Turniere stattfinden können.« Zwei Pferdeställe befanden sich im Bau. Im Herbst 1940 hob man einen »langen und tiefen Graben« aus vom Maschinenhaus zum Gemeinschaftshaus und von dort zum Krankenrevier, in dem Heizungsrohre verlegt wer-

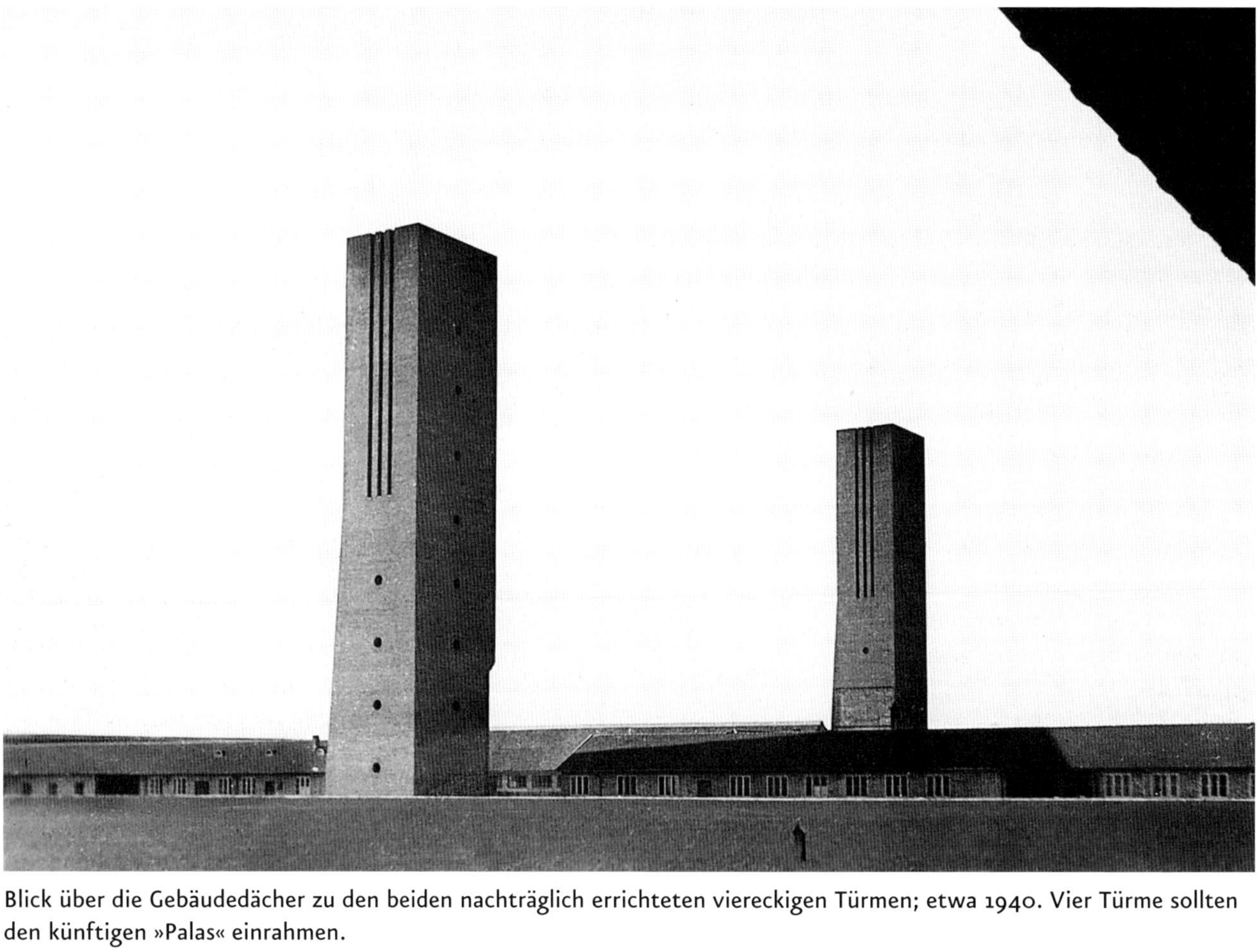

Blick über die Gebäudedächer zu den beiden nachträglich errichteten viereckigen Türmen; etwa 1940. Vier Türme sollten den künftigen »Palas« einrahmen.

Die von Josef Thorak geschaffene Plastik »Zwei Menschen« im Innenhof der Kommandantur, nach 1941.

den sollten.[58] 1940 wurde auch die Kommandantur im Spätherbst vollendet, mit diversen Seminarräumen und der provisorischen Unterbringung der Bibliothek. Das Obergeschoss bot zur Straßenseite hin Platz für die Bauleitung, die DAF-Dienststelle und Seminarräume. Zur anderen Seite lagen das Archiv und die Dunkelkammer sowie das Labor des Burgfotografen. Im Untergeschoss zur Straße war die Bücherei untergebracht. Dort gab es auch Lesesaal, Kartenzimmer und Magazinräume. Dann folgten Hundertschafts- und Kameradschaftsräume.[59]

Der nächste Großbau, der in Angriff genommen werden sollte, war das Verwaltungs- und Kammergebäude, das der neuen Kommandantur gegenüberlag und die gleichen Ausmaße erreichen sollte. Auch die Fertigstellung der beiden letzten Türme und der dazwischenliegenden »Feierhalle« sowie die Vergrößerung der Burgschänke durch den Anbau eines Kasinos waren geplant. Ende Oktober 1942 stand trotz mancher Schwierigkeiten das Verwaltungsgebäude im Rohbau.[60] Immerhin konnten nun die Personalhauptstelle, Ortsgruppe und »Hauptstelle weltanschaulich-politische Erziehung« ihr neues Domizil beziehen. In diesem Jahr endeten kriegsbedingt die wesentlichen Bauarbeiten.

Architekturwertung

Wie schon in Bezug auf Vogelsang hatte Alfred Rosenberg einiges an der Ordensburg in Pommern auszusetzen. Sie sei eine »zweifellos sympathische« Anlage, aber man müsse vom Schlafraum zu den Waschräumen durch das Freie gehen, was zeige, dass man sich bei der Planung noch an einem »Sommerlager« orientiert habe, was eine Nutzung im Winter schwierig mache. Des Weiteren fehlten – jedenfalls 1936 – Räume, in denen 500 Lehrgangsteilnehmer »nach und nach ihren Arbeiten nachgehen können«. Ferner zweifelte Rosenberg grundsätzlich daran, dass es sinnvoll sei, die Lehrgangsteilnehmer in Massenunterkünfte zu stecken.[61]

Tatsächlich besitzt die Anlage am Krössinsee noch heute den Charakter von Kasernenbauten. Dazu tragen insbesondere die aufgereihten Unterkünfte bei. Etwas abgemildert wird der Eindruck durch die ansprechende Wahl regionaltypischer Baustoffe wie Holz, Schilf und Ziegelstein. Der bis heute zumindest ausdrucksstarken Hangarchitektur Vogelsangs setzte Klotz in Pommern allerdings nichts Entsprechendes entgegen.

Die Unterkunftsbauten, die in ihrer Anordnung noch an die ursprüngliche Idee eines Barackenlagers erinnern.

In Kurzform: Sonthofen

Nach einer Ortsbesichtigung befahl Robert Ley den Bau der Allgäuer Ordensburg am 24. Juli 1934. Das ins Auge gefasste Grundstück auf dem Sonthofener Kalvarienberg gehörte teils Privatleuten, teils der Gemeinde, die der DAF als Bauherrin das Grundstück kostenlos übertrug mit der Maßgabe, dass die DAF sich am Ausbau des Ortes beteiligte. Die Baugenehmigung wurde bereits im Oktober 1934 erteilt, Baubeginn war am 4. Oktober 1934, der offiziell erste Spatenstich erfolgte am 11. November desselben Jahres.[62]

Erster Bauabschnitt

Gebaut wurde nach den Plänen von Hermann Giesler in drei großen Abschnitten. Beim ersten waren zunächst etwa 300 Bauarbeiter beschäftigt, darunter Angehörige des Reichsarbeitsdienstes (RAD). Moderne Baumaschinen kamen kaum zum Einsatz, Handarbeit war angesagt. Zunächst wurde eine Zufahrtsstraße vom Ort auf den Kalvarienberg neu gebaut, auf der das Material mit Pferdefuhrwerken angeliefert wurde.

Im ersten Bauabschnitt entstanden die Bauten, die für die Zweckbestimmung als Internatsschule erforderlich

Die Baustelle der Ordensburg Sonthofen vor der markanten Bergkulisse, 1936.

Die Feierstätte der Ordensburg Sonthofen hatte ab 1937 dieses Aussehen.

waren. Der Bereich bestand aus drei Baukörpern, die einen gemeinsamen Hof umfassten. Das Erdgeschoss war in Stein errichtet, das Obergeschoss in Holzbauweise, die Dächer regionaltypisch mit Schindeln eingedeckt. Im südlichen Bereich des Innenhofs entstand eine Freilichtbühne. Die Raumnutzung war vergleichbar mit den beiden Schwester-Burgen: Es gab Gemeinschaftsräume für den Unterricht sowie Versorgungs-, Verwaltungs- und Unterkunftsbereiche. Im Erdgeschoss des östlichen Seitenflügels war nach einer Pressemeldung eine »Burgtrinkstube« für 200 bis 300 Besucher vorgesehen.[63] Bereits am 19. Oktober 1935 konnte Richtfest gefeiert werden.

Der Giesler-Biograf Michael Früchtel attestierte dem Architekten, »im Sinne eines beinahe fanatischen Willens archaische Bautechnik« angewendet zu haben. Teilweise entstanden auch verblüffend innovative Konstruktionen. So etwa beim Bau des Musiksaals. Dessen Tonnengewölbe erforderte wegen der Spannweite und der Krümmung die Verwendung von Leimbindern. Für Sonthofen gilt gleichermaßen wie für Vogelsang und Krössinsee, dass die tragende Konstruktion hinter den als dünne Fassaden vorgesetzten Verblendungen der Gebäudehülle meistens in Ziegelstein gemauert war. Außen befanden sich etwa 15 Zentimeter starke »Blender«.

Zweiter Bauabschnitt

Bereits vor der Fertigstellung des ersten Abschnitts hatte Ley Giesler am 7. April 1936 den Auftrag erteilt, die Aufnahmekapazität der Anlage auf 1000 Lehrgangsteilnehmer zu erhöhen. Daraus resultierte der nächste Bauabschnitt, den die Presse jubelnd ankündigte: »Der Kal-

Im zweiten Bauabschnitt entstand ab 1937 auch der turmartige »Palas«.

varienberg bei Sonthofen wird zum Berg des Ordens der NSDAP«.[64] Inzwischen war nämlich längst nicht mehr von einem Schulungslager, sondern auch hier von einer Ordensburg die Rede. Erstmals belegt ist der Terminus bei einer Rede Leys anlässlich des Richtfestes des ersten Bauabschnitts am 19. Oktober 1935.[65] Das geplante Bauvolumen wuchs mit jedem Jahr an. Am Ende des zweiten Abschnitts hatte sich – im Vergleich zum ersten Bauabschnitt – die verplante Fläche des Projektes vervierfacht.

Mit dem Bau des zweiten Abschnitts wurde im ersten Halbjahr 1937 mit bis zu 800 Handwerkern begonnen. Dominierend wurde der Palas, der die übrige Architektur mit 42 Metern Höhe weit überragte. Er sollte die wichtigsten Räume der Ordensburg enthalten, unter anderem einen nie fertiggestellten »Ordenssaal«. Der Eingang in die Anlage führte durch den Palas in einen quadratischen Empfangsraum mit Tonnengewölbe. Der gegenüberliegende Ausgang führte zum Appellplatz. Im Palas hingen 16 Glocken, die mit den Namen der toten Putschisten von 1923 beschriftet waren. Die Bronzeglocken waren am 9. Oktober 1937 aus dem Harz in Sonthofen angeliefert worden.[66]

Weitere Bauten des zweiten Abschnitts waren die Kommandantur mit Verwaltungsräumen, Empfangshalle und Besprechungszimmern. Das Untergeschoss nahm Feuerwehr, Wache sowie Heizung und Werkstätten auf. Zudem wurde ein weiteres großes Unterkunftsgebäude errichtet, das über eine 130 Meter lange Wandelhalle sowie – an der Hofseite – über einen ebenso langen Arkadengang verfügte. Zudem entstanden ein Hallenbad, zwei Turnhallen sowie ein Sportfeld, das nach Gieslers Planung zum Stadion ausgebaut werden sollte. Die Bauten wurden nur teilweise fertiggestellt. Im zweiten Bauabschnitt wurde auch der Speisesaal mit der Küche errichtet. Baubeginn für dieses Vorhaben war der 4. Mai 1937, bereits am 14. Oktober desselben Jahres waren die Arbeiten beendet.[67] Der 109 Meter lange und 16 Meter breite Speisesaal mit Platz für 1500 Personen hatte eine 1600 Quadratmeter große Holzkassettendecke – angeblich die größte Europas.

Der Ausbau machte auch Änderungen im Bestand erforderlich. So berichtete die *Oberallgäuer Nationalzeitung*, dass sogar ein Bau aus dem ersten Abschnitt für die geplante Erweiterung wieder abgerissen wurde. Weiter hieß es in dem Blatt: »Der zuerst errichtete Bauteil dient nunmehr vorzugsweise der Gemeinschaft. Er nimmt die Gemeinschaftsräume auf, die Bibliothek für unterhaltende Literatur, den wundervollen Saal für die Kammermusik sowie Räume für Gäste, die Burgschänke usw. [...] Die neue Kommandantur wurde im Zusammenhang mit dem zweiten Bauteil unmittelbar neben der Einfahrt zur Burg, die Wohnung des Kommandanten selbst am Berghang geschaffen.«[68] Für eine Ehrenhalle fertigte ein Allgäuer Holzbildhauer einen 4,50 mal 3 Meter großen hölzernen Hoheitsadler, in dessen Klauen ein von Eichenlaub umkränztes Hakenkreuz sichtbar war.[69] Der einige Kilometer entfernte Flugplatz Kempten-Durach wurde gekauft und als künftiger Schulungsflugplatz ausgebaut.

Ankunft der Glocken für den »Palas« an der Baustelle am 9. Oktober 1937. Die 13 großen und drei kleineren Glocken waren jeweils mit dem Hoheitsadler versehen.

Blick über den Hof und einige Gebäude der Sonthofener Ordensburg auf den »Palas«, etwa 1941.

Dritter Bauabschnitt

Der dritte Bauabschnitt sah die Errichtung eines Bauwerks vor, dessen Dimension den Rahmen der bestehenden Bauten neuerlich sprengen und unter anderem einen Versammlungsraum für 2500 Menschen beherbergen sollte. Vier 45 Meter hohe Türme sollten den Saal flankieren. In Planung waren ebenfalls ein Theaterbau, ein Musiksaal, ein KdF-Hotel und eine neue Kommandantur sowie zusätzliche Sportanlagen, unter anderem ein 100 Meter langes Freibad mit überdachten Tribünen. Vorgesehen waren nun ein 700 Meter langer Appellplatz und vier weitere große Unterkünfte. Der Fahrzeugverkehr sollte in Tunneln unter der Erdoberfläche geführt werden. Mit der Realisierung wurde 1938 begonnen. Nach Angaben von Hartmut Happel, dem wohl besten Kenner der Allgäuer Ordensburg, waren in Spitzenzeiten bis zu

Fahrt Hitlers durch Sonthofen zum Besuch einer Parteitagung und offizieller Eröffnung der NS-Ordensburg, 23. November 1937.

Winteransicht des ersten Bauabschnitts der Ordensburg Sonthofen, etwa 1943. Es handelt sich um die Bauten rund um den »Schönen Hof«.

1200 Arbeiter an der Großbaustelle beschäftigt, darunter auch Steinmetze aus Südtirol, weil der Bedarf an Facharbeitern regional nicht zu decken war. Im Lauf des Jahres endeten allerdings auch hier die Arbeiten weitgehend.

Nachdem am 1. Mai 1937 bereits 100 Angehörige der Stammmannschaft in Sonthofen eingerückt waren – zum großen Teil Spitzensportler –, war die Anlage prinzipiell bereit zur Aufnahme der Lehrgangsteilnehmer. Als die Ordensburg am 23. November 1937 offiziell eröffnet wurde und auch Hitler aus diesem Anlass zum ersten und einzigen Mal die Anlage in Sonthofen besuchte, feierte die örtliche Presse dies als »Markstein in der Geschichte des Allgäu«.[70]

Architekturwertung

Der erste Bauabschnitt, den Giesler eigenständig und als dann »fertiges Produkt« plante, vermittelte durchaus ein in sich schlüssiges Gesamtbild. Den Bruch durch die Erweiterungen bedingte der Gigantismus der Auftraggeber. Die Anlage in Sonthofen hatte am Anfang einen gänzlich anderen Charakter als ihre Schwesteranlagen. Den abweisenden Steinfassaden Vogelsangs von Clemens Klotz, die in der Nordeifel geradezu wuchtig aus dem Fels herauszuwachsen schienen und scheinbar Teil der Landschaft wurden, stellte Hermann Giesler im Allgäu einen Entwurf gegenüber, der einen insgesamt weit wärmeren und freundlicheren Charakter ausstrahlte – der allerdings unübersehbar überlagert war von pathetisch bis bombastisch anmutenden baukünstlerischen Attributen.

Insgesamt wurde die Architektur von den Zeitgenossen als »schön« empfunden. Beim Richtfest bezeichnete Ley – wie üblich mit Superlativen nicht sparsam – die Anlage als »die schönste des Reiches«. Im Gegensatz zu den anderen Burgen, so Ley, wurden im Allgäu »alle Gebäudeteile unter einem Dach zusammengefügt, das sich über die in Hufeisenform erbaute Burg dehnt. Dennoch erreicht man das andere Ende der Gebäude nicht durch düstere Gänge und Korridore, sondern holzgefügte, weit offene Sonnengänge, und kunstreiche Steinarkaden verbinden die Räume und gestalten die Burg licht, hell und heiter.«[71] Selbst Rosenberg, der an Klotz' Ordensburgen in Vogelsang und am Krössinsee erhebliche und prinzipielle Defizite ausgemacht hatte, bezeichnete 1936 Gieslers ersten Entwurf als gelungen.[72]

Die Ordensburgen als Tagungsorte

Noch bevor der erste Lehrgang begann, rückte Robert Ley eine weitere Zweckbestimmung der Ordensburgen in den Vordergrund. Krössinsee, Vogelsang und Sonthofen wurden ab 1936 in dichter Folge als Tagungsorte insbesondere für NSDAP und DAF genutzt, aber auch andere NS-Organisationen gaben sich dort die Klinke in die Hand. Die Anlagen boten sowohl den architektonischen und propagandistischen Rahmen als auch die Infrastruktur für Versorgung und Unterbringung. Zudem handelte es sich um Bauten der DAF, die kostengünstig zur Verfügung standen.

Ley bot bei diesen Tagungen die gesamte Riege der Reichsleiter auf, um den Parteiapparat ideologisch auf einheitliche Linie zu bringen. In den Burgen verkündeten sie jeweils die aktuelle politische Marschrichtung, unmittelbar darauf setzten die Politischen Leiter in ihren jeweiligen Arbeitsgebieten die Vorgaben in konkrete Politik um. Die Besuche der Mächtigen des Hitler-Reiches in den abseits gelegenen Ordensburgen sind im kollektiven Gedächtnis der drei ländlichen Regionen bis heute als Besuche der Ordensburgen und ihrer Mannschaften verankert. In Wahrheit galten die Besuche Hitlers und seiner Entourage aber den jeweils dort tagenden Funktionären. Das wurde etwa beim Besuch Hitlers im April 1937 in Vogelsang deutlich. Der Diktator schritt zwar bei seiner Ankunft die Front der angetretenen Burgmannschaft ab, dann begrüßte er die in der Wandelhalle angetretenen Kreisleiter. Die eigentliche Ansprache hielt Hitler jedoch im Hörsaal nur vor den Kreisleitern. Die Burgmannschaft hatte zwar im Speisesaal die Möglichkeit, die Rede über Lautsprecher mit anzuhören, die Rede richtete sich inhaltlich jedoch eindeutig an die Kreisleiter. Im mehrfachen »Beifallssturm« der Hoheitsträger, so die Presse, sei zum Ausdruck gekommen, dass die Kreisleiter angespornt wurden, »noch fanatischer und entschiedener sich einzusetzen für die Lösung der Aufgaben, die die Rede des Führers ihnen aufzeigte«.[1] Ähnlich war das im Nachgang zur Ansprache des »Stellvertreters«. Die Kreisleiter hätten Heß' Worte als »inneren Befehl« für ihre Arbeit aufgenommen. Genau dazu dienten diese Tagungen: Der Funktionärsapparat sollte ideologisch und politisch eingenordet werden.

Besuch Hitlers bei der Kreisleitertagung in Vogelsang am 29. April 1937, v. l. n. r.: Burgkommandant Richard Manderbach, SS-Obergruppenführer Josef Dietrich, Hitler, Gauleiter Josef Grohé, Robert Ley.

Die Funktion der Tagungen als »Befehlsausgabe« der NS-Führung an den Parteiapparat strich der *Völkische Beobachter* auch anlässlich des Hitler-Besuches 1937 zur Eröffnung der Anlage in Sonthofen heraus. Dort erwarteten die Gauamts- und Kreisleiter Hitler, »um hier aus dem Munde des Führers Marschziel und Befehl für die kommenden Jahre entgegenzunehmen«.[2] Die *NS-Monatshefte* wiesen ebenfalls auf diese zentrale Aufgabe der Tagungen hin: »Auf diese Weise wurde eine enge persönliche Fühlungnahme zwischen den in ihrem Kreisgebiet auf verantwortungsreichstem Posten stehenden Kreisleitern und den an höchster Stelle stehenden Männern geschaffen und die gemeinsame Ausrichtung für den kommenden harten Tageskampf gegeben.«[3] Das war keinesfalls ein einmaliger Akt, wie aus der Berichterstattung des *Angriff* im August 1938 anlässlich einer DAF-Tagung in Vogelsang hervorging: »Für die führenden Männer der Bewegung ist es heute schon Tradition geworden, auf den Ordensburgen vor den Vertretern der Partei und ihrer Gliederungen zu sprechen. Sei es Krössinsee, Sonthofen oder Vogelsang, hier erhält das Führerkorps der Bewegung ebenso seine Weltanschauungsausrichtung [...] wie der Führernachwuchs, der hier in harter Schule geformt wird und berufen ist, einst an die Stelle jener zu treten.«[4]

Bereits ein Jahr zuvor hatte Ley in Sonthofen vor den Kreis- und Gauamtsleitern betont, dass er sie in regelmäßigen Abständen zusammenholen werde: »Er erklärte den Versammelten, dass die Partei künftig alle Jahre

Links oben: Begrüßung Hitlers durch den Vogelsanger Burgkommandanten Richard Manderbach beim Besuch der Gauamtsleitertagung am 20. November 1936 vor dem Tor zum Adlerhof; links unten: Hitler beim Bad in der Menge vor dem Haupteingang in Vogelsang, 1936; rechts: Robert Ley (vorn rechts) führte Hitler durch die Bauwerke des ersten Bauabschnitts in Vogelsang, 1936.

diese Tagungen durchführen werde, um die politischen Kämpfer aus dem Alltag ihrer Pflicht zu heben und die Partei in Kraft und Größe ihrer Zukunftsaufgabe vor ihnen erstehen zu lassen.«[5] Ley trommelte zu diesem Zweck bis zu 1500 Tagungsteilnehmer zusammen. Das war natürlich nur möglich nach dem Ende eines Lehrgangs und vor dem Beginn des nächsten, oder – in Sonthofen – wo noch gar kein Lehrgang begonnen hatte. In anderen Fällen fanden die Tagungen statt, wenn die Lehrgangsteilnehmer für einige Wochen im praktischen Einsatz in ihren Heimatgauen oder auf Reisen waren.

Den bei den Tagungen gehaltenen Reden ist erhebliche Bedeutung beizumessen. Sie hatten bis 1939 und teilweise darüber hinaus unmittelbaren Einfluss auf die aktuelle Politik und waren historisch weitaus folgenreicher als die bis 1939 praktizierten tastenden Anfänge der Ley'schen Nachwuchsführererziehung.[6] Die erste große Parteitagung in einer Ordensburg fand 1936 noch vor der offiziellen Eröffnung am Krössinsee statt. Der Vortragsreigen begann am 15. April 1936 und endete mit dem Hitler-Besuch als Höhepunkt. Es sprachen an den zehn Tagen nacheinander »die führenden Männer der Bewe-

Der »Stellvertreter des Führers« Rudolf Heß (ohne Kopfbedeckung) zu Besuch bei einer Tagung in Vogelsang, 1936.

gung und des Staates« über ihre jeweiligen Aufgabengebiete und die anstehenden weiteren Aufgaben.[7]

Die Liste der von Ley als Redner gewonnenen Parteiführer machte deutlich, dass den Kreisleitern als wesentlicher Schnittstelle zur Umsetzung der NS-Politik an der Basis in Pommern ein umfassendes und aktualisiertes Bild über sämtliche Bereiche der Politik des Regimes vermittelt wurde. Am Ende war der gesamte Apparat auf dieser Parteiebene gleichmäßig informiert und instruiert. Zum Auftakt stellte Ley bei zwei Vorträgen seine Vision der Nachwuchsführererziehung der NSDAP dar, die zu der Zeit noch keineswegs allen bekannt war. Wie breit die Tagung angelegt war, zeigt die Liste der weiteren Redner: General Friedrich Fromm (stellvertretend für den Reichskriegsminister) und Dr. Walter Groß, der Leiter des Rassenpolitischen Amtes, sprachen am ersten Tag. Der Nachmittag des zweiten Tages war Alfred Rosenberg mit Ausführungen zum »weltanschaulichen Kampf des Nationalsozialismus« vorbehalten. Im weiteren Verlauf kamen dann zu Wort: Fritz Reinhardt (SA), der Reichsminister für kirchliche Angelegenheiten Hanns Kerrl und Hauptamtsleiter Walter Sommer vom Stab Stellvertreter des Führers. Zudem sprachen NSKK-Korpsführer Adolf Hühnlein über die Aufgaben des Korps und SS-Chef Heinrich Himmler »über die besonders verantwortungsvolle Arbeit der Schutzstaffel«, gefolgt von einer Ansprache von Joseph Goebbels zur Propaganda mit anschließender Diskussion. Am Schluss des Tages hielt »Reichsarbeitsführer« Konstantin Hierl einen Vortrag über die Ausbildung der Führeranwärter

Reichswehrminister Werner von Blomberg mit der Burgwache im Adlerhof in Vogelsang, undatiert.

des Reichsarbeitsdienstes (RAD) und über den freiwilligen Arbeitsdienst. Im weiteren Verlauf der Tagung sprachen Richard Walther Darré zur Ernährungslage und Hermann Göring, der anderthalb Stunden »von dem inneren unbeugsamen Kampfgeist der Bewegung ein Zeugnis ablegte«, Reichsschatzmeister Franz Xaver Schwarz zum inneren Gefüge der NSDAP-Verwaltung und der Münchener Oberbürgermeister Karl Fiehler zu kommunalpolitischen Themen. Nach dem gleichen Muster waren alle bis 1939 in dichter Folge abgehaltenen Großveranstaltungen organisiert.

Wie eng die Treffen mit dem aktuellen politischen Geschehen verbunden waren, wird exemplarisch am Beispiel einer Tagung der Kreisschulungsleiter vom 9. bis 18. Januar 1938 deutlich. Zu dieser Zeit rückte die »Sudetenfrage« in den Vordergrund und damit das Auslandsdeutschtum insgesamt. Das spiegelte sich in der Auswahl der Redner wider, die Ley nach Sonthofen zitiert hatte. Nach Rosenberg sprach ein Vertreter des Deutschen Auslandsinstituts in Stuttgart und gab einen »Gesamtüberblick über das Deutschtum in der Welt«. Unmittelbar danach trat der SS-Oberführer Dr. Hermann Behrends, Stabsleiter der »Volksdeutschen Mittelstelle« (VoMi) ans Mikrofon, um seine mit dem Auslandsdeutschtum befasste Dienststelle vorzustellen. Als Nächstes gab Professor Walter Recke, Leiter des Danziger Ostland-Instituts, einen »geschichtlichen Rückblick« über das »Deutschtum und der Osten«. Mit einem »geschichtlichen Abriss« zur »tschechischen Frage« wartete der Leiter der Nachrichtenstelle im Reichsinnenministerium, Hans Krebs, auf;

Begrüßung Robert Leys durch die Wache in der Ordensburg Vogelsang, 1936.

er war ein ehemaliges Mitglied des Prager Parlaments. Im weiteren Verlauf kamen weitere »Experten« der VoMi zum »gegenwärtigen Kampf des Sudetendeutschtums« und zum Thema »Deutscher Kampf im Kirchenstaat Österreich« zu Wort. Der Gauleiter Ernst Wilhelm Bohle, Leiter der NSDAP-Auslandsorganisation im Rang eines Gauleiters, (oder sein Vertreter) sollte laut Tagungsprogramm das »Auslandsdeutschtum und die Auslandsorganisation« vorstellen. Ihm folgte SS-Gruppenführer Reinhard Heydrich, Chef des SD-Hauptamtes, der von den Erfahrungen des Sicherheitsdienstes »im Kampf gegen unsere weltanschaulichen Gegner« berichtete. Gauleiter Albert Forster (Danzig) folgte schließlich mit einem Vortrag über »Das nationalsozialistische Danzig«.[8] Damit waren die Schulungsleiter auf einen einheitlichen Informationsstand im Hinblick auf die absehbare Entwicklung des kommenden Konflikts mit der Tschechoslowakei gebracht. Drei Monate später ließ Hitler die von ihm initiierte »Sudetenkrise« eskalieren.

Überblickt man die Parteitagungen in den Ordensburgen von 1936 bis zum Kriegsbeginn 1939, die oft mit 800 bis 1500 Funktionären stattfanden, so wird ihr Zweck deutlich: Sie waren wesentliche Instrumente der NS-Führung, um den eigenen Parteiapparat jeweils mit den aktuellen Vorgaben der Reichsleitung vertraut zu machen. Das geschah trotz der großen Zahl der Anwesenden gleichsam in »familiärem« Rahmen: Die Funktionäre sollten nach Ley wieder einmal »in den Schoß der Partei finden«.[9] Gleichzeitig hatten die Tagungen den Charakter von Befehlsausgaben, zu denen sich die Politischen Leiter begaben, um »aus dem Munde des Führers Marschziel und Befehl für die kommenden Jahre entgegenzunehmen«.[10] »Auf diese Weise wurde eine enge persönliche Fühlungnahme zwischen den in ihrem Kreisgebiet auf verantwortungsreichstem Posten stehenden Kreisleitern und den an höchster Stelle stehenden Männern geschaffen und die gemeinsame Ausrichtung für den kommenden harten Tageskampf gegeben.«[11]

Die von Reichsleitern und anderen politischen Führern gehaltenen Ansprachen beinhalteten das komplette NS-Programm, und zwar jeweils auf aktuellem Stand. Hitler, der insgesamt vier Mal die Ordensburgen besuchte – je ein Mal Krössinsee und Sonthofen und zwei Mal Vogelsang –, diffamierte Demokraten und Parlamentarier[12] und kündigte einen neuen Krieg an, auf dass der Apparat nach Kräften an Aufrüstung und Vierjahresplan mitwirke. Robert Ley verkündete neben der staatlichen Gesetzgebung ein »Gewohnheitsrecht«[13] und schürte den Hass gegen die jüdische Bevölkerung.[14] Der antisemitische Propagandist Julius Streicher hetzte gegen eine angebliche »jüdische Weltgefahr«.[15] Chefideologe

Alfred Rosenberg bei der ersten Tagung an der Ordensburg Krössinsee im April 1936, noch vor der offiziellen Eröffnung der Anlage durch Hitler, die erst am Ende dieser Tagung erfolgte.

Alfred Rosenberg polemisierte gegen die Kirchen und plädierte für »germanische Werte«,[16] bezeichnete das »Weltjudentum« als Komplizen des »Bolschewismus«[17], um schließlich einen »jüdisch-asiatischen Bolschewismus« als Feindbild Europas zu erfinden.[18] Reichsinnenminister Wilhelm Frick lehnte die Demokratie als undeutsch ab und forderte den Führerstaat,[19] Reichsrechtsführer Hans Frank erfand ein neues deutsches Recht, »ein Recht der Rasse, des Bodens«,[20] und Generaloberst Walther von Brauchitsch stimmte die Anwesenden auf den bevorstehenden Krieg ein.[21]

Diese Tagungen rückten übrigens in gewisser Weise Leys Parteiburgen in ein Abhängigkeitsverhältnis zum Obersalzberg. Beide waren Glieder einer hierarchisch strukturierten Befehlsausgabe: Am Panoramafenster bei Berchtesgaden verkündete Hitler seinen Reichsleitern die jeweils neueste Marschrichtung. In den Burgen leiteten die Reichsleiter für ihre jeweiligen Aufgabengebiete Hitlers Anweisungen, erweitert um konkrete Durchführungshinweise, an den Parteiapparat weiter. Darüber hinaus dienten diese Tagungen natürlich auch der Gemeinschaftsbildung im Korps der Politischen Leiter. Die Aufmärsche der Reichsleiter vermittelten den Zuhörern das Gefühl eigener Bedeutung. Letztlich ersetzten sie in gewisser Weise tatsächlich die von Ley bisweilen wehmütig rückblickend erwähnte Kameradschaft im »Sturmlokal der Kampfzeit«.

Hermann Göring auf dem Appellplatz in Vogelsang, undatiert.

Neben den Funktionären der NSDAP tagten auch andere NS-Organisationen mehrfach in Leys Parteiburgen. Insgesamt lassen sich rund zwei Dutzend große Tagungen an den Ordensburgen belegen, bei denen jeweils die erste Funktionärsgarde der jeweiligen Fachgebiete referierte. In Vogelsang beispielsweise tagten unter anderem 800 Kreisobmänner der DAF (15.–21. August 1937),[22] 800 Gauabteilungsleiter der DAF (22.–28. August 1937),[23] die Gauwarte der NS-Gemeinschaft »Kraft durch Freude« (August 1937),[24] 800 Medizinstudenten der Reichsfachgruppe Medizin im NSD-Studentenbund (16.–26. September 1937),[25] das Hauptamt für Volksgesundheit mit 500 Ärzten (Oktober 1937),[26] die Gauobmänner, Gauhandwerkswalter und Kreishandwerkswalter der DAF (August 1938),[27] 800 Kameradschaftsführer des NS-Studentenbundes (8.–16. März 1939),[28] 1100 Gau- und Kreispropagandaleiter der NSDAP (23.–26. April 1939),[29] 800 Gau- und Kreispropagandawalter der DAF (26.–30. April 1939)[30] sowie das Personalamt der DAF (Mai 1939).[31] Am Krössinsee und in Sonthofen war die Veranstaltungsfolge ähnlich dicht. Die Tagungen setzten sich auch in der Kriegszeit fort, wobci allerdings Vogelsang an Bedeutung verlor.

Neben diesen Tagungen kamen auch prominente Besucher auf die Ordensburgen, die jedes Mal mit großem Pomp empfangen wurden, in Vogelsang etwa der italienische Gewerkschaftsführer Tullio Cianetti am 6. Februar 1937,[32] Hermann Göring am 8. Juni 1938,[33] der rumänische Arbeitsminister Mihail Ralea am 16. Juni 1938,[34] der italienische Korporationsminister Ferrucio Lantini im Dezember 1938[35] und schließlich der japanische Botschafter Hiroshi Oshima im Januar 1939.[36]

Kommune NS-Ordensburg

Bis zu 4500 Menschen sollten im Endausbau dauerhaft an den einzelnen Ordensburgen leben und arbeiten. In dieser von dem Vogelsanger Kommandanten Hans Dietel 1941 angeführten Zahl waren offensichtlich die Familienangehörigen der Angestellten und Arbeiter mit eingerechnet, ansonsten wäre sie kaum plausibel nachvollziehbar. Da die Ordensburgen nie fertiggestellt wurden und Leys Nachwuchsführer-Drill bis 1939 über das Experimentierstadium nie hinauskam, blieb die Belegschaft zahlenmäßig entsprechend kleiner als erwartet. Insgesamt dürften zu keiner Zeit mehr als 2000 Personen pro Burg gezählt worden sein.

Für die Stammbesatzungen und ihre Angehörigen befanden sich Anfang der 1940er Jahre an allen Burgen eigene Siedlungen im Bau. Zu den Burgkommunen, die – belegbar am Beispiel Vogelsangs – auch um eigene Kommunalrechte bemüht waren, gehörten verschiedene, klar unterscheidbare Personengruppen, die nachfolgend kurz vorgestellt werden sollen.

Stammführer der Ordensburg Krössinsee beim Rudern in einem Boot, das als »Arche« bezeichnet wurde, undatiert.

Führungskorps

Das Organisationsbuch der NSDAP, das unter Leys Regie in verschiedenen Auflagen ab Mitte der 1930er Jahre veröffentlicht wurde, regelte auch die Stellenbesetzungen an den Ordensburgen. Die nachfolgende Darstellung bezieht sich auf das Organisationsbuch von 1943, zeigt also die Endplanung.

Der Burgkommandant war demnach der »allein verantwortliche Führer auf der Ordensburg«. Er sollte in seiner gesamten Dienstzeit in dieser Funktion bleiben. Ihm zur Seite standen ein Adjutant und der Stab. Zum Stab gehörten verantwortliche Lehrer für die körperliche Ertüchtigung mit Exerziermeister, Sportlehrern, Lehrern für die weltanschauliche und geistige Erziehung der Männer sowie ein Lehrer, »dem die Vermittlung der Umgangsformen« oblag.[1] Drei Bereitschaftsführer, zuständig für je 300 bis 400 Mann, sollten bei einem Einstellungs-Höchstalter von 40 Jahren den Rest ihrer Dienstzeit an den Ordensburgen verbleiben. Ihnen unterstanden die Hundertschaftsführer, die für sechs Jahre Dienst leisten sollten. Sie wurden jeweils aus den laufenden Lehrgängen rekrutiert. »Zu gegebener Zeit« konnten sie in »den höheren Parteidienst« übernommen werden, ihr Höchstalter war auf 35 Jahre festgesetzt. Unter ihnen standen die Kameradschaftsführer, die »sportlich gut durchgebildet« sein sollten. Auch diese Männer konnten später in den höheren Parteidienst übernommen werden. Ihr Höchstalter war auf 30 Jahre festgesetzt. Die unterste Führungsebene bildeten die Gemeinschaftsführer, die aufgrund einer Musterung durch »Gauamtsleiter, Kreisleiter, Kreisamtsleiter und Ortsgruppenleiter« eingestellt wurden.[2]

Darüber hinaus waren »Hauptlehrer und Gastlehrer« vorgesehen. Das sollten zum einen hauptamtlich tätige, dem Hauptschulungsamt unmittelbar unterstellte Wissenschaftler sein, zum anderen auch »Reichsleiter, Gau-

Links oben: Ankunft der künftigen Stammführer in Erwitte, August 1936. Es handelte sich um Teilnehmer des ersten Vogelsanger Lehrgangs zur Ausbildung von Stammführern der Ordensburgen; links Mitte: Einmarsch der »Lehranwärter der Ordensburg Vogelsang« (so die Bildbeschriftung) in Erwitte am 6. August 1936; links unten: Begrüßung der Vogelsanger Lehrgangsteilnehmer in der Schulungseinrichtung in Erwitte durch Bürgermeister und Kreisleiter am 6. August 1936; rechts oben: Zum Appell angetreten: Stammführer-Lehrgang in der Reichsschulungsburg Erwitte, November 1936; rechts unten: Besichtigung der Externsteine durch den Stammführer-Lehrgang am 6. September 1936.

leiter und Hauptamtsleiter der NSDAP«. Die dritte Kategorie bildeten Schulungsreferenten, die zum Stammpersonal einer bestimmten Ordensburg gehörten und bei Bedarf an anderen Burgen tätig werden sollten.[3] Als »Lehrfächer« waren vorgesehen: »1. Rassenlehre (zu lehren durch je einen Biologen und Philosophen), 2. Geschichte (zu lehren durch je einen Lehrer für alte, mittlere und neue Geschichte), 3. Weltanschauung und Philosophie, 4. Kunst und Kultur, 5. Wirtschafts- und Soziallehre, 6. Wehrwissenschaft, 7. Praktische politische Parteiarbeit.«[4]

Da 1936 die Ordensburgen überstürzt ihren Betrieb aufnehmen sollten, blieb für eine gründliche Auswahl des Personals keine Zeit. Im Vorfeld des ersten Lehrgangs suchte die Reichsorganisationsleitung 1936 eiligst per Rundschreiben an die Gauleiter Kandidaten für das Führungskorps der Burgen.[5] Die endgültige Auswahl erfolgte bei einer zweistufigen Musterung: Einen Tag lang gab es eine medizinische Untersuchung beim »Amt für Volksgesundheit«, die letzte Auslese fand schließlich durch eine Kommission statt, der Ley persönlich vorstand. Die 1936 für tauglich befundenen Bewerber wurden in ein festes Angestelltenverhältnis übernommen und bei einem etwa fünf Monate dauernden Crash-Kurs an der Reichsschulungsburg Erwitte in Westfalen für ihre Funktionen gedrillt. Weitere Angestellte sollten beim ersten Kurzlehrgang in Vogelsang für alle Burgen ausgebildet werden: »Bis zum 1. Mai nächsten Jahres bilden wir

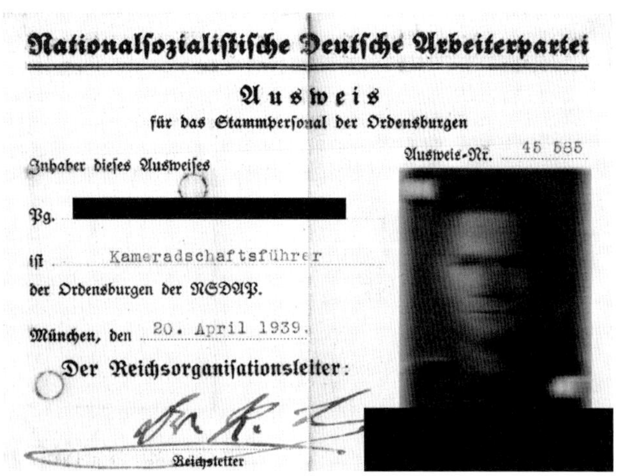
Nationalsozialistische Deutsche Arbeiterpartei

Ausweis

für das Stammpersonal der Ordensburgen

Ausweis-Nr. 45 585

Inhaber dieses Ausweises

Pg. [redacted]

ist Kameradschaftsführer

der Ordensburgen der NSDAP.

München, den 20. April 1939.

Der Reichsorganisationsleiter:

Reichsleiter

Dienstausweis eines Stammführers der Ordensburgen.

ein Depot heran, in dessen Rahmen auch das Stammpersonal vertreten sein wird. Erst ab 1. Mai 1937, wenn auf jeder Burg das vollzählige Stammpersonal seine Tätigkeit aufgenommen haben wird, werden die Burgen voll belegt werden.«[6]

Die ersten »Lehranwärter«, allesamt frühe Anhänger Hitlers und durch die Bank Parteimitglieder bereits vor 1933, rückten am 6. August 1936 mit Bussen, die zur Ordensburg Vogelsang gehörten, in Erwitte ein. Auf dem Marktplatz traten sie in Formation an, begrüßt wurden sie durch Landrat und Kreisleiter. Am gleichen Tag gab es einen weiteren Appell auf dem Hof der Reichsschulungsburg am Fahnenmast, zu dem auch der stellvertretende Gauleiter erschien. Neben dem Flaggenmast war – wie an der Eingangswache – eine SS-Formation aufgezogen.[7] Bilder zeigen die Männer in der braunen Montur der Politischen Leiter der NSDAP – was ja auch folgerichtig war, da sie mit ihrem Eintritt in den Lehrgang als hauptamtliche Mitarbeiter der Partei besoldet wurden. Allerdings fehlten zu der Zeit noch die später üblichen Ärmelstreifen mit dem Namen der jeweiligen Ordensburg.

Einzelne, gut bekannte Biografien von Stammführern sowie Leys Auswahlkriterien machen deutlich, worauf es in erster Linie ankam: Scheinbare »rassische Qualitäten« waren durch Abstammungsbelege nachzuweisen, feste Verankerung in der NS-Weltanschauung wurde selbstverständlich eingefordert, frühe Mitgliedschaft in der Partei und – bis zu den Hundertschaftsführern – sportliche Fertigkeiten. Sonstige berufliche oder wissenschaftliche Qualitäten spielten dagegen überhaupt keine Rolle. Sie mussten stramme »Vorzeige-Nazis« sein und den künftigen Nachwuchsführern den Nationalsozialismus buchstäblich vorleben. Ihre Arbeitsgebiete waren die Herzen der Lehrgangsteilnehmer, nicht deren Köpfe. So überragten die Stammführer hinsichtlich ihrer zweifelhaften »Vorbildung« die normalen Lehrgangsteilnehmer kaum.

Am 1. März 1937 traf Ley in Begleitung Otto Marrenbachs, Leiter des Hauptpersonalamtes der DAF, zu einem 14-tägigen Aufenthalt ein, um die »persönliche Abmusterung der 500 seit Jahresfrist auf der Burg befindlichen Burgmänner zwecks weiterer Verwendung vorzunehmen.«[8] In erster Linie sollte dabei »über ihren ferneren

Der Schleidener Kreisleiter und »Kommandant« in der Bauphase Vogelsangs, Franz Binz, in Gemünd, undatiert.

Hans Dietel war zunächst Hauptlehrer für NS-Rassenkunde an den Ordensburgen, ab 1939 Kommandant in Vogelsang.

Einsatz z. B. als Kameradschafts- oder Bereitschaftsführer, Entscheidung getroffen werden«.[9] Selbst nach dem zweiten Vogelsanger Kurzlehrgang wurden 1938 noch weitere Stammführer rekrutiert.

Kommandanten

Ley zollte der Auswahl der Hierarchiespitze einige Aufmerksamkeit. Während der Bauphase waren eher Managerqualitäten gefordert. In Vogelsang trat zunächst der Schleidener NSDAP-Kreisleiter Franz Binz als »Lagerkommandant« in Erscheinung, ein »bewährtes« Mitglied der NSDAP seit 1927.[10]

Sein Nachfolger wurde Richard Ohling aus der Kölner Gauclique, der allerdings zu dieser Zeit parteiintern umstritten war. Der 1908 geborene Ohling hatte seit dem 28. September 1925 die NSDAP-Mitgliedschaft bei der Ortsgruppe Groß-Köln. Ley machte ihn vom 1. Juli 1935 bis zum 30. Juni 1936 zum Kommandanten der Baustelle.[11] Gründungskommandant der eigentlichen Ordensburg Vogelsang wurde Richard Manderbach (geb. 21. Mai 1889 in Wissenbach/Dillkreis, gest. 6. Februar 1962 in Herborn). Die Funktion hatte er bis zum 10. Juni 1939 inne.[12]

Manderbach brachte die klassische Biografie des »Alten Kämpfers« mit: Kriegsteilnahme, Freikorps, frühe Mitgliedschaft in der NSDAP. Hilfreich war natürlich

Der Kommandant von Vogelsang, Richard Manderbach, bei der Einweihung von Erweiterungsbauten am 1. Mai 1938 an der Freilichtbühne.

auch die bereits bestehende Bekanntschaft mit Ley. Manderbachs Nachfolger wurde der am 21. Mai 1908 geborene, wesentlich jüngere Hans Dietel. Er stammte aus Netzschkau / Vogtland, auch er war früher Anhänger Hitlers. 1934 wurde er Schulungsleiter der Gauführerschule Augustusburg, zum 1. Januar 1935 Lehrer für Rassenfragen an der Reichsschule der NSDAP in Bernau. Ab Mai 1936 firmierte Dietel als »Schulungsleiter« der Ordensburg Vogelsang, ab 1938 zudem als Beauftragter Leys für die Adolf-Hitler-Schulen und zugleich stellvertretender Amtsleiter des »Amt Ordensburgen« im Hauptschulungsamt. Am 13. Juni 1939 ernannte ihn Ley zum kommissarischen Kommandant, die endgültige Ernennung folgte zum 11. November 1940.[13] Nach Dietels Tod am 19. Mai 1941 gab es nur noch kommissarische Ernennungen. Auf Dietel folgte Fritz Franz Montag, nach dessen Tod übernahm der Bereitschaftsführer Heinrich Bruhn die Leitung.

In der Bauphase der Ordensburg Krössinsee war zunächst Paul Eckhardt der Kommandant, der am 17. Mai 1934 vom Reichsschulungsleiter ins Amt eingeführt wurde.[14] Otto August Karl Gohdes folgte Eckhardt als Kommandant am 30. Juli 1936 und behielt diese Funktion bis zu seinem Tod. Geboren wurde Gohdes am 17. Dezember 1896 in Falkenburg, also in Sichtweite der späteren Ordensburg. Auch seine Biografie »passte«: Fronterfahrung und Gefangenschaft bis 1920, Mitgliedschaften bei deutsch-nationalen Gruppierungen wie dem Wiking-Bund, dem Deutschvölkischen Schutz- und Trutzbund und dem Stahlhelm; NSDAP-Mitglied war Gohdes bereits vor dem Münchner Putsch geworden. Der Forstangestellte wurde wegen nationalsozialistischer Aktivitäten entlassen. Vom 7. Mai 1933 bis September 1934 war er Reichsschulungsleiter der NSDAP und der DAF.[15]

Auch der erste Kommandant Sonthofens, Robert Bauer (geb. am 9. September 1898 in Bermsgrün), war Kriegs-

Rekrutierung von Stammführern bei der Abmusterung des zweiten Lehrgangs in Vogelsang, 1938; am Tisch sitzend, 4. v. r.: Hans Dietel, Schulungsleiter der Ordensburg Vogelsang.

Otto Gohdes (vorn), Kommandant in Krössinsee von 1936 bis 1945, mit zwei Bereitschaftsführern der Ordensburg bei einer Bootstaufe, 29. November 1937.

Amtseinführung von Theo Hupfauer (vorn rechts) als Kommandant der Ordensburg Sonthofen am 6. Februar 1941; neben ihm Robert Ley und Hupfauers Vorgänger Robert Bauer.

teilnehmer gewesen. Der Händler in Sachen Weihnachtsartikel aus dem Erzgebirge trat 1923 der NSDAP und der SA bei. Seine Parteikarriere verlief steil aufwärts: ab 1926 war er Kreisleiter im Obererzgebirge sowie seit 1930 Führer der SA-Standarte III mit dem Dienstgrad eines SA-Standartenführers. Im Juni 1936 stieg Bauer zum Kommandanten der Ordensburg Sonthofen auf. Die Funktion behielt er bis Februar 1941.[16] Als Letzter, aber sicherlich schillerndster in der Auflistung ist Dr. Theo Hupfauer (geb. 17. Juli 1906 in Delmensingen) zu nennen. Er leitete die Allgäuer Ordensburg von Februar 1941 bis 1945, und seine Biografie unterscheidet sich deutlich von der der anderen Kommandanten: Jurastudium zeitweise in Genf und Lausanne, Promotion 1932 in Würzburg, danach diverse Funktionen in der DAF, 1944 Chef des Rüstungsamtes. In Hitlers Testament vom 29. April 1945 wurde Hupfauer zum Arbeitsminister der Folge-Regierung bestimmt.[17]

Zusammenfassend ist festzustellen, dass mit Ausnahme Hupfauers alle Kommandanten der Ordensburgen fanatische Nationalsozialisten waren, die längst vor der Regierungsübernahme 1933 ihren festen Platz in der Parteihierarchie eingenommen hatten.

Intendantur

Während die Kommandantur für den Nachwuchsführer-Drill verantwortlich zeichnete, war die Intendantur für die Hausverwaltung und den laufenden Betrieb zuständig. Bei Vollauslastung der Einrichtungen erreichten die Verwaltungen Personalstärken von mehreren hundert Mitarbeitern. Sie unterhielten zahlreiche Abteilungen, von der inneren Verwaltung mit Buchhaltung, Kassenwesen, Personalverwaltung bis hin zu technischen

Mitarbeiter der Intendantur Vogelsangs, undatiert; vermutlich handelt es sich dabei um Verwaltungskräfte der Buchführung.

Abteilungen wie Fuhrpark, Elektro-Abteilung oder Bauwerkstätten. An der Spitze jeder Burgverwaltung standen Intendanten.

Aus den an allen Ordensburgen gedruckten Zeitschriften geht hervor, dass es eine erstaunlich hohe Zahl an Mitarbeitern gab. Für Sonthofen beispielsweise lassen sich so 470 Mitarbeiter-Namen für die Zeit von 1940 bis 1944 belegen. Neben den Personen, deren genaue Funktion sich nicht erschließt, zeigt sich folgende Aufteilung: 69 Angestellte und Arbeiter waren im Bereich Service tätig, also in Küche und Bewirtung, 47 gehörten zur allgemeinen Verwaltung. Wache (31), Kfz-Abteilung (31), Krankenrevier (23), Hofarbeiter (24), Heizung (22), Elektrowerkstatt/Radioabteilung (12), Putzgruppe (14), Feuerwehr (17) waren weitere größere Abteilungen. Hinzu kamen Arbeitsbereiche wie Bibliothek (6), Kammer (13), Näherei/Wäscherei (13), Reitstall (11) und diverse andere mehr, bis hin zu drei Frisören.[18] Selbst wenn anzunehmen ist, dass diese Leute nicht alle gleichzeitig in Sonthofen beschäftigt waren, ist diese hohe Zahl von Angestellten und Arbeitern erstaunlich, zumal im hier betrachteten Zeitraum zahlreiche männliche Mitarbeiter für den Dienst in der Wehrmacht eingezogen waren.[19] Die Ordensburg Sonthofen war mit 1400 Schülern sowie Erziehern, Hilfserziehern und Mitarbeitern der Adolf-Hitler-Schulen restlos belegt. Trotz kriegsbedingter Personalengpässe gelang es, den Betrieb aufrechtzuerhalten.[20]

Angesichts des Personalmangels griff die Verwaltung behelfsmäßig auf die Arbeitskraft der älteren Schüler

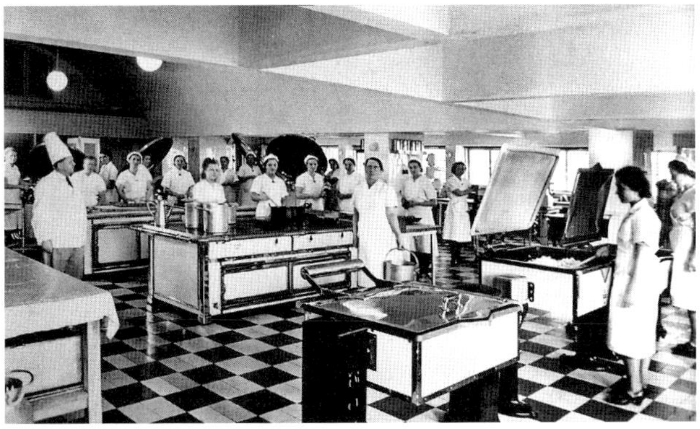
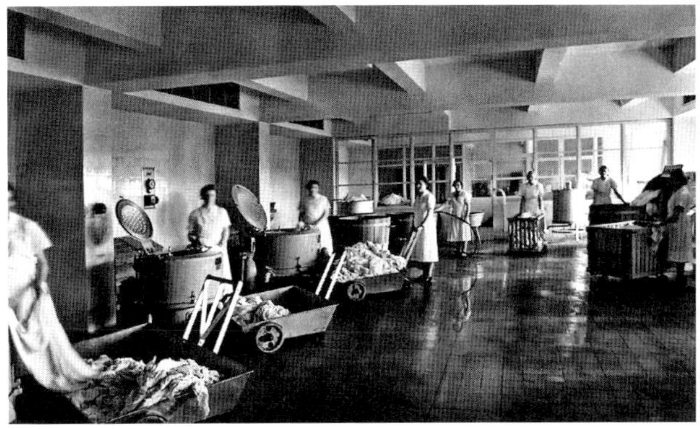

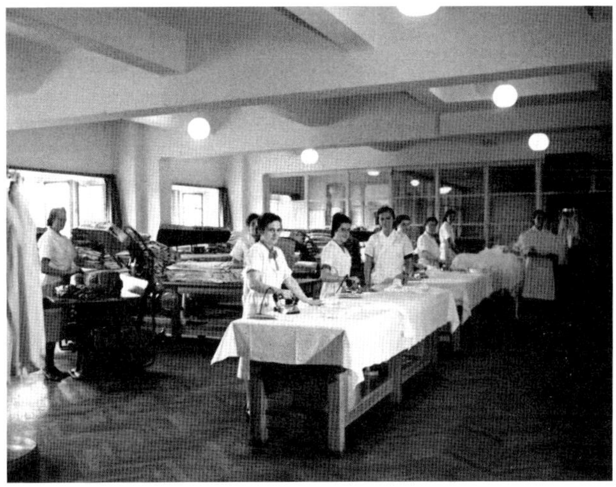

Im Servicebereich der Ordensburg Vogelsang Beschäftigte: Von links oben nach rechts unten: Personal in der modern eingerichteten Küche, unmittelbar neben dem Speisesaal, undatiert; Köche auf einer Mauer unmittelbar vor der Küche, undatiert; Ordonnanzen und Kellnerinnen sowie Küchenpersonal im Kaminzimmer, undatiert; Mitarbeiterinnen der modernen Wäscherei im Neubau des Wirtschaftstraktes, vermutlich nach 1939; Angestellte der Büglerei, undatiert; Kraftfahrer vor einem der Busse der Ordensburg Vogelsang an der Auffahrt vor dem Eingang zum Adlerhof, undatiert.

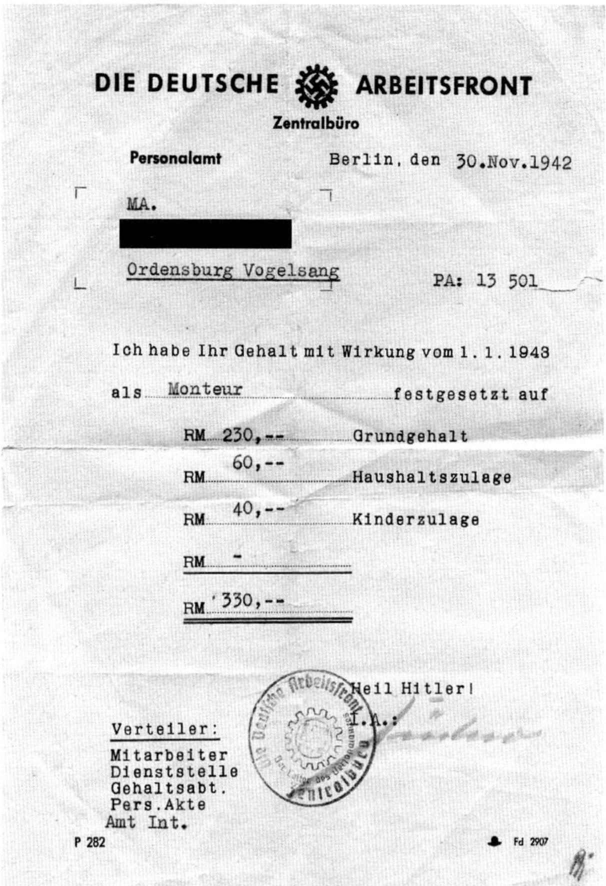

DIE DEUTSCHE ARBEITSFRONT
Zentralbüro

Personalamt Berlin, den 30.Nov.1942

MA.
[redacted]
Ordensburg Vogelsang PA: 13 501

Ich habe Ihr Gehalt mit Wirkung vom 1. 1. 1943
als Monteur festgesetzt auf

RM 230,-- Grundgehalt
RM 60,-- Haushaltszulage
RM 40,-- Kinderzulage
RM -
RM 330,--

Heil Hitler!
I.A.:

Verteiler:
Mitarbeiter
Dienststelle
Gehaltsabt.
Pers.Akte
Amt Int.

P 282 Fd 2907

Gehaltsfestsetzung eines Monteurs und Kraftfahrers in Vogelsang.

zurück. Sie mussten etwa Schnee schippen oder in der Gärtnerei helfen. Am Krössinsee gab es 1941/1942 eine vergleichbar strukturierte Verwaltungsorganisation, während die Vogelsanger Belegschaft nach 1939 deutlich schrumpfte, da die Anlage weniger genutzt wurde.

Eine besondere Stellung hatten die 1937 am Krössinsee und in Vogelsang gebildeten Musikkorps inne, da sie organisatorisch nicht den Intendanten, sondern den Kommandanten zugeordnet waren. Die Berufsmusiker nahmen zumindest teilweise auch an der weltanschaulichen Schulung im Rahmen der Lehrgänge teil, die Leiter bekamen zudem die an den Ordensburgen typischen Dienstgrade von Stammführern. Dem Orchester in Vogelsang unter der Leitung der Kameradschaftsführer Traut und Fraesdorf gehörten 48 Musiker an, die bei Aufmärschen, im Rahmenprogramm von Dichterlesungen, aber auch bei »Eheweihen« – dem nationalsozialistischen »Ersatz« für kirchliche Hochzeitsfeiern – in der Ordensburg aufspielten und ab 1938 nach Angaben des Rundfunkintendanten Toni Winkelnkemper vom »Reichssender Köln« einmal wöchentlich im Rundfunk zu hören sein sollten.

NSDAP-Ortsgruppe und andere Organisationen

Die Ordensburgen waren Vorzeigeeinrichtungen der NSDAP. So war es selbstverständlich angesichts der großen Zahl von Menschen, dass dort eine eigene NSDAP-Organisation mit den üblichen Untergliederungen aufgebaut wurde. Viele Mitarbeiter der Intendantur waren ohnehin alte Parteigenossen. Zehn Sonthofener Mitarbeiter erhielten im April 1940 beispielsweise die Dienstauszeichnung in Silber für 15-jährige aktive Mitarbeit in der NSDAP, weitere 29 bekamen die Dienstauszeichnung in Bronze.[21] Zu der Sonthofener NSDAP-»Ortsgruppe Ordensburg« hieß es, sie sei »der stetige Vermittler aller weltanschaulichen Dinge zur gesamten Burgbelegschaft«.[22] Kommandant Theo Hupfauer hatte angeregt, alle Mitarbeiter auch in die DAF-Organisation einzubinden. Sein Stellvertreter Bruno Schöttler nahm die Anregung auf und richtete einen »Amtswalterstab« ein, der 24 Funktionen umfasste.[23] Der BDM-Gruppe gehörten annähernd 80 Mädchen an. Die nicht mehr BDM-pflichtigen Frauen wurden in der »Jugendgruppe der Frauenschaft« zusammengefasst, »so dass für die Zukunft das gesamte weibliche Personal der Ordensburg in dieser Organisation vereinigt sein wird«. Erstmals bei »Führers Geburtstag« am 20. April 1941 kamen die Damen in schmucker Dienstkleidung zur Feier.[24]

Auch in Vogelsang waren Mädchen und Frauen der Verwaltung in einer eigenen BDM-Gruppe zusammengefasst.[25] Dort gab es bereits vor dem Krieg eine eigene NSDAP-Ortsgruppe: »Die Ordensburg mit ihrer Mannschaft bildet die gleiche Gemeinschaft, wie sie draußen im Reich in den Gemeinden und Städten als Siedlungs-

Nationalsozialistische Deutsche Arbeiterpartei

Ortsgruppe: Ordensburg Krössinsee

Bescheinigung.

Mitglied Nr. 220 188

Herr / Frau [redacted]

Wohnung Ordensburg Krössinsee Straße / Platz Nr.

Stadtbezirk Falkenburg eingetreten am 1. 3. 19 30

hat seine — ihre — Mitgliedskarte gemäß Anordnung des Reichsschatzmeisters 54/35 vom 15. 4. 35 zwecks Ausstellung eines Mitgliedsbuches abgegeben.

Krössinsee, den 2. 19

Dienststempel: Ortsgruppenkassenleiter

Anmerkung: Diese Bescheinigung ist bei Aushändigung des Mitgliedsbuches von dem Mitglied an die Ortsgruppe zurückzugeben, verliert in jedem Fall spätestens 6 Monate nach Ausstellung dieser Bescheinigung durch die Ortsgruppe ihre Gültigkeit.

Ortsgruppenausweis eines Ordensjunkers, Krössinsee 1939.

und Lebensgemeinschaft besteht. So ist es nur ein Beweis natürlicher Entwicklung, dass nach dem Entstehen der NSDAP-Ortsgruppe die Gründung einer NSV-Amtsleitung [Nationalsozialistische Volkswohlfahrt, d. A.] erfolgte.« Zunächst war die »NSV-Ortsgruppe Ordensburg Vogelsang« territorial noch an den Kreis Schleiden gebunden, aber das änderte sich bald: »Mit dem Anwachsen der Tätigkeit, besonders in den Ämtern ›Mutter und Kind‹ und ›Wohlfahrt‹ zeigte es sich, dass die Abhängigkeit vom Kreis Schleiden hemmend wirkte. Entsprechende Vorstellungen bei der Gauamtsleitung hatten den Erfolg, dass die Ortsgruppenamtsleitung ›Ordensburg Vogelsang‹ am 1. Oktober 1937 dem Gau direkt unterstellt wurde.« Die Mitgliederentwicklung zeigte eine rasant steigende Kurve: Waren in Vogelsang im Dezember 1936 zunächst 109 Mitglieder registriert, hatte die Ortsgruppe Vogelsang im Oktober 1938 bereits 720 Mitglieder.[26]

Burgwache

Braune Parteiuniformen dominierten das Bild in den Ordensburgen. Aber mit den Lehrgängen rückten dort auch schwarz uniformierte SS-Männer ein. Der Einsatz dieser Abgesandten Himmlers an Leys Parteiburgen ist bis heute nicht erforscht, die Quellenlage scheint zudem dünn zu sein. Nachfolgend sind die wenigen belegten Fakten dargestellt.

Fotos zeigen, dass Einzel- oder Doppelwachen der SS an den Haupteingängen in Vogelsang und Krössinsee Posten bezogen. Offensichtlich handelte es sich dabei um eine Art Ehrenwache, wie sie an vielen Parteibauten üblich war. Zu ihren Aufgaben gehörte es, eintreffende Besucher in »strammer Haltung« und mit erhobenem Degen oder präsentiertem Gewehr zu begrüßen. Bei bedeutenderen Besuchern waren die Wachzüge vollständig angetreten. Die Wachlokale befanden sich unmittelbar am Tor. Sofern die Mitglieder der Burgwache keinen Wachdienst hatten, nahmen sie an der weltanschaulichen Erziehung der Lehrgangsteilnehmer teil.

Die SS-Mannschaften wurden im Dreimonatsrhythmus ausgewechselt. Mehr als drei Jahre (Mai 1936 bis August 1939) sind die jeweils 60-köpfigen Wachkommandos in Vogelsang belegbar, mindestens zwei Jahre am Krössinsee. Daraus ergibt sich eine Gesamtzahl von mindestens 1200 SS-Männern alleine für Vogelsang und Krössinsee. Zeitzeugen gaben an, dass es sich um Angehörige von »SS-Totenkopfverbänden« handelte,[27] und einige Fakten scheinen das zumindest für Herbst 1936 zu bestätigen. Zu der Zeit war der Sturmbann IV des SS-Totenkopfverbandes »Ostfriesland« (Standort Oranienburg) damit beauftragt, die »Wachkommandos für das Konzentrationslager Sachsenhausen und die Ordensburg Vogelsang« zu stellen. Der V. SS-Totenkopfverband »Brandenburg« wiederum stellte ebenfalls ein Wachkommando für Sachsenhausen »und die Ordensburg Krössinsee«.[28] Es handelte sich jedenfalls bei den Burgwachen um Wachmannschaften aus mindestens zwei Konzentrationslagern: zunächst aus Esterwegen, dann aus Sachsenhausen.

In einem Fall sind in der Nachkriegszeit biografische Details eines Angehörigen dieser Burgwache bekannt geworden. Es handelte sich um Gustav Sorge, der 1936 als Führer des ersten Wachkommandos von Esterwegen nach Vogelsang kam.[29] Nach etwa drei Monaten wechselte Sorges 60-köpfige Gruppe nach Oranienburg, wohin inzwischen die Insassen des Lagers Esterwegen verlagert worden waren.

Nach dem Krieg war Sorge gemeinsam mit anderen Funktionären des Lagers Sachsenhausen zunächst von

Auf dem Adlerhof in Vogelsang angetretene SS-Wache, die von 1936 bis 1939 präsent war.

einem sowjetischen Militärtribunal am 1. November 1947 zu lebenslänglicher Haft mit Zwangsarbeit verurteilt worden. Er kam zur Arbeit im Bergbau nach Workuta. Am 14. Januar 1956 wurde er jedoch mit einem Transport von nicht amnestierten Straftätern den deutschen Behörden übergeben. Die Verhandlung gegen Sorge und einen weiteren Mitangeklagten beim Landgericht in Bonn offenbarte 1959 schließlich das ganze Ausmaß der von ihm verübten Verbrechen. Sorges Tötungsserie hatte bereits begonnen, bevor er nach Vogelsang kam: Er erschoss grundlos einen Häftling im Lager Emsland. Zu seinen zahlreichen späteren Opfern gehörte in Sachsenhausen unter anderem der österreichische Staatsanwalt Tuppy, der seinerzeit die Anklage gegen die nationalsozialistischen Dollfuß-Mörder vertreten hatte. Die Opfer waren überwiegend jüdische Häftlinge.

Nach Erkenntnissen des Gerichts trug der ideologische Drill in Vogelsang dazu bei, dass Sorge zum Täter wurde. »Die fortschreitende politische Schulung und die damit nicht ausbleibende systematische Verhetzung ließen dann in ihm das Bewusstsein, ›ein Herrenmensch‹ zu sein und richtig zu handeln, reifen. Er wurde zum politischen Fanatiker. Im April 1936 kam er auf die Ordensburg Vogelsang zur soldatischen und politischen Ausbildung. Dadurch wurde diese Entwicklung noch mehr gefördert. Da seine Frau, die er in dieser Zeit kennenlernte, ebenfalls überzeuge Nationalsozialistin war, konnte er durch sie in seiner Entscheidung nicht aufgehalten werden.«[30] Wegen Mordes in 67 Fällen verurteilte das Gericht ihn zu lebenslangem Zuchthaus. Für weitere Tötungshandlungen erkannten die Richter auf eine Strafe von 15 Jahren.[31]

Es muss künftiger Forschungsarbeit überlassen bleiben, zu zeigen, ob Gustav Sorge ein Einzelfall war, oder

Wachposten am Eingang zum Adlerhof, 1937.

SS-Wachmannschaften in der Ordensburg Krössinsee, undatiert.

ob sich über weitere Biografien von Angehörigen der Burgwache eine engere Verbindung zwischen Leys Burgen und den Verbrechen in Himmlers Lagersystem belegen lässt. Dass es bereits vor dem Kriegsbeginn weitere Beziehungen zwischen der SS und den Ordensburgen gab, steht fest.

Auf die enge Verbindung zwischen Schutzstaffel und Ordensburg wies der SS-Obergruppenführer Fritz Weitzel[32] im Januar 1939 hin: »Es ist den SS-Führern des SS-Oberabschnitts West bereits eine liebe Tradition geworden, ihren Jahresabschlussappell auf der Ordensburg Vogelsang zu begehen. Diese Jahresabschlussappelle erhalten dadurch eine ganz besondere Note, dass zwischen den SS-Führern und den Führern der Ordensburg eine enge Kameradschaft gepflegt wird.« So seien auch in diesem Jahr »wiederum die SS- und Polizeioffiziere auf das herzlichste empfangen« und während der beiden Tage ihrer Anwesenheit auf der Burg »kameradschaftlich betreut worden«.[33]

Schon für den 25. März des gleichen Jahres war der nächste große »Dienstappell« des Oberabschnitts West »einschl. SD und Stapo« in der Eifelburg vorgesehen. Gemäß Befehl sollte das nicht nur ein gewaltiger Aufmarsch der Schwarzuniformierten werden, sondern SS-Chef Himmler persönlich wollte seinen Männern dort – wenige Monate vor dem Beginn des Krieges – eine Ansprache halten. Insgesamt 1368 Männer waren aus dem Anlass zum Antreten nach Vogelsang beordert worden. Dazu gehörte neben dem gesamten SS-Stab West mit 45 Männern auch die Riege der sechs SS-Führer aus dem Stab Himmlers, die in der Region ihren Wohnsitz hatten. Selbst drei Reiterstandarten wurden in die Eifel befohlen, der 4. SS-Nachrichtensturmbann, die Nachrichtenabteilung der SS-Verfügungstruppe Unna sowie 170 Mann aus Einheiten des Inspekteurs der Sicherheitspolizei. Ab Köln wurde für den Appell ein Sonderzug eingesetzt, weitere 353 Männer sollten mit eigenen Autos in die Eifel reisen.[34] Wegen der angespannten Entwicklung im Hinblick auf die Tschechoslowakei wurde der Appell jedoch kurzfristig verschoben und fand dann am Montag, 8. Mai 1939, endgültig statt. Nach der Meldung durch Weitzel um 11.30 Uhr sprach Himmler.

Lehrgänge

Drei Stufen zur politischen Führung

Für die von Ley angestrebte völlig eigenständige politische Funktionärsformung gab es in der Geschichte kein Vorbild. Üblich war normalerweise die Vermittlung universaler Allgemeinbildung, die Absolventen hatten folglich in Wirtschaft, Wissenschaft, Militär und Politik gleichermaßen gute Aufstiegschancen. Eingegrenzt waren die Karrieren allenfalls durch begrenzte intellektuelle Fähigkeiten der Schüler und mangelnde finanzielle Möglichkeiten der Eltern. Ley stellte dem sein eigenes Konzept entgegen, das eine klare Trennung zwischen der Berufserziehung und der Formierung des politischen Führungsnachwuchses vorsah.[1] An den vielfältigen Problemen des Reiches in der Vergangenheit, meinte er, sei immer dessen untaugliche Führung schuld gewesen. Sie habe permanent versagen müssen, weil sie nicht speziell für diese Aufgabe ausgebildet gewesen sei. Gute Militär- oder Wirtschaftsfachleute seien nicht automatisch auch gute politische Führer. Der Weg zur politischen Führung müsse zudem dem gesamten Volk offenstehen und dürfe nicht von adliger Herkunft oder finanzieller Leistungskraft der Eltern abhängen.

Mittelfristig plante Ley ein dreistufiges System. Die unterste Stufe sollten die ab 1937 errichteten Adolf-Hitler-Schulen (AHS) bilden, in denen die Indoktrinierung im Sinne der Partei beginnen sollte. Ausgewählte Jungen, selbstverständlich Mitglieder der Hitlerjugend (HJ), sollten im Alter von zwölf Jahren in Internatsschulen kaserniert und bis zum 18. Lebensjahr dort unter Führung der HJ einerseits zur Hochschulreife geführt, andererseits auf den Nationalsozialismus eingeschworen

Bild aus dem Album eines Ordensjunkers, das ihn in der Zeit vor dem Lehrgang als Angehörigen des Arbeitsdienstes bei einem Marsch mit seiner Einheit zeigt, vor 1938.

Dieses Bild, aus dem gleichen Album wie das vorherige Foto, belegt die SA-Mitgliedschaft des Lehrgangsteilnehmers. Vorherige Aktivität in Parteiorganisationen war typisch für die Junker-Biografien, vor 1938.

werden. Danach sah das System vor, dass die jungen Männer Arbeits- und Wehrdienst absolvieren und einen Beruf erlernen sollten. Zudem sollten sie sich durch Leistung Verdienste in der Partei oder ihren Formationen erwerben. Im Alter von etwa 25 Jahren hätte den nach erneuter Auslese ausgesiebten Kandidaten der Weg in die nächste Stufe der Nachwuchsformierung an den Ordensburgen offengestanden. Ein Teil der ehemaligen Adolf-Hitler-Schüler jedes Jahrgangs würde in andere Berufe gehen, aber 1000 Männer aus dieser Kohorte sollten in Zukunft jährlich zur weiteren Formierung vom Ley'schen System erfasst werden: »Die Besten, Bereitesten und Härtesten werden dann als Elite der jungen deutschen Männer die Ordensburgen beziehen.«[2] Die dritte und letzte Stufe sollte – in dem Fall ausnahmsweise unter der Regie Alfred Rosenbergs – am Chiemsee erfolgen, und zwar in einer Art Parteiuniversität: der Hohen Schule der NSDAP. Leys dreistufiges Schulungssystem sah also permanente Auslese vor, einen Dauerwettbewerb vom zwölfjährigen Schüler bis zum über 30-Jährigen an der Hohen Schule, so dass »in Zukunft jede führende Stellung in Partei und Staat nur mehr im Rahmen dieser nationalsozialistischen Erziehungsmethode im wahrsten Sinne des Wortes erkämpft werden kann«.[3]

Allein die zeitliche Perspektive des Konzeptes bis zu seiner frühestmöglichen vollständigen Realisierung in den 50er Jahren macht deutlich, dass das Vorhaben bis 1945, dem Untergang des NS-Regimes, Fiktion bleiben musste. Auch Ley war sich darüber im Klaren, dass die bis 1939 praktizierten Versuche der Nachwuchsführer-Formierung nur erste Anfänge waren. Sein Konzept war mittelfristig angelegt, wie er 1937 bei einer Ansprache an Funktionäre in der Ordensburg Sonthofen wissen ließ. Die Nationalsozialistische Korrespondenz (NSK) zitierte den Reichsorganisationsleiter: »In fünf Jahren werden die Ordensburgen vollendet sein, in zehn Jahren die Adolf-Hitler-Schulen, und in 17 Jahren wird erstmalig die Auswirkung dieser einzigartigen Erziehung spürbar sein.«[4] Dieser Zeitrahmen mit dem Endpunkt der Entwicklung zur totalen Führererziehung im Jahr 1954 (1937 plus 17 Jahre) erschien aus seiner Sicht durchaus realistisch. Ausgehend von den AH-Schülern, die frühestens 1943 ihr Diplom erwerben konnten, sieben Jahren »Lebensbewährung« bis 1950, und anschließenden vier Jahren Ordensburg bis 1954. Nicht eingerechnet war hier jedoch ein Studium an der Hohen Schule. In der Praxis war also an den Ordensburgen allenfalls ein Provisorium möglich. Die Bauten, in denen die Erziehung zur politischen Führung erfolgen sollte, befanden sich in der zweiten Hälfte der 30er Jahre noch im Bau. Die Auswahl der Lehrgangsteilnehmer aus ehemaligen AHS-Absolventen war nicht möglich, weil diese Schulen mit den untersten Jahrgängen erst 1937 gegründet worden waren. Und die Hohe Schule am Chiemsee blieb kriegsbedingt im Planungsstadium stecken. Selbst die zu vermittelnden Inhalte waren 1936 bestenfalls grob beschrieben, der Aufbau des Lehrerkorps hatte nicht einmal begonnen. So blieb Leys Projekt bis 1939 in nahezu allen Aspekten im Experimentierstadium.

Aufgabe der Ordensburgen

1936, als der erste Lehrgang für die Ordensburg Vogelsang zusammengestellt werden sollte, verbreitete Reichsschulungsleiter Max Frauendorfer, der das Amt von Otto Gohdes übernommen hatte, im *Schulungsbrief* Grundsätzliches im Hinblick auf die künftige Burgerziehung: »Den Nationalsozialismus kann man nicht erlernen.« Benötigt würden vielmehr »Kämpfer für ein Ideal«.[4] Beim »ersten Spatenstich« für Vogelsang sagte Kreisleiter Franz Binz, dort sollten Menschen so geformt werden, »dass sie den Festungen und den Geschützen einer militärischen Macht widerstehen können dadurch, dass sie selbst zu Festungen des Glaubens an Deutschland erzogen werden«.[5] Ley bezeichnete die Junker bei anderer Gelegenheit als »lebendige Werkzeuge des Führers«.[6] An den Burgen ging es einerseits darum, die bereits mitgebrachten »weltanschaulichen Erkenntnisse zu vertiefen und ihre Quellen wissenschaftlich zu unterbauen«. Das von Ley vorgegebene eigentliche Ziel aber war es, »Kerle« zu erziehen, »die bereit sind, ihr Mannestum, ihren Mut, ihre Entschlossenheit und Kühnheit zu jeder Zeit unter Beweis zu stellen«. Solches »Kämpfertum durch dauerndes Bewähren zu stärken, ist eine der Hauptaufgaben der Ordensburgen«.[7] Entsprechend formulierte der Herr der

Ein Junker in der Pose des ritterlichen Herren-Kämpfers mit Degen vor der Kulisse Vogelsangs; Titelseite der *Kölnischen Illustrierten Zeitung*, 30. Juni 1938.

Burgen die Anforderungen an die Bewerber: »Wir verlangen nicht, dass sie Akademiker sein sollen, wenn sie auf unsere Ordensburgen kommen, sondern wir verlangen, dass sie einen Beruf können, meinetwegen Schreiner, oder Bauer, oder Maurer, oder Fleischer, oder sonst irgendeinen Beruf.«[8]

Die ab dem Frühjahr 1936 rekrutierten Bewerber waren denn auch in erster Linie »bewährte« Nazis. Bereits bei ihrem Dienstantritt »glaubten« sie an »Führer«, »Volksgemeinschaft«, »NS-Rassenlehre« und andere Aspekte der nationalsozialistischen Weltanschauung. Allerdings bot diese Weltsicht für die meisten noch breiten Auslegungsspielraum. Aufgabe der Ordensburgen sollte es sein, diesen Spielraum bei dem gesamten Korps so einzuengen, dass ein ideologisch auf einheitliche Linie eingeschworener, einheitlich handelnder »brauner Block« entstehen würde.

Wenngleich die eilige Auswahl von Universitätsdozenten für den Lehrkörper und Leys Ankündigungen vordergründig auch einen pädagogischen Erziehungsanspruch signalisierten, hob er in Wahrheit nur auf die Formung williger Werkzeuge für den Parteiapparat ab, keineswegs auf Wissensvermittlung, wie er selbst vielfach betonte. Sein eigentliches Ziel war es, aus bereits »strammen Nazis« durch das Einüben nationalsozialistischer Praktiken, durch beeindruckende Gemeinschaftserlebnisse und durch die Behauptung scheinbarer »wissenschaftlicher« Tatsachen zur Untermauerung der Weltanschauung fanatische und zu allem bereite Parteifunktionäre zu formen. Sie sollten in erster Linie »glauben«, nicht »wissen«.

Im Zuge der vorgesehenen vierjährigen Formung sollten die Lehrgangsteilnehmer sämtliche Ordensburgen durchlaufen, wobei jedem Burgaufenthalt ein eigener Schulungsschwerpunkt zugewiesen war. Eine erste Hinführung zur Bildung von Gemeinschaft und Korpsgeist sollte im ersten Lehrgangsjahr am Krössinsee erfolgen. Das darauf folgende Jahr war in der Eifel vorgesehen, um in der Abgeschiedenheit der »Festung des Glaubens«[9] die NS-Ideologie konzentriert zu vermitteln. Das dritte Jahr sah die weitere körperliche Schulung mit dem Schwerpunkt der Erziehung zu Mut und Entschlusskraft beim Berg- und Wintersport im Allgäu vor. In Marienburg schließlich, der geplanten, aber niemals realisierten vierten Anlage, sollten praktische Verwaltungsfähigkeiten vermittelt werden.

Vorläufige Musterungskriterien

Nachdem der Parteiapparat Mitte der 1930er Jahre einen immensen Personalbedarf angemeldet hatte, den Ley zunächst auf 500 und bereits 1935 auf 1000 Mann jährlich bezifferte, rekrutierte der Personalchef der Partei 1936 im Vorlauf zu den an sich vorgesehenen vierjährigen Kursen zwei vorgeschaltete Kurzlehrgänge in Vogelsang. Zu dem Zweck stellte er einen Katalog vorläufiger Auswahlkriterien auf, der seinen provisorischen Charakter trotz zahlloser Verfeinerungen bis 1939 nie verleugnen konnte. Bis 1939 blieben folgende Konstanten in Leys Forderungen an die Ordensburg-Bewerber bestehen.[10]

Sie sollten sich mit etwa 25 Jahren bereits erste Sporen in Partei, HJ, SA, Werkscharen oder SS erworben haben, mussten gesund und sportlich fit sein. Gesunder Menschenverstand wurde ebenso vorausgesetzt wie der Beleg »arischer« Abstammung im Sinne der rassistischen Vorstellungen des Nationalsozialismus.[11] Eine Frage hatte Ley seiner Musterungskommission, die sich überwiegend aus hohen Parteifunktionären sowie Vertretern von Personal- und Schulungsamt der NSDAP zusammensetzte und die mehrfach von ihm persönlich geleitet wurde, allerdings strikt verboten: die Frage nach Schulzeugnissen oder anderen Belegen fachlicher oder intel-

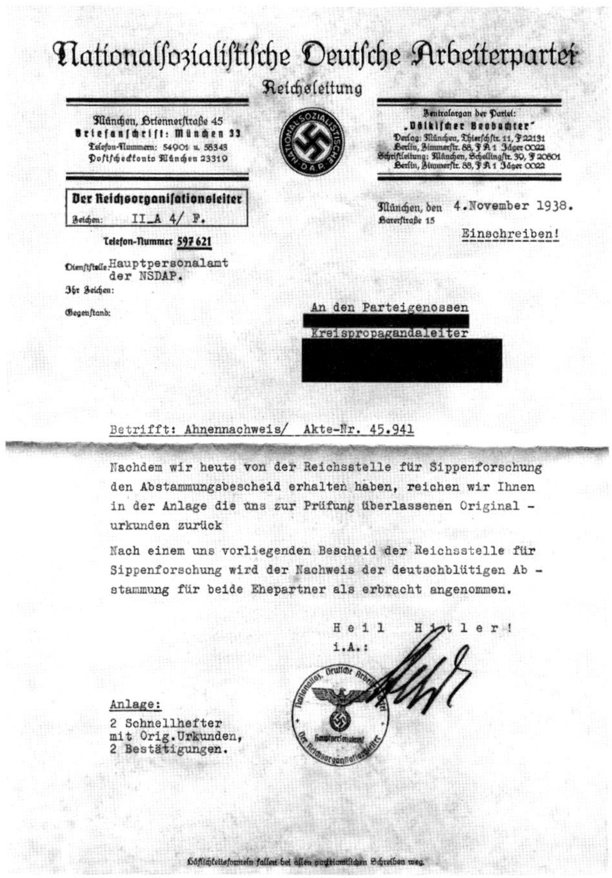

Nationalsozialistische Deutsche Arbeiterpartei
Reichsleitung

München, Briennerstraße 45
Briefanschrift: München 33
Telefon-Nummern: 54901 u. 58343
Postscheckkonto München 23310

Zentralorgan der Partei:
„Völkischer Beobachter"
Verlag: München, Thierschstr. 11, F 22131
Berlin, Zimmerstr. 88, F A 1 Jäger 0022
Schriftleitung: München, Schellingstr. 39, F 20801
Berlin, Zimmerstr. 88, F A 1 Jäger 0022

Der Reichsorganisationsleiter
Zeichen: II_A 4/ F.

Telefon-Nummer 597 621

Dienststelle: Hauptpersonalamt der NSDAP.
Ihr Zeichen:
Gegenstand:

München, den 4. November 1938.
Barerstraße 15

Einschreiben!

An den Parteigenossen
[redacted]
Kreispropagandaleiter
[redacted]

Betrifft: Ahnennachweis/ Akte-Nr. 45.941

Nachdem wir heute von der Reichsstelle für Sippenforschung den Abstammungsbescheid erhalten haben, reichen wir Ihnen in der Anlage die uns zur Prüfung überlassenen Original - urkunden zurück

Nach einem uns vorliegenden Bescheid der Reichsstelle für Sippenforschung wird der Nachweis der deutschblütigen Ab - stammung für beide Ehepartner als erbracht angenommen.

Heil Hitler!
i.A.:

Anlage:
2 Schnellhefter
mit Orig.Urkunden,
2 Bestätigungen.

Höflichkeitsformeln fallen bei allen parteiamtlichen Schreiben weg.

Anerkennung des Ahnennachweises eines Ordensjunkers anlässlich seiner Bewerbung für die Ordensburgen.

Robert Ley nahm in den meisten Fällen die letzte Musterung persönlich vor; Foto aus der Propagandaschrift *Der Weg zur Ordensburg*, 1936.

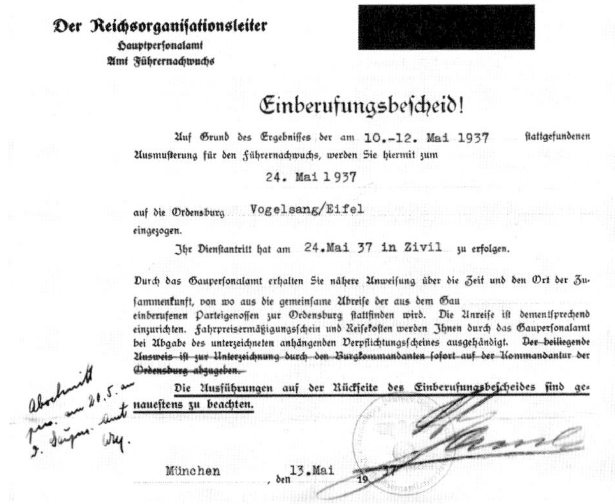

Der Reichsorganisationsleiter
Hauptpersonalamt
Amt Führernachwuchs

[redacted]

Einberufungsbescheid!

Auf Grund des Ergebnisses der am 10.-12. Mai 1937 stattgefundenen Ausmusterung für den Führernachwuchs, werden Sie hiermit zum

24. Mai 1937

auf die Ordensburg Vogelsang/Eifel

eingezogen.

Ihr Dienstantritt hat am 24.Mai 37 in Zivil zu erfolgen.

Durch das Gaupersonalamt erhalten Sie nähere Anweisung über die Zeit und den Ort der Zusammenkunft, von wo aus die gemeinsame Abreise der aus dem Gau .... einberufenen Parteigenossen zur Ordensburg stattfinden wird. Die Anreise ist dementsprechend einzurichten. Fahrpreisermäßigungsschein und Reisekosten werden Ihnen durch das Gaupersonalamt bei Abgabe des unterzeichneten anhängenden Verpflichtungsscheines ausgehändigt. ~~Der beiliegende Ausweis ist zur Unterzeichnung durch den Burgkommandanten sofort auf der Kommandantur der Ordensburg abzugeben.~~

Die Ausführungen auf der Rückseite des Einberufungsbescheides sind genauestens zu beachten.

München, den 13.Mai 1937

Einberufungsbescheid eines Bewerbers zum zweiten Lehrgang nach Vogelsang.

lektueller Qualifikationen. Letzten Endes entscheidend war ausschließlich Leys persönlicher Eindruck von den Bewerbern: Bei kurzen Gesprächen versuchte er herauszufinden, ob er »einen ganzen Kerl« vor sich habe.

Da die formalen Anforderungen von vielen Bewerbern erfüllt wurden, hing es von mancherlei Zufälligkeiten ab, wer letztlich in die engere Auswahl kam. Da konnte die Gunst eines Ortgruppenleiters und dessen Ermunterung zur Bewerbung hilfreich sein, aber auch ein gelungener und selbstsicherer Auftritt vor Ley, selbst wenn der Bewerber als Parteifunktionär bis dahin nicht nennenswert in Erscheinung getreten war. Bisweilen mag es auch vorgekommen sein, dass untere Parteiebenen unbequeme Mitglieder »weglobten«, um sie loszuwerden.

Bei seinen Auswahlgesprächen pries Ley die den Kandidaten gebotenen Aufstiegschancen in den höchsten Tönen, drohte gleichzeitig aber auch, wer »untreu« werde, müsse mit schwersten Folgen rechnen: »Diese Männer, die damit der Orden der NSDAP zur Ehre und Macht bringt und ihnen alles gibt, was ein wirklicher Mann vom Leben erhoffen kann: die Möglichkeit schöpferisch an seinem Volke tätig sein zu dürfen, sollen auf der anderen Seite erkennen und das in der Tiefe ihres Herzens bewahren, dass sie diesem Orden auf Gedeih und Verderb verfallen sind und ihm unbedingt gehorchen müssen.«[12] Den Bewerbern des Jahres 1936 sagte er auf den Kopf zu: »Ganz anders ist es jedoch, wenn Sie aus cha-

Ansprache Leys an die norddeutschen Ordensburg-Bewerber des ersten vierjährigen Lehrgangs in Berlin. Die dortige Ausmusterung fand vom 26. August bis zum 2. September 1937 statt.

Bei Sonderlehrgängen an den Gauschulen wurden die vorgeschlagenen Bewerber für die Lehrgänge zunächst weiter ausgesiebt. Hier ein Erinnerungsbild eines späteren Junkers vom Ausleselehrgang der Gauschule Kurhessen, 1937.

rakterlichen Gründen versagen oder gar auf den absurden Gedanken kommen sollten, uns hintergehen zu wollen. Dann allerdings treffen Sie die unerbittlich harten Gesetze des Ordens. Wem die Partei das Braunhemd auszieht, verliert damit nicht allein Amt und Stellung, sondern er ist auch persönlich vernichtet. Das sind die harten Gesetze des Ordens.«[13] Es sollte ein Pakt fürs Leben sein, und so gab es ein Aufnahmeritual in diesen »Orden der NSDAP«, bei dem die Männer beim Dienstantritt in den Burgen ihre ewige Treue gegenüber »Führer« und Partei schwören mussten.

Diese Mischung aus Zuckerbrot und Peitsche verfehlte ihre Wirkung nicht, wenn auch nicht im erwarteten Sinne. Als Ley am 17. August 1937 in Vogelsang erschien, um die letzte Musterung der Teilnehmer des zweiten Lehrgangs zu übernehmen, war die erhoffte Bewerberzahl bei weitem nicht erreicht.[14] Die Drohungen und die inzwischen bekannt gewordene Praxis des ersten Lehrgangs, die vor allem vom Drill geprägt war, hatten offenbar abschreckend gewirkt. Das Interesse an den Ordensburg-Lehrgängen war bereits 1938 auf einem derartigen Tiefstand angelangt, dass die formalen Anforderungen deutlich heruntergeschraubt wurden. Bei einer Nachmusterung, die erforderlich wurde, nachdem die geplante Lehrgangsstärke trotz mehrfacher Ermahnungen an Kreisleitungen und Ortsgruppen, weitere Kandidaten zu benennen, nicht erreicht worden war, besah sich Ley nun auch die Werkscharen, um genügend Aspiranten zu finden.[15] Zuvor schon hatte er in einem Interview seine abschreckenden Äußerungen relativiert: »Wenn es sich herausstellt, dass einer der Männer den in ihn gesetzten Erwartungen nicht entspricht, so werden wir ihm Gelegenheit geben, ohne Schädigung seines Namens und seiner Existenz ins bürgerliche Leben zurückzukehren.«[16] Und in der Praxis zeigte sich, dass »Nieten«, wie Ley sich auszudrücken pflegte, zwar während des gesamten Formierungsprozesses der Rauswurf drohte, der ihre Karrierechancen innerhalb der Partei abrupt beendete, aber für die Betroffenen ansonsten folgenlos blieb.

»Idealisten« und Karrieristen

Wenngleich eine massenbiografische Untersuchung zu den Lehrgangsteilnehmern bis heute aussteht, so zeichnet sich doch aufgrund des inzwischen vorliegenden umfangreicheren Quellenmaterials ein recht deutliches Bild zur Herkunft der Burgmannschaften ab. Die meisten der zunächst als »Nachwuchsführer« bezeichneten, bald jedoch »Junker« oder »Ordensjunker der NSDAP« genannten Männer wiesen vergleichbare biografische Merkmale auf. Sie waren überwiegend zwischen 1909 und 1913 geboren, hatten als Kinder den Ersten Weltkrieg mit seinen gravierenden sozialen und gesellschaftlichen Konsequenzen erlebt und waren in den folgenden von Revolution, Putsch und politischer Gewalt auf der Straße geprägten Jahren herangewachsen. Überlagert wurde das äußere Geschehen durch einen weitverbreiteten Wunsch nach einer neuen Ordnung, womöglich unter einem starken »Führer«, als der sich bald Adolf Hitler präsentierte. Das Parteiprogramm seiner NSDAP hatte gesellschaftliche Tendenzen aufgegriffen, die bei Teilen der Bevölkerung auf Zustimmung stießen. Der immanente Rassismus der Nationalsozialisten und deren völkische Ausprägung im Sinne von »Volksgemeinschaft« bei gleichzeitig ausgeprägtem Nationalismus erschienen vielen Deutschen, auch vielen späteren Lehrgangsteilnehmern, bereits früh verlockend. Die Mehrzahl der kommenden Ordensjunker waren zudem ausgeprägt demokratiefeindlich und antisozialistisch eingestellt.

Die meisten Teilnehmer der beiden ersten Kurse waren zu Beginn der 30er Jahre der Partei beigetreten, somit galten sie als »Alte Kämpfer«. Manche hatten nach 1933 teils hauptamtliche Funktionen in der Partei und deren Gliederungen übernommen und waren so der grassierenden Arbeitslosigkeit entkommen. Andere wurden

Teilnehmer des zweiten Lehrgangs Vogelsang auf dem Appellplatz, 1937/38. Das Bild macht das Ziel der Schulung deutlich: Formierung der Ordensjunker zum »braunen Block« des politischen Funktionärskorps der NSDAP.

Als »Stufen zum Erfolg« beschrieb ein Lehrgangsteilnehmer in seinem Album in der Nachkriegszeit dieses Foto der Vogelsanger Treppen.

1936 direkt aus der Arbeitslosigkeit in die Ordensburgen aufgenommen. Die Tatsache, dass diese Männer zuvor ihre Arbeitsstellen verloren hatten, lässt jedoch keine Schlüsse im Hinblick auf ihre beruflichen Fähigkeiten zu. Viele waren trotz guter Berufszeugnisse und Leistungen als Folge der Wirtschaftskrise und der damit einhergehenden Massenarbeitslosigkeit entlassen worden.

Gesellschaftlich entstammten die Burgmannschaften überwiegend dem unteren Mittelstand, besonders stark vertreten waren Handwerker, Kaufleute und Arbeiter. Aber man fand in den Reihen der Ordensjunker durchaus auch einige Akademiker. Dass auch die Geistlichkeit nicht vor den Versuchungen des Nationalsozialismus gefeit war, belegt die Berufsangabe »ehemaliger evangelischer Pfarrer« in der Kirchenaustrittserklärung eines Lehrgangsteilnehmers.[17] Ein geringerer Teil kam aus Wehrmacht, Beamtentum oder Parteifunktionen. Zur Motivation der Teilnehmer des zweiten vierjährigen Lehrgangs 1938/1939 am Krössinsee notierte der ehemalige Ordensjunker Günter T.: »Alle Bewerber kamen mit großer Zuversicht, Hoffnung und Idealismus zur Burg, von wenigen Ausnahmen abgesehen, die sich ev. zu viel versprochen hatten. [...] Für uns Junker war damals entscheidend, dass die Ordensburgen ein neuer Anfang, ein Versuch war[en], (trotz ihrer Unzulänglichkeiten), nun auch Führungskräfte für die verschiedensten politischen Ebenen heranzubilden.«[18] Neben solchem »Idealismus« gab es natürlich auch ganz handfeste Gründe, sich um eine Aufnahme in die Ordensburgen zu bewerben. Die Bewerber erhofften sich langfristig sozialen und gesellschaftlichen Aufstieg, den Ley ihnen – wenn auch vage – zugesichert hatte.

Im Frühjahr 1936, bei der Sichtung der Bewerber für den ersten Vogelsanger Kurzlehrgang, als von Adolf-Hitler-Schulen und »Hoher Schule« noch keine Rede war und Ley noch davon ausgegangen war, dass den Ordensburg-Absolventen der Weg nach ganz oben in der Parteihierarchie offenstehen werde, hatte er vollmundig verkündet: »Tatsache ist, dass wir Ihnen die Tore zu den höchsten Stellungen in der Partei und im Staate öffnen. Der einfachste Mann aus dem Volke, gleichgültig ob Arbeiter, Bauer oder Handwerker, hat die Möglichkeit, innerhalb der Partei, im Staate und in allen Organisationen wichtigste Posten zu erringen. [...] Wir werden Ihnen die Voraussetzungen schaffen, um Ortsgruppen- und Kreisleiter, um Gau- und Reichsleiter werden zu können.«[19] Tatsächlich hielten sich die Karrierechancen der Männer jedoch sehr in Grenzen. Den Absolventen stand in Wahrheit nur der Weg in die untere und mittlere Ebene des Parteiapparates offen, in erster Linie in den Kreisleitungen der NSDAP in Funktionen wie etwa Organisationsleiter oder Propagandaleiter. Nach »Bewährung« in solchen Bereichen hätten die Männer möglicherweise noch einmal aufsteigen können, beispielsweise zum Kreisleiter. Die Praxis zeigte dann bis 1939, dass offenbar keiner der Lehrgangsteilnehmer es zu mehr als einer Festanstellung in der unteren Parteihierarchie brachte.

Tagesablauf

1937 begann der erste vierjährige Regellehrgang am Krössinsee, wo die Teilnehmer vom 17. Oktober 1937 bis 31. August 1938 blieben, bevor sie im Herbst 1938 von Pommern in die Eifel wechselten, um in Vogelsang ihr zweites Schulungsjahr zu absolvieren. Am Krössinsee begann zum 1. Oktober 1938 der zweite vierjährige Regellehrgang, der im Herbst 1939 nach Vogelsang kommen sollte, während der dortige Vorgänger-Kursus sein drittes Jahr 1939/40 in Sonthofen ableisten sollte. Dazu kam es kriegsbedingt jedoch nicht. Selbst die von Ley vorgesehene provisorische Gesamtformierung von vier Jahren erlebte also kein einziger Lehrgangsteilnehmer, mehr als maximal zwei Jahre verbrachte kein Kursus in den Burgen. Lediglich etliche Stammführer, die bereits einen der beiden Kurzlehrgänge durchlaufen hatten, blieben für drei Jahre.

Diese zwei Kurzlehrgänge in Vogelsang (1. Mai 1936 bis 1. März 1937 und 20. Mai 1937 bis 30. Juni 1938) waren vorgeschaltet worden, weil die Ordensburg am Krössinsee, wo die Regellehrgänge beginnen sollten, anfangs noch nicht einsatzbereit war; der erste, vom Krössinsee kommende Lehrgang wurde erst im Herbst 1938 erwartet. Aus den zunächst etwa 550 Teilnehmern dieser »Crashkurse«, von denen alsbald rund 100 wieder ausschieden, wurden später einige Stammführer für die Ordensburgen rekrutiert, die anderen »erfolgreichen« Absolventen wurden in den unteren Parteidienst übernommen.

Nach Aussagen des ehemaligen Ordensjunkers Günter T. war der Alltag der vierjährigen Lehrgangsteilnehmer in Vogelsang, der dem bereits bei den Kurzlehr-

Eintreffen der Teilnehmer des ersten vierjährigen Lehrgangs in der Ordensburg Krössinsee am 17. Oktober 1937 am Bahnhof des nahegelegenen Städtchens Falkenburg.

Erstes Antreten des zweiten Lehrgangs in Vogelsang, noch in Zivilkleidung, 1937.

Zusammenleben auf engstem Raum ohne jedes Privatleben: Wohnkojen in Vogelsang, 1937.

gängen praktizierten Schema glich, von »Vorlesungen, Arbeitskreisen, Selbststudium, Aussprache/Diskussion sowie Sport und freiwillige Teilnahme an z. B. Sprachkursen« geprägt[20] Wenn morgens kein Ausritt auf dem Programm stand, sah der Tagesablauf wie folgt aus: 6 Uhr: Wecken und Frühsport, Morgentoilette, Stubendienst; 7 Uhr: Flaggenparade; 7.15: Uhr Frühstück im Speisesaal.

Um 8 Uhr begann die Arbeitsgemeinschaft unter Leitung des Kameradschaftsführers im Seminarraum der Unterkünfte. Im Wechsel machte der jeweilige Kameradschaftssprecher die Anwesenheitsmeldung sowie die Meldung besonderer Vorkommnisse. Ein Kursteilnehmer fasste den Inhalt der Tagespresse zusammen, anschließend wurde das Weltgeschehen diskutiert, zum Schluss der Inhalt der letzten Vorlesung durchgesprochen. Dafür reichte allerdings meistens die Zeit nicht aus, da schon um 10 Uhr die Vorlesung im Hörsaal begann. Die Inhalte wurden abends und an den Wochenenden weiter aufgearbeitet. Um 12.15 Uhr gab es ein erneutes Antreten zur »Tagesbefehlsausgabe«, dann folgte ab 13 Uhr das Mittagessen. Von 14.30 bis 17 Uhr stand Sport »unter Leitung diplomierter Sportlehrer« auf dem Programm. Wenn auch kein Hochleistungssport erwartet wurde, »so wurde von jedem von uns doch ein gutes Mittelmaß an Leistung erwartet«. Nach Duschen und Umziehen konnte die für 17 bis 18.30 Uhr theoretisch eingeplante Arbeitszeit im kleinen Kameradenkreis im Seminarraum in der Regel erst um 17.30 Uhr beginnen. Die sei angesichts der vorherigen Strapazen »wenig ergiebig« gewesen. Nacharbeiten und die Pflege der Uniform wurden daher in die Abendstunden verschoben. Die verordnete Nachtruhe ab 22 Uhr sei schon bald nach dem Eintreffen des Lehrgangs nicht mehr eingehalten worden.[21]

Freizeit gab es in der Regel nur sonntags, und die wurde nach Erinnerung des Lehrgangsteilnehmers Werner W. in der Ordensburg verbracht: »Für Ausflüge in die nähere Umgebung in Uniform bestand wenig Interesse. Zivilkleidung hatten wir auf den Burgen nicht!« Das Sonntagsprogramm habe darin bestanden, richtig auszuschlafen, ein Buch zu lesen, Briefe zu schreiben, Skat oder Schach zu spielen – oder aber den nicht hinreichend verarbeiteten Lehrstoff nachzuarbeiten. »Die schöne große Burgschänke war zumeist nur schwach besucht – unser Taschengeld betrug täglich 1 Mark, Zahlung alle 10 Tage.[22] Für Freizeitgestaltung habe es laut Günter T. jedoch am Krössinsee hinreichend Möglichkeiten gegeben, unter anderem stand eine große Bibliothek zur Verfügung.[23] Beim Dienstbetrieb an den Wochentagen hatten Besucher normalerweise keinen oder allenfalls ausnahmsweise Zutritt zu den Ordensburgen. Anders war das allerdings an den dienstfreien Sonntagen, wie T. am Beispiel Krössinsee darlegte: »Alle Burgen waren immer offen für viele Besucher, wie Abordnungen, Diplomaten und andere Interessenten. So herrschte an Sonntagen ein reges Kommen und Gehen, und die Junker führten gern die Besucher durch die ganze Anlage, gaben Antwort auf die vielen Fragen. Es gab kein ›Geheimnis‹«.[24]

Dass die Art des Lagerlebens in den Ordensburgen ohne jeden privaten Freiraum in reiner Männergesellschaft zu Problemen führte, bestätigte W. indirekt: »Der Zwang des Zusammenleben-Müssens schmiedete uns einerseits zwar zu einer Kameradschaft zusammen wie sie außer unter Soldaten an der kämpfenden Front besser nicht zu denken ist. Andererseits hemmte dieses enge Zusammenleben aber auch unsere ganz individuelle Entwicklung.«[25] Besuche bei weiblichen Formationen beflügelten die klösterlich lebenden Burgmannschaften, wie sich der ehemalige Ordensjunker Willy B. erinnerte. Es gab Gegenbesuche der Frauen, bei denen es ausgelassen und fröhlich zuging: »Manche Verbindungen zur Lebensgemeinschaft bahnten sich dabei an. Ich denke da noch an den 1. Mai 1939, als die jungen Frauen als Gäste auf der Burg waren, für diese wie für uns war es eine Abwechslung im Dienstbetrieb unserer Ausbildung.« Die Junker hätten »Hochachtung« gezeigt gegenüber diesen »deutschen Müttern der Zukunft«. »Sexuelle Ausschweifungen« habe es aber nicht gegeben.[26] Für das dreitägige Burgfest 1939 empfingen die verheirateten Männer ihre Frauen auf den Bahnhöfen und bezogen als Paare Privatunterkünfte in der näheren Umgebung.«[27]

Ganz offensichtlich bildeten die reine Männerriege und die fehlende Möglichkeit, wenigstens nach Feierabend Kontakte zu Frauen zu haben, sehr wohl ein Problem. Diese Männerwirtschaft beschäftigte unter anderem den Vogelsanger Kursteilnehmer und späteren Krössinseer Stammführer Roger von W., als er in der Vogelsanger Zeitschrift *Orden* die Frage aufwarf: »Fühlt man sich eigentlich wohl in dieser Männergemeinschaft?« Er selbst wich der Antwort aus: »Durch Gemeinschaft sind wir gewachsen, und durch sie bildet sich auch die Persönlichkeit für die Gemeinschaft.«[28]

Ideologische Schulung

Der ehemalige Ordensjunker Günter T. erinnerte sich an folgende »Hauptfächer« in seinem Lehrgang am Krössinsee: »Geschichte, Kunst / Kultur, Philosophie, Wirtschaftswissenschaft, Soziallehre, Wehrwissenschaft.« Nebenfächer seien »Organisation, Pressewesen« gewesen. Freiwillig habe man Sprachkurse besuchen können.[29] Nach den Vorlesungen sei der Lehrstoff in Seminaren durchgearbeitet und bei Diskussionen vertieft worden. Zunächst sei es darum gegangen, eine gemeinsame Wissensgrundlage zu schaffen. Auf dieser Grundlage sollte später eine differenzierte Ausbildung aufbauen, »je nach Neigung, Können und Wissen der Lehrgangsteilnehmer.« Sport habe ebenfalls dazugehört.[30] T. hatte offensichtlich einige zentrale Themenfelder »vergessen«.

Denn nach Aussagen des Krössiner Kommandanten Otto Gohdes standen an den Ordensburgen folgende Themen im Mittelpunkt der Arbeit: »Blut und Rasse, die besonders eindringlich gelehrt werden, dann vor allem Geschichte, die mit ihren Erkenntnissen die Richtigkeit der Rassenkunde ausweist.«[31] Ähnlich klang das, als Ley 1937 die zentralen Inhalte bekannt gab: »Die Rasse muss eine Grundlage der Schulung sein! Gleich welches Thema! Rasse und Raum: Immer, immer wieder! Jeden Tag!«[32] Zu diesen insbesondere in Vogelsang vermittelten Vorstellungen gehörte das Bild einer biologisch überwiegend »nordisch-arisch« geprägten deutschen »Herrenrasse«, die die »Volksgemeinschaft« bilden sollte und aus der all diejenigen, auf die diese Merkmale angeblich nicht zutrafen, ausgeschlossen werden sollten. Zunächst wurden vor allem die Juden im Reich als zentrales Feindbild stilisiert, aber bereits vor Kriegsbeginn rückte dann auch die jüdische Bevölkerung Ost- und Südosteuropas ins Visier der Burgmannschaften. Die rassistischen Vorstellungen betrafen aber auch sogenannte Erbkranke und sozial randständige Menschen, die an der Fortpflanzung gehindert werden sollten. In einem als O-Ton erhaltenen »Rassekundevortrag« des Hauptlehrers und späteren Kommandanten Hans Dietel in Vogelsang hieß es unter anderem: »Was wir zu machen haben, ist das eine: Wir haben dem Kranken das Gesunde entgegenzusetzen, wir haben das Elende zu überwinden durch das Erhabene.

Vortrag im Vogelsanger Hörsaal vor rund 500 Teilnehmern einer Tagung, undatiert.

[...] Wir haben das Niedrige zu bekämpfen durch das Hohe. [...] Wir haben das Mitleid auszurotten durch die Kraft der Selbstbehauptung. Wir haben die Knechtsinnigkeit zu vertauschen mit dem Herrentum und alle in die Schranken zu weisen, die uns auf diesem Weg im Wege stehen.« Daher müsse man nun »brutal gegen den Einzelnen« sein im Interesse des Volkes.[33] Damit lieferte er die nationalsozialistische Argumentation für die zu dieser Zeit im gesamten Reich gängigen Zwangssterilisationen. Einer der Rassenkunde-Vorträge Dietels endete mit dem geradezu missionarisch anmutenden Appell zur Umsetzung der nationalsozialistischen Rassen-Ansichten: »Mit uns ist Gott!«

Es gibt vielfältige weitere Hinweise dafür, dass zumindest ein Großteil der Ordensjunker den Rassismus der NS-Weltanschauung zutiefst verinnerlichte. Gerade dieser Aspekt von Hitlers Programm führte beispielsweise bei nahezu allen unmittelbar nach der Berufung an die Ordensburgen zum Austritt aus ihrer angestammten Kirche. An die Stelle ihres früheren christlichen Glaubens setzten sie den von Rosenberg im *Mythus* propagierten Glauben an Blut und Rasse als höchste und letzte Werte des Volkes und damit auch des Einzelnen. Dieser Glaube kam in Vogelsang konzentriert im überaus sakral mit Buntglas-Lichtschlitzen ausgestatteten und mit NS-Symbolik überfrachteten »Kultraum« zum Ausdruck«, in dessen Mittelpunkt eine weit übermannshohe Holzplastik eines unbekleideten muskulösen Mannes stand. Die gängige Bezeichnung für diese Plastik war »Der deutsche Mensch«. Die Holzfigur stand symbolhaft für das politische Ziel, durch Auslese einen »rein arischen«, athletischen Deutschen zu formen. Werkzeuge dieser Art von Menschenzucht sollten auch die künftigen Parteifunktionäre in ihren politischen Funktionen werden. Sicher

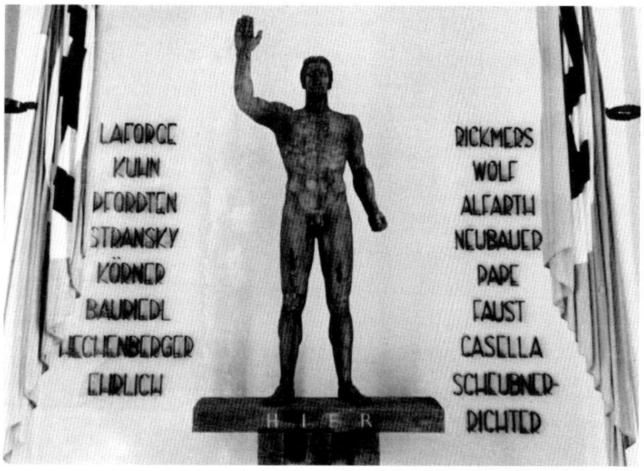

Im »Kultraum« von Vogelsang stand Willy Mellers Holzplastik »Der Deutsche Mensch«. Beiderseits waren die Namen der 16 Mitverschwörer Hitlers und Ludendorffs angebracht, die beim Putschversuch vom 9. November 1923 gestorben waren.

ist es kein Zufall, dass »Der deutsche Mensch« in der verlängerten Sichtachse hinter den Vortragsrednern im Blickfeld der Lehrgangsteilnehmer positioniert war.

So verwundert es auch nicht, dass beispielsweise bei »Eheweihen«, die es vielfach in der ideologischen Hochburg Vogelsang gab, die Plastik im Kultraum eine besondere Rolle spielte. Diese im Volksmund als »braune Hochzeiten« titulierten nationalsozialistischen Eheschließungen fanden in großer Anzahl in Vogelsang und ebenso am Krössinsee statt. Am Samstag, dem 30. Juli 1938, wurden zum Beispiel in Vogelsang »14 junge Brautpaare« nationalsozialistisch getraut.[34] Zwar war die Form dieses Rituals parteiintern noch nicht endgültig festgelegt, aber zumindest in vielen Fällen, die durch Fotos und auch durch einen Film belegt sind, traten die Brautleute und Trauzeugen nach der standesamtlichen Trauung im Kreise ihrer Kameraden in den Kultraum. Dort besiegelten sie durch den nationalsozialistischen Gruß mit Anheben des rechten Arms ihre Ehegemeinschaft vor dem hölzernen Götzen. Dieses Ritual zeigte eindringlich, dass den Lehrgangsteilnehmern die nationalsozialistische Weltanschauung zur Religion geworden war.[35] Sie selbst betrachteten sich als zur Herrschaft berufene Herrenmenschen, die sich nun durch den Vollzug der Ehe daranmachten, durch ihren Nachwuchs den dauerhaften Bestand der Volksgemeinschaft zu sichern.

Die außenpolitischen Ziele wurden vor allem im Unterrichtsfach Geopolitik behandelt, wobei insbesondere der Anspruch bzw. die postulierte Notwendigkeit, den deutschen Herrschaftsbereich nach Osten auszudehnen, Thema war. Diese unverhohlen propagierte Absicht des Regimes eröffnete den Junkern zumindest gedanklich bereits reichlich Einsatzgebiete in den künftigen, demnächst noch militärisch zu erobernden Weiten Osteuropas. Mancher sah sich wohl schon als Territorialfürst im fernen Osten, berufen, dort die Herrschaft im Sinne des

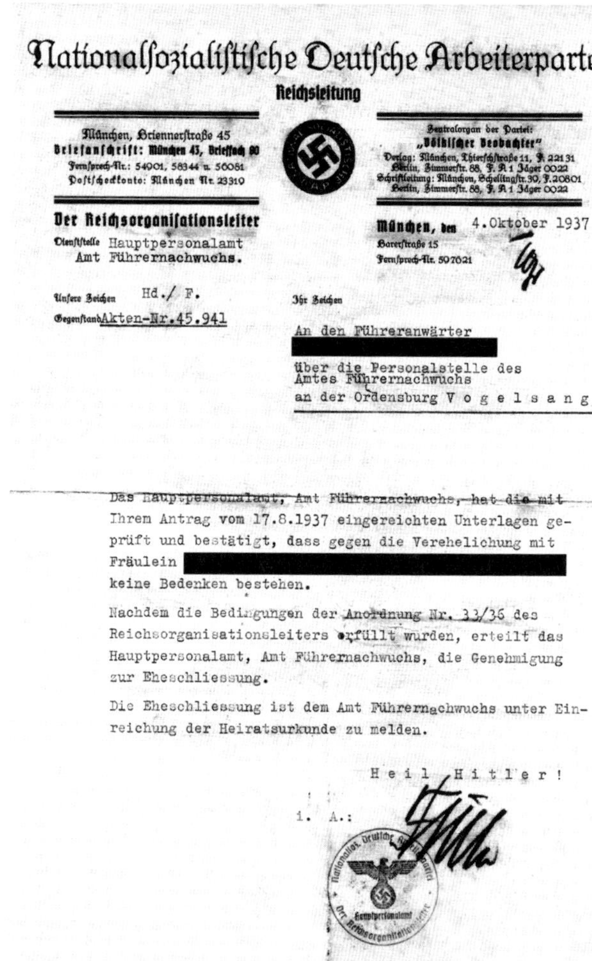

Nationalsozialistische Deutsche Arbeiterpartei

Reichsleitung

München, Briennerstraße 45
Briefanschrift: München 43, Brieffach 80
Fernsprech-Nr.: 54901, 58344 u. 56081
Postscheckkonto: München Nr. 23319

Zentralorgan der Partei:
„Völkischer Beobachter"
Verlag: München, Thierschstraße 11, F. 22131
Berlin, Zimmerstr. 88, F. A 1 Jäger 0022
Schriftleitung: München, Schellingstr. 30, F. 20801
Berlin, Zimmerstr. 88, F. A 1 Jäger 0022

Der Reichsorganisationsleiter
Dienststelle Hauptpersonalamt
Amt Führernachwuchs.

München, den 4. Oktober 1937
Barerstraße 15
Fernsprech-Nr. 507621

Unsere Zeichen Hd./ F.
Gegenstand Akten-Nr.45.941

Ihr Zeichen

An den Führeranwärter
[redacted]
über die Personalstelle des
Amtes Führernachwuchs
an der Ordensburg V o g e l s a n g .

Das Hauptpersonalamt, Amt Führernachwuchs, hat die mit Ihrem Antrag vom 17.8.1937 eingereichten Unterlagen geprüft und bestätigt, dass gegen die Verehelichung mit Fräulein [redacted] keine Bedenken bestehen.

Nachdem die Bedingungen der Anordnung Nr. 33/36 des Reichsorganisationsleiters erfüllt wurden, erteilt das Hauptpersonalamt, Amt Führernachwuchs, die Genehmigung zur Eheschliessung.

Die Eheschliessung ist dem Amt Führernachwuchs unter Einreichung der Heiratsurkunde zu melden.

H e i l H i t l e r !

i. A.:

Von der Partei ausgestellte Genehmigung zur Eheschließung eines Lehrgangsteilnehmers.

Nach der standesamtlichen Trauung traten die Brautleute vor in den »Kultraum«, um dort vor dem hölzernen Götzen von Blut und Rasse ihre Ehe zu besiegeln, 1937/38.

Titelseite des »Erinnerungsblatts« mit dem Ostland-Lied des ersten Krössinseer Lehrgangs, 1938.

NS-Regimes auszuüben. Das Bild der überwiegend slawischen Bevölkerung der östlichen und südöstlichen europäischen Bevölkerung, das den Männern im Rahmen der NS-Rassenkunde vermittelt wurde, war dominiert von der rassistischen Ideologie der Nationalsozialisten. Um die Jahreswende 1938/39 erschienen im *Orden* mehrere extrem rassistische und abschätzige Beiträge im Hinblick auf die Menschen Osteuropas und die dortigen Juden. Deren angeblich subversives und zerstörerisches Wirken in ihren »Wirtsländern« wurde zum Bestandteil einer behaupteten »jüdischen Weltrevolution« erklärt. Daraus erwuchs auch in der Darstellung der Burgzeitschriften das Phantom einer angeblichen »jüdisch-bolschewistischen Weltrevolution« mit dem Ziel der Unterjochung Westeuropas und der westlichen Staaten. Die eigenen aggressiven außenpolitischen Absichten im Hinblick auf ein »großgermanisches Reich« unter deutscher Führung wurden auf diese Weise zur legitimen Abwehr gegen einen angeblich jüdisch inspirierten Bolschewismus uminterpretiert.

Dass solche Indoktrinationen nicht ohne Wirkung auf die Lehrgangsteilnehmer blieben, darauf deutet ein aufwendig gebundenes »Erinnerungsblatt« hin, das am Krössinsee anlässlich des Endes des ersten Lehrgangs 1938 gedruckt und dem Kommandanten Gohdes gewidmet wurde.[36] Zentraler Bestandteil des Drucks war ein von Walter Sch. von der 8. Kameradschaft komponiertes und mit Texten versehenes Lied. In der vierten und letzten Strophe lautete der Text:

»So woll'n wir marschieren gen Ostland hin,
Uns Boden und Land zu erstreiten,
Und das Recht, das der Himmel als stolzen Gewinn
Nur dem Starken schenkt, soll uns begleiten.«

Der Refrain machte zudem deutlich, unter welchem Stern der Ostlandzug der Burgmannschaften stehen sollte – unter dem Hakenkreuz:

»Lasst flattern die Fahnen im Wind,
lasst leuchten ihr Sonnenrad kühn;
ihr blutiges Rot verkünde,
dass wir in die Ewigkeit zieh'n!«

Das »Sonnenrad« stand für das Hakenkreuz. Mit diesem Lied im Gepäck wechselte der Lehrgang nach erster, offenbar bereits massiver Beeinflussung in Pommern in die Eifel, wo die eigentliche ideologische Schulung stattfinden sollte. In Vogelsang wurden sie von den Stümpfen der Eingangstürme vor der Wache empfangen, an denen wenig später der Bildhauer Willy Meller damit begann, den Traum der Ostland-Ritter in Stein zu hauen. Am Ostturm entstand ein Relief, das das angebliche mittelalterliche Vorbild für die Junker darstellte: den nach der Eroberung des Ostlandes voll gerüstet heimkehrenden Ritter des Deutschen Ordens.[37] Ihm gegenüber, am Westturm, schuf Meller das Relief eines Ordensjunkers, in der scheinbaren Nachfolge des historischen Vorbildes auf Ostkurs reitend, aber noch ohne Waffe und Rüstung. Statt des Schwertes hielt dieser Junker – im Vorstadium der Erziehung zum Rittertum – die Fackel in die Höhe, die symbolisch für die vermittelten ideologischen Inhalte stand.

Sport

Neben dem ideologischen Drill spielte der Sport eine zentrale Rolle bei den Lehrgängen. Dabei ging es nicht um die Erhaltung der Gesundheit oder gar um eine willkommene Abwechslung für die in der Einöde kasernierten Männer, sondern um die Erfüllung einer Forderung Hitlers: »Der völkische Staat hat […] seine gesamte Erziehungsarbeit in erster Linie nicht auf das Einpumpen bloßen Wissens einzustellen, sondern auf das Heranzüchten kerngesunder Körper.«[38] Zugleich hatte Ley dabei ganz praktische Herrschaftsausübung im Blick: »Auf Vogelsang und auf Crössinsee werden Sie reiten lernen, aber nicht etwa deshalb, um auf guten Pferden gute Figur zu machen, sondern Sie sollen beweisen, dass Sie ein lebendes Wesen bis ins Letzte zu beherrschen vermögen!«[39]

Ley förderte den Sport an seinen Burgen mit immensem materiellem Aufwand. Er versprach, in Vogelsang werde »die größte Sporthalle geschaffen werden, die die Sportakademie in Berlin und alle ähnlichen Einrichtungen in der Welt weit übertreffen wird«.[40] Das geplante Stadion hätte sicherlich viele zehntausend Zuschauer

Von oben nach unten: Fechtübungen auf dem Sportplatz der Ordensburg Vogelsang, 1937/38; Körperertüchtigung von Kursteilnehmern vor dem Ehrenmal am Krössinsee, undatiert; Flugschulung am Flugplatz Vogelsang, 1939.

Reitübung am Steilhang am Krössinsee, undatiert.

aufnehmen können, selbst wenn die dünnbesiedelte Region angesichts der Verkehrsanbindung diese Zuschauermassen gar nicht bereitstellen konnte.

Leys Ambitionen zeigten sich auch im Aufbau der Riege der Sportlehrer. Für Vogelsang wurde zum Beispiel der Diplomsportlehrer Karl P. als Hundertschaftsführer berufen, der 1934 Trainer der türkischen Olympiamannschaft bei der Balkanolympiade gewesen war. In Sonthofen, wo die alpine Landschaft herausragende Rahmenbedingungen für Winter- und Bergsport bot, verpflichtete die Kommandantur als Ausbilder die besten Sportler, die sie bekommen konnte: den Skifahrer Pepi Jennewein beispielsweise, der bei internationalen Wettbewerben gleich serienweise Pokale gewann.[41] Das Ergebnis konnte sich sehen lassen, denn im Winter 1939/40 holten die elf gestarteten Sportler der Ordensburg mehrere Meistertitel im Skisport.

Auch in Sachen Bergsteigerei sicherte sich Sonthofen einige Weltasse als Lehrer, unter anderem Andreas (»Anderl«) Heckmair, einen der bedeutendsten Bergsteiger des 20. Jahrhunderts. Er wurde zum Gemeinschaftsführer und Bergsportführer an der Ordensburg Sonthofen berufen, obwohl er nicht Mitglied der NSDAP war. Bereits im Vorfeld hatte Leni Riefenstahl ihn jedoch in Nürnberg Hitler vorgestellt. Gemeinsam mit dem Bergsteiger Ludwig Vörg, der ebenfalls nach Sonthofen verpflichtet wurde, und zwei weiteren Bergsteigern gelang Heckmair 1938 die Erstbesteigung der Eiger-Nordwand, eine Sensation, die die Sonthofener ins Rampenlicht der Weltpresse brachte. Die Nationalsozialisten ließen sich diese Gelegenheit propagandistisch nicht entgehen. In seinen Erinnerungen berichtete Heckmair, wie er nach der Eiger-Besteigung in der Schweiz, wo er sich gemeinsam mit Vörg erholte, von Stammführern Sonthofens an die dortige Ordensburg verpflichtet wurde: »So waren wir mit der Rückkehr aus der Eigerwand nicht mehr Herr unserer eigenen Entschlüsse. Wir wurden einfach vereinnahmt. In voller Uniform, nicht sehr taktvoll der neutralen Schweiz gegenüber, erschienen Stammführer von der Ordensburg Sonthofen und holten uns als ›Nationalhelden‹ – heim ins Reich.«[42] Fortan gab es ein Monatsgehalt von 300 Reichsmark. Es war das erste ordentliche Gehalt, das Heckmair in seinem Leben bekam: »Das war für mich ein sozialer Aufschwung, der

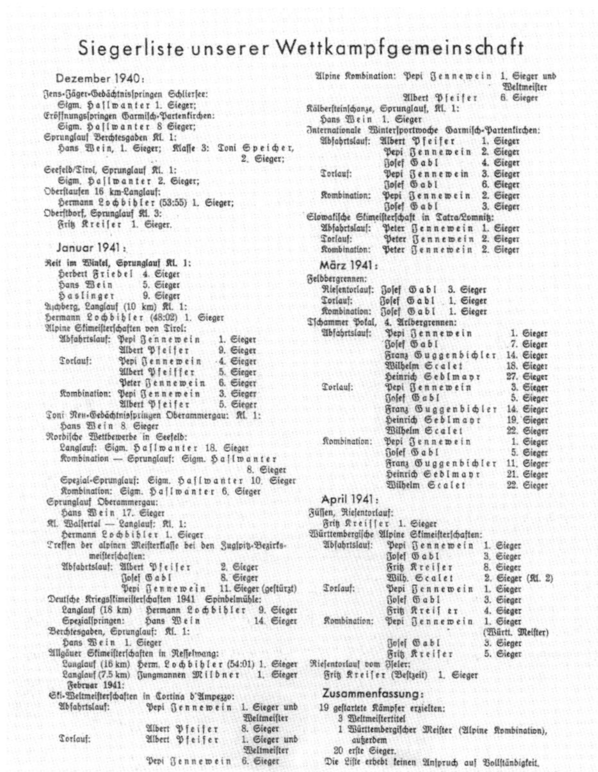

Siegerliste unserer Wettkampfgemeinschaft

Dezember 1940:

Jens-Jäger-Gedächtnisspringen Schliersee:
Sigm. Hallwanter 1. Sieger;
Eröffnungsspringen Garmisch-Partenkirchen:
Sigm. Hallwanter 8 Sieger;
Sprunglauf Berchtesgaden Kl. 1:
Hans Wein, 1. Sieger; Klasse 3: Toni Speicher, 2. Sieger;
Seefeld/Tirol, Sprunglauf Kl. 1:
Sigm. Hallwanter 2. Sieger;
Oberstaufen 16 km-Langlauf:
Hermann Lochbihler (53:55) 1. Sieger;
Oberstdorf, Sprunglauf Kl. 3:
Fritz Kreiser 1. Sieger.

Januar 1941:

Reit im Winkel, Sprunglauf Kl. 1:
Herbert Friebel 4. Sieger
Hans Wein 5. Sieger
Haslinger 9. Sieger
Aschberg, Langlauf (10 km) Kl. 1:
Hermann Lochbihler (48:02) 1. Sieger
Alpine Skimeisterschaften von Tirol:
Abfahrtslauf: Pepi Jennewein 1. Sieger
Albert Pfeifer 9. Sieger
Torlauf: Pepi Jennewein 4. Sieger
Albert Pfeiffer 5. Sieger
Peter Jennewein 6. Sieger
Kombination: Pepi Jennewein 3. Sieger
Albert Pfeifer 5. Sieger
Toni Neu-Gedächtnisspringen Oberammergau: Kl. 1:
Hans Wein 8. Sieger
Nordische Wettbewerbe in Seefeld:
Langlauf: Sigm. Hallwanter 18. Sieger
Kombination — Sprunglauf: Sigm. Hallwanter 8. Sieger
Spezial-Sprunglauf: Sigm. Hallwanter 10. Sieger
Kombination: Sigm. Hallwanter 6. Sieger
Sprunglauf Oberammergau:
Hans Wein 17. Sieger
Kl. Walsertal — Langlauf: Kl. 1:
Hermann Lochbihler 1. Sieger
Treffen der alpinen Meisterklasse bei den Zugspitz-Bezirksmeisterschaften:
Abfahrtslauf: Albert Pfeifer 2. Sieger
Josef Gabl 8. Sieger
Pepi Jennewein 11. Sieger (gestürzt)
Deutsche Kriegsskimeisterschaften 1941 Spindelmühle:
Langlauf (18 km) Hermann Lochbihler 9. Sieger
Spezialspringen: Hans Wein 14. Sieger
Berchtesgaden, Sprunglauf: Kl. 1:
Hans Wein 1. Sieger
Allgäuer Skimeisterschaften in Nesselwang:
Langlauf (16 km) Herm. Lochbihler (54:01) 1. Sieger
Langlauf (7.5 km) Jungmannen Milbner 1. Sieger

Februar 1941:

Ski-Weltmeisterschaften in Cortina d'Ampezzo:
Abfahrtslauf: Pepi Jennewein 1. Sieger und Weltmeister
Albert Pfeifer 8. Sieger
Torlauf: Albert Pfeifer 1. Sieger und Weltmeister
Pepi Jennewein 6. Sieger
Alpine Kombination: Pepi Jennewein 1. Sieger und Weltmeister
Albert Pfeifer 6. Sieger
Kälbersteinschanze, Sprunglauf, Kl. 1:
Hans Wein 1. Sieger
Internationale Wintersportwoche Garmisch-Partenkirchen:
Abfahrtslauf: Albert Pfeifer 1. Sieger
Pepi Jennewein 2. Sieger
Josef Gabl 4. Sieger
Torlauf: Pepi Jennewein 3. Sieger
Josef Gabl 6. Sieger
Kombination: Pepi Jennewein 2. Sieger
Josef Gabl 3. Sieger
Slowakische Skimeisterschaft in Tatra/Lomnitz:
Abfahrtslauf: Peter Jennewein 1. Sieger
Torlauf: Peter Jennewein 2. Sieger
Kombination: Peter Jennewein 2. Sieger

März 1941:

Feldbergrennen:
Riesentorlauf: Josef Gabl 3. Sieger
Torlauf: Josef Gabl 1. Sieger
Kombination: Josef Gabl 1. Sieger
Tschammer Pokal, 4. Arlbergrennen:
Abfahrtslauf: Pepi Jennewein 1. Sieger
Josef Gabl 7. Sieger
Franz Guggenbichler 14. Sieger
Wilhelm Scalet 18. Sieger
Heinrich Sedlmayr 27. Sieger
Torlauf: Pepi Jennewein 3. Sieger
Josef Gabl 5. Sieger
Franz Guggenbichler 14. Sieger
Heinrich Sedlmayr 19. Sieger
Wilhelm Scalet 22. Sieger
Kombination: Pepi Jennewein 1. Sieger
Josef Gabl 5. Sieger
Franz Guggenbichler 11. Sieger
Heinrich Sedlmayr 21. Sieger
Wilhelm Scalet 22. Sieger

April 1941:

Füssen, Riesentorlauf:
Fritz Kreisser 1. Sieger
Württembergische Alpine Skimeisterschaften:
Abfahrtslauf: Pepi Jennewein 1. Sieger
Josef Gabl 3. Sieger
Fritz Kreiser 8. Sieger
Wilh. Scalet 2. Sieger (Kl. 2)
Torlauf: Pepi Jennewein 1. Sieger
Josef Gabl 3. Sieger
Fritz Kreis er 4. Sieger
Kombination: Pepi Jennewein 1. Sieger (Württ. Meister)
Josef Gabl 3. Sieger
Fritz Kreiser 5. Sieger
Riesentorlauf vom Iseler:
Fritz Kreiser (Bestzeit) 1. Sieger

Zusammenfassung:

19 gestartete Kämpfer erzielten:
3 Weltmeistertitel
1 Württembergischer Meister (Alpine Kombination), außerdem
20 erste Sieger.
Die Liste erhebt keinen Anspruch auf Vollständigkeit.

15

Im *Burgbrief* veröffentlichte Aufstellung der Erfolge der Wintersportler der Ordensburg Sonthofen im Winter 1940/41.

mir sehr gut gefiel.« Die Propaganda suggerierte, die Meisterleistung sei aus nationalem Ehrgeiz inspiriert worden. In Wahrheit, so Heckmair, hätten sich die Sportler zwar durch den Empfang bei Hitler »geehrt« gefühlt, aber »das hätte auch einem Tanzbären passieren können.«[43]

Solche Erfolge kamen Robert Ley gerade recht, der mit dem Sport auch Werbung für seine Anlagen machen wollte. 1939 wurde zu diesem Zweck eigens aus besonders guten Sportlern eine »Sporthundertschaft« am Krössinsee unter dem Hundertschaftsführer Theo Calame gebildet, die künftig bei großen Wettkämpfen in Pommern Punkte machen sollte. Die Ordensjunker waren denn auch insbesondere bei den Laufdisziplinen, bei Hoch- und Weitsprung, Speer- und Diskuswerfen sowie im Drei- und Fünfkampf erfolgreich. »Dies alles geschah zur Ehre der Ordensburg und der gesamten Burggemeinschaft und des Burgkommandanten«, erinnerte sich ein ehemaliger Kursteilnehmer.[44] Bereits ein Jahr zuvor hatte der Reichssportführer Hans von Tschammer und Osten die Gründung von Kampfsportgemeinschaften an den Ordensburgen angeregt. Das sollte den Burgmannschaften die Gelegenheit geben, »ihre sportliche Leistungsfähigkeit in regelmäßigen Wettkämpfen zu prüfen«.[45] Fortan sah man auch die Vogelsanger bei regionalen und überregionalen Wettkämpfen.

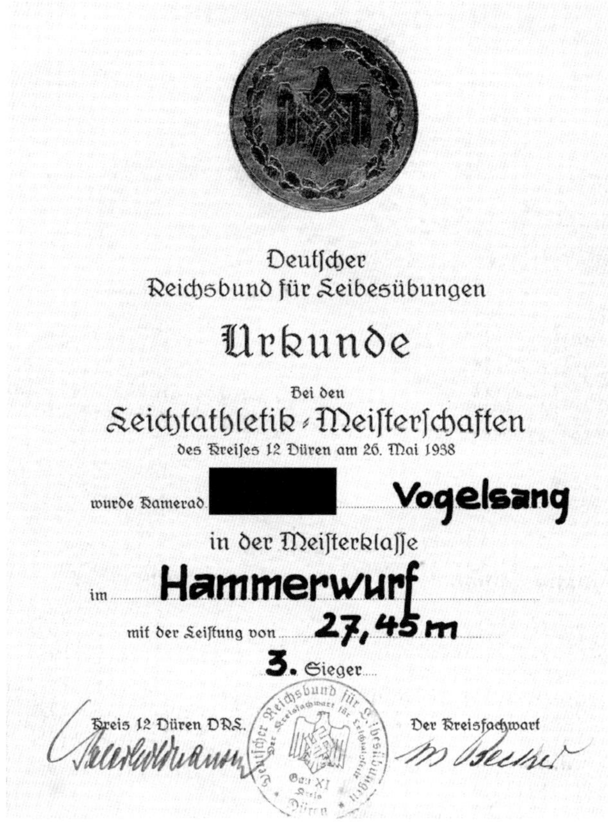
Deutscher
Reichsbund für Leibesübungen
Urkunde
Bei den
Leichtathletik-Meisterschaften
des Kreises 12 Düren am 26. Mai 1938
wurde Kamerad [redacted] Vogelsang
in der Meisterklasse
im Hammerwurf
mit der Leistung von 27,45 m
3. Sieger
Kreis 12 Düren DRL. Der Kreisfachwart

Urkunde einer Leichtathletik-Meisterschaft in Düren für einen Ordensjunker, 1938.

Die Bezwinger der Eiger-Nordwand zum Empfang beim »Führer«, 1. August 1938; v. l. n. r.: Andreas Heckmair, Heinrich Harrer, Adolf Hitler, Ludwig Vörg, Fritz Kasparek, Reichssportführer Hans von Tschammer und Osten, Reichsinnenminister Wilhelm Frick.

Insbesondere am Krössinsee und in Vogelsang wurde nach einer Anlaufphase das Reiten intensiv trainiert. 1939 standen am Krössinsee immerhin 21 Turnierpferde, die zu Wettkämpfen eingesetzt werden konnten. 1939 waren dem Reitstall 16 Reitlehrer zugeordnet.[46] Hinzu kam in Pommern reichlich Wassersport, da mehrere Seen vor der Haustür lagen.[47]

»Bewährung im Kampf«, Kühnheit und Entschlusskraft erhofften sich die Burgleitungen schließlich vom Boxen, das bei den Kursteilnehmern jedoch wenig Begeisterung auslöste.[48] Offenbar gab es Ende der 1930er Jahre in Vogelsang eine eigene Boxhalle in einer Baracke. Geboxt wurde in Lederhandschuhen. Die Hundertschaft trat mit je zwei Mann gegeneinander an, wobei man darauf achtete, möglichst gleich starke Partner zu finden. Nach dem ersten allgemeinen Schlagabtausch

Wassersport stand am Krössinsee im Vordergrund der sportlichen Ausbildung; Übergabe neuer Boote für die Ordensburg-Mannschaften, Dratzigsee, 29. November 1937.

wurde ein Kreis gebildet, und der Boxlehrer pickte sich zwei Kandidaten heraus, die im Ring gegeneinander antreten mussten. Wenn die Sache schließlich zu blutig wurde, mussten die nächsten zwei Opfer in den Ring. Kein Wunder, dass alsbald das Burgrevier als Lazarett eingerichtet wurde.

Überblickt man die sportlichen Aktivitäten an den Ordensburgen, so dienten sie ausschließlich zwei Zwecken: dem körperlichen Drill der Lehrgangsteilnehmer und – durch die Förderung von Spitzensportlern – der propagandistischen Vereinnahmung der erzielten Erfolge. Dass die körperliche Ertüchtigung nicht bei allen fruchtete, war in Vogelsang zu erfahren. Trotz des vorhandenen guten Schwimmbades verließen etliche Lehrgangsteilnehmer, die als Nichtschwimmer gekommen waren, die Eifel wieder als Nichtschwimmer.[49]

Der Wassersport forderte auch Todesopfer. Trauerzeremonie am Krössinseer Ehrenmal für zwei beim Wassersport ertrunkene Ordensjunker, 1937/38.

Begleitprogramm

Neben Unterricht und Sport gab es für die Lehrgangsteilnehmer auch ein kulturelles Begleitprogramm an den Ordensburgen: Dichterlesungen, zu denen damals populäre, meist national-völkische Autoren eingeladen wurden. Belegt ist für Vogelsang zum Beispiel eine Lesung mit Kurt Eggers, der den Opfertod an der Front glorifizierte,[50] ein Vortrag mit dem schreibenden ehemaligen »Frontsoldaten und Freiheitskämpfer« Hans Zöberlein[51] und zwei »sudetendeutsche Dichterabende« kurz nach der Besetzung des Sudetenlandes durch die Wehrmacht.[52]

Zur Auflockerung des ansonsten eher öden Alltags wurden die Ordensjunker bisweilen mit der burgeigenen Busflotte auf Reisen geschickt. Dabei handelte es sich zum Teil um Informationsfahrten, bei denen Betriebe

Ausflug zu den Externsteinen im Teutoburger Wald, eine von vielen Propagandafahrten der Ordensjunker, 10./11. März 1938.

Die Buskolonne der Ordensburg Krössinsee bei einer Deutschlandfahrt anlässlich der Volksabstimmung zum »Anschluss« Österreichs, April 1938.

und Institute besichtigt wurden, zum Teil um reine Propagandatouren. »Unauslöschlich ist in unserer Erinnerung die Flandernfahrt haften geblieben, die uns an die Gräber unserer Weltkriegshelden führte. An den geweihten Stätten von Ypern, Langemarck, Zillebeeke und Dixmuide erlebten wir das unsterbliche Bekenntnis zu Deutschland und die Gewissheit, dass aus diesem Opfergeist der Nationalsozialismus geboren wurde.«[53]

Daneben gab es weitere Fahrten, die den Charakter von Betriebsausflügen hatten. Die Krössinseer beispielsweise waren beim Stapellauf des KdF-Schiffes »Wilhelm Gustloff« in Hamburg dabei, die Vogelsanger reisten zum »Tag der Alten Garde« nach Düsseldorf. Willy B.

Links oben: **Begeisterter Empfang der Ordensburg-Busse vom Krössinsee bei einer Propagandafahrt, 1938;** rechts oben: **Parademarsch der Junker bei einer Propagandatour durch Deutschland, 1938;** links unten: **Formation der Junker beim Nürnberger Reichsparteitag 1938 vor der »potemkinschen« Kulisse eines imitierten Teilstücks des im frühen Baustadium befindlichen Kongressgebäudes;** rechts unten: **Als Burgtor gestalteter Eingang zur Zeltstadt der Ordensjunker in Nürnberg, 1938.**

erinnerte sich für den ersten vierjährigen Lehrgang am Krössinsee an »Theater- und Konzertbesuche in Stettin, Besuche bei der Marine in Swinemünde, Besuche beim Kindergärtnerinnenseminar sowie beim weiblichen Arbeitsdienst.«[54]

Bei zahlreichen Besuchsfahrten oder politischen Anlässen traten die Ordensjunker – im Rahmen von Parademärschen angeführt von einem eigenen Musikkorps und von ihren Stammführern – in der Öffentlichkeit als brauner Block in Erscheinung. Auf diese Formationen griff die Parteiführung bisweilen auch zurück, wenn es galt, hochrangige Besucher im Reich zu beeindrucken. Im *Orden* konstatierte Erwin L.: »Auf Befehl des Führers wurde uns am 25. September 1937 die stolze Anerkennung zuteil, Augenzeugen der weltgeschichtlichen Begegnung zwischen Adolf Hitler und Mussolini in München zu sein. Schnurgerade ausgerichtet, in dröhnendem Exerzierschritt, marschierten unsere Zwölferkolonnen am Königlichen Platz am Führer und am Duce vorüber.«[55]

Und nicht zuletzt gehörte der gemeinsame Besuch der Reichsparteitage zum festen Programm und zu den Höhepunkten bei den Ausflügen. In Nürnberg waren die Junker aller Ordensburgen in einer eigenen Zeltstadt mit Massenunterkünften untergebracht, deren Eingangsbereich pompös und unverkennbar als mittelalterliches Burgtor gestaltet war.

Praktischer Einsatz in den Gauen

Neben der Theorie an den Burgen gab es praktische Einsätze in den Gauen. Für Günter T. war das »gewissermaßen das Praktikum«. Für mehrere Wochen wurden die Männer jedes Jahr ihren Heimatgauen zur Verfügung gestellt, wo sie Aufgaben im Bereich der Kreisleitungen oder Ortsgruppen, im Landratsamt, beim NSV und der DAF sowie in der KdF-Kulturarbeit übernahmen.[56]

Im Mai 1938 wurden zum Beispiel die Krössinseer Junker für sechs Wochen in den Einsatz geschickt: »Zweck dieses Einsatzes ist, den Männern die Fühlung mit der Front und dem Leben des Volkes aufrechtzuerhalten. Es wäre zwecklos, den Führeranwärtern 4 Jahre lang theoretisches Wissen und körperliche Ausbildung angedeihen zu lassen, ohne sie von Zeit zu Zeit an die Front zu schicken, um sie mit der Arbeit der Praxis und den Nöten und Sorgen des Volkes weiter in Verbindung zu bringen. [...] Ihnen überweise ich für die Dauer der 6 Wochen den Pg. Max S. zum Einsatz in der Ortsgruppe Bad Aibling.« Die Männer sollten dabei ordentlich eingespannt werden: »Der Sinn und Zweck dieser Fronttätigkeit wäre selbstverständlich nicht erfüllt, wenn den Führeranwärtern Gelegenheit zum Bummeln und Faulenzen gegeben wäre.«[57]

Über die praktische Bewährung der Junker wurden am Ende ausführliche Stellungnahmen geschrieben. Zu Max S. hieß es etwa: »Er hat seinen Dienst stets pünktlich angetreten und mit einer selbstverständlichen Gewissenhaftigkeit und Ausdauer vollzogen.« Das klang zwar eher wie das aus miserablen Arbeitszeugnissen für schlechte Mitarbeiter bekannte »er hat sich stets bemüht«, doch attestierte die Kreisleitung dem Junker immerhin, dass er »auch in Offizierskreisen und sog. höheren Beamtenkreisen guten Eindruck gemacht hat«. Und schließlich schmeichelte die Kreisleitung auch den Ordensburgen ihres Chefs Ley: »Ich war aber überrascht, dass sich Pg. S. in den wenigen Monaten seines Aufenthalts in der Ordensburg Crössinsee sowohl in seiner äußerlichen Haltung, wie in seinem gesamten Auftreten auffallend zu seinem Vorteile weiterentwickelt hat.«[58]

Neben solchen Routine-Praxiseinsätzen wurden die Kursteilnehmer auch in die Gaue entsandt, wenn dort

Unsere deutsche Ostmark!

Die Kameraden erzählen von den Erlebnissen in ihrer befreiten Heimat

Als wir in jener denkwürdigen unvergeßlichen Nacht vom 11.—12. März mit begeisterten Herzen am Rundfunk saßen, als der Lautsprecher von den Jubelstürmen des befreiten österreichischen Brudervolkes erdröhnte, als wir so die wunderbare Geburtsstunde des größeren Deutschlands erlebten, da sprach einer unserer österreichischen Kameraden, während ihm vor innerer Rührung und Erregung die Tränen in den Augen standen, die denkwürdigen Worte:

„Das werden wir dem Führer nie vergessen!"

Wir konnten ihm damals nur in stiller Bejahung die Hände drücken, aber seine Worte lebten irgendwie in uns, als wir in unseren Gauen im Wahlkampf standen und für die große Sache arbeiteten. Wie wunderbar tief man manchmal durch ein Wort oder durch eine Geste verpflichtet werden kann.

Die folgenden Tage bedeuteten für unsere österreichischen Kameraden eine harte Nervenprobe. Fast stündlich erlebten sie am Rundfunk den Jubel ihrer Heimat, diese urgewaltige Begeisterung, diesen Aufbruch des Volkes, für den sie gekämpft und für den sie gelitten hatten. Nun war es so weit und sie konnten nicht dabei sein. Als sie dann endlich nach einigen Tagen fahren durften, sind wohl selten Menschen mit solchen stolzen Gefühlen in ihre Heimat zurückgekehrt. Alle fanden sie dort ihr persönliches Erleben; mit früheren Freunden oder Feinden ihre persönliche Begegnung, die

Bericht der Vogelsanger Burgzeitschrift *Orden* zum praktischen Einsatz der österreichischen Lehrgangsteilnehmer in ihrer Heimat, 1938.

arbeitsintensive Aufgaben anstanden, so im Frühjahr 1938.[59] Etliche österreichische Nationalsozialisten, die aufgrund ihrer politischen Agitation in ihrem Heimatland in Konflikt mit den Sicherheitsbehörden geraten waren und sich deshalb nach Deutschland abgesetzt hatten, nahmen am zweiten Kurzlehrgang in Vogelsang teil. Als sich Anfang März 1938 der Druck Nazi-Deutschlands auf das Nachbarland verstärkte und schließlich sogar eine gewaltsame Lösung zu befürchten war, verfolgten die Vogelsanger das Geschehen gespannt aus der Distanz. Als dann die »Ostmark« am 11. und 12. März »angegliedert« wurde, waren die Österreicher in der Eifel nicht mehr zu halten. Sie wurden alsbald beurlaubt, um für einige Zeit in den politischen Einsatz in ihren Heimatgauen zu gehen.[60] Wenig später schickte der Vogelsanger Kommandant Richard Manderbach die gesamte Burgmannschaft in die Gaue, um dort im Zusammenhang mit der »Volksabstimmung« zum »Anschluss« Österreichs zu helfen – sehr zur Freude der Ordensjunker, wie sich Friedrich Wilhelm S. erinnerte. Alle seien in der Hoffnung geeint gewesen: »Wir dürfen raus an die Front, wir dürfen mithelfen, wir werden eingesetzt!« S. war in seiner Heimat-Kreisleitung im praktischen Einsatz und übernahm die Propagandaabteilung.[61] Ihre eigentliche »Bewährungsprobe« stand ihnen noch bevor: ihr Einsatz in den nach Kriegsbeginn besetzten Gebieten im Osten, von dem später noch ausführlich die Rede sein wird.

Revolte in der Eifel

Während Burgchef Otto Gohdes die Männer am Krössinsee immerhin in Grenzen zu Diskussionen ermunterte, führte Richard Manderbach in der Eifel ein Regiment mit maßlos hochgesteckten körperlichen Anforderungen, bei dem die »geistige Schulung« offenbar weitgehend in den Hintergrund rückte, obwohl gerade in Vogelsang die ideologische Formung innerhalb des vierjährigen Lehrgangs erfolgen sollte.

Der Unmut der Mannschaften über Manderbachs militärisch-sportlichen Drill führte im Frühsommer 1939 in Vogelsang schließlich zu einer Revolte der ersten Kameradschaft, in deren Folge der Burgkommandant abgelöst wurde. Diesen ungewöhnlichen Vorgang beschrieb später Werner W.[62] Er war 1937 zum ersten vierjährigen Lehrgang am Krössinsee einberufen worden, ein Jahr später wechselte er vom »System Gohdes« zum »System Manderbach« in die Eifel. Die in Vogelsang praktizierte »Erziehung« löste nach seiner Darstellung »häufig Differenzen und Spannungen« aus. Grund dafür, so W., sei der Mangel an Erfahrungen in der Führung dieses neuartigen »Ausbildungsexperiments Ordensburgen« gewesen: »Fehlentwicklungen, die in unserem ersten Burgjahr in Krössinsee bereits als solche erkannt und auch abgestellt waren, wurden hier offenbar ohne Erfahrungsaustausch wiederholt. Vieles im täglichen Reglement passte wohl in die Erziehungsarbeit bei der HJ, jedoch nicht mehr in Anwendung auf uns erwachsene Männer. Wir waren alle aus den Gliederungen der Partei ausgesuchte junge Idealisten, 27–28 Jahre alt, größtenteils verheiratet, viele davon Familienväter, waren alle bereits Soldat und hatten schon eigene Erfahrungen in der Führung junger Menschen.« Diese Tatsache hätte gerade hinsichtlich der Auswahl der Führungsmannschaft besonders strenge Maßstäbe erforderlich gemacht, denen das Führungskorps in Vogelsang offenbar nicht entsprach: »Allein Erfahrungen aus beispielsweise der SA – auch höherer Chargen – war hier weder der Sache dienlich, noch für uns von Nutzen!« Statt Wissensvermittlung sei »körperlicher Drill derart überbewertet« worden, dass »uns für eigene geistige Arbeit und Fortbildung wenig oder keine Zeit verblieb«. Bei »allem Verständnis für strenge Disziplin und mannhafte Körperzucht« hätten die Männer »zunehmend Kritik an dieser krassen Unausgewogenheit« geübt.

Bei der Burgführung hätten die Lehrgangsteilnehmer jedoch weder »Verständnis noch überhaupt Gehör« gefunden. Da Manderbach sich gegen Veränderungen sperrte, habe sich die erste Kameradschaft direkt an Ley persönlich gewandt. Auch viele Stammführer hätten damals die Kritik inhaltlich mitgetragen.

Während der wenig beliebte Kommandant Richard Manderbach in Vogelsang militärischen Drill von seinen Männern forderte, ging es am Krössinsee unter Kommandant Otto Gohdes deutlich zwangloser zu. Da konnte das Lernen bei schönem Wetter auch mal im Freien stattfinden, 1938.

Robert Ley kam daraufhin einige Tage später in die Eifel, hörte sich die Klagen an – und schritt zur Tat. W.: Das »führte schnell zum Kommandantenwechsel. Wir sahen Manderbach gerne gehen. Er war uns mehr militärischer Vorgesetzter als geistiger Führer.« Nachfolger Dietel habe dann »positive Veränderungen« eingeleitet, so dass auch einige, zumeist verheiratete Lehrgangsteilnehmer, die unter Manderbach noch ausscheiden wollten, ihre Anträge auf Entlassung zurückgezogen hätten.[63]

Parteiinterne Kritik

Die Revolte von Lehrgangsteilnehmern in Vogelsang war sicherlich die Ausnahme, doch war es beileibe nicht die einzige und nicht einmal die gefährlichste Kritik am Projekt Ordensburgen. So gab es viele führende Männer der NSDAP, die versuchten, in Leys offensichtlich unausgegorenes System korrigierend einzugreifen. Die dahinterstehenden Motive waren vielfältiger Natur. Einerseits ging es um die Beseitigung erkennbarer Fehlentwicklungen, andererseits aber auch um die Sicherung eigener Machtpfründe und Einflussgebiete.

Der von Ley vorgegebene angebliche Anlass für die Einrichtung der Lehrgänge an den Ordensburgen, nämlich die »Schulung« des Führer-Nachwuchses, legt einerseits den Gedanken nahe, dass der Reichserziehungsminister Bernhard Rust hätte einbezogen werden müssen. Dessen Versuche, Einfluss zu nehmen, wies Ley jedoch kategorisch zurück. Anfang 1937 teilte er Rust kurz und bündig mit: »Deine Aufgabe als Reichserziehungsminister erstreckt sich niemals auf Parteischulen, deshalb gehen Dich die Adolf-Hitler-Schulen genauso wie die nationalsozialistischen Ordensburgen gar nichts an.«[64]

Da es andererseits in Wahrheit nicht um Erziehung im Sinne von Schulung, sondern um die Vermittlung von Ideologie und den Glauben an die NS-Weltanschauung ging, fühlte sich auch Chefideologe Alfred Rosenberg zu zahllosen Interventionsversuchen berufen. Die blieben bis Ende der 30er Jahre allerdings ergebnislos, obwohl sich Rosenberg mit seinen Beschwerden auch an Hitler[65] und dessen Stellvertreter Heß wandte.[66]

Steten Streit gab es darüber hinaus mit dem Reichsschatzmeister der NSDAP, Franz Xaver Schwarz. Um sowohl die Burgen als auch die Neubauten der AHS unverzüglich realisieren zu können, finanzierte Ley die Bauwerke mit Mitteln der DAF, die bei solchem Größenwahn jedoch bald an ihre Grenzen stieß. So bemühte sich Ley darum, die Kosten für seine Ordensburgen und seine Adolf-Hitler-Schulen der Parteikasse aufzubürden. Bei Schwarz biss er sich jedoch lange die Zähne aus. Erst Anfang der 1940er Jahre übernahm der Reichsschatzmeister die Finanzierung teilweise.

Militärischer Drill in Vogelsang, dessen Ausmaß von verschiedenen Amtsträgern der Partei kritisiert wurde; undatiertes Foto.

Es gab jedoch nicht nur Kompetenzgerangel, sondern auch heftige parteiinterne Kritik. Bereits vor Beginn des ersten Vogelsanger Lehrgangs hatte der Gauleiter von

Köln-Aachen, Josef Grohé, die vorgesehenen Aufnahmekriterien an den Ordensburgen scharf angegriffen.[67] Bei der Bewertung der »rassischen Eigenschaften« der Bewerber sollte die Partei sich nicht ausschließlich auf körperliche Merkmale verlassen. Ein Blick auf die damalige NS-Führung zeigte laut Grohé, dass man »heroische Haltung« und »nordische Gesinnung« nicht mit »dem Centimetermaß« ermessen könne. Die den Lehrgangsteilnehmern zugedachte Aufgabe erfordere es nicht, dass jemand keine Brille benötige oder dass er schon einmal mit dem Fallschirm abgesprungen sei. Die Ordensburgen sollten nicht als »Konkurrenzunternehmen zu den Formationen der Wehrmacht« verstanden werden, sondern ihr Schwergewicht auf die »weltanschauliche Schulung« legen.

Etwa zu dieser Zeit polterte Rosenberg in einem Schreiben an den »Stellvertreter des Führers«, Rudolf Heß, gegen die inzwischen verkündete Absicht Leys, die vorgesehene Anzahl der Lehrgangsteilnehmer auf 1000 zu verdoppeln.[68] Damit strebe Ley eine »ins Uferlose gehende Vergrößerung« an. Zunächst einmal müsse der Lehrkörper vervollständigt werden, und danach sollten die Lehrer und die Lehrgangsteilnehmer das System erproben.[69] Zudem fehlten noch die Lehrmittel, was laut Rosenberg wiederum Leys Schulungsleiter Frauendorfer verschuldet habe. Am 20. August 1936 teilte Rosenberg Ley persönlich mit, was er von dessen Expansionsplänen hielt.[70] Er sei der Ansicht, »dass ohne jede Erfahrung mit 500 Menschen die Zusammenfassung von 1000 Männern […] als eine Gefährdung für die geistige und charakterliche Erziehung der Bewegung angesehen werden muss«. Rosenberg warnte Ley vor »verfehlten Experimenten«. Es dürften »unter keinen Umständen« mehr als 500 Lehrgangsteilnehmer angenommen werden, und diese Zahl solle durch weitere Auslese auf 300 bis 400 Mann sinken. Rosenberg forderte daher konsequent, die »Erweiterungsbauten für 1000 Mann einzustellen, weil naturgemäß bei Vollendung der Bauten das Bestreben da sein wird, koste [es] was es wolle, sie zu füllen, um ihre Existenzberechtigung nachzuweisen«. Sinnvoller, so Kritiker Rosenberg, sei es, stattdessen an anderen Orten im Reich, etwa im Gau Koblenz-Trier, eine weitere Ordensburg zu errichten. Auch die Auswahl der ersten Lehrgangsteilnehmer stieß auf den Unwillen des »Beauftragten des Führers«. Die Auslese sei teilweise »besorgniserregend«. In manchen Gauen seien die Kandidaten »übereilt zusammengerufen« worden.

Hans Dietel (links), ab 1939 Kommandant von Vogelsang, mit Robert Ley.

Hans Dietel gehörte ebenfalls zur Riege der Kritiker. Bereits 1938 hatte er beklagt: »Die Auslese der Junker für die Ordensburgen ist wieder schlechter geworden. Es hat den Anschein, als ob nicht die Männer auf die Ordensburgen kommen, die auf Grund ihrer Fähigkeiten dort ausgebildet werden müssten, sondern dass dort Männer hinkommen, die glauben, durch den Besuch der Ordensburgen ein besseres Fortkommen zu haben. Bezeichnend ist es, dass die Männer, die aus den Berufen herausgenommen werden, in ihrer wirtschaftlichen Stellung Gehälter haben, die selten über RM 200 liegen. Dieselbe Erscheinung bestätigt der Gauschulungsleiter Scheller in einem Bericht über die Auswahl der Junker für die Ordensburgen.«[71]

Eine ähnliche Kritik formulierte 1939 der Kölner Gauschulungsleiter Julius Kölker nach einem Besuch in Vogelsang.[72] Er beklagte unter anderem eine »Dünkelhaftigkeit« der Burgmannschaften und einen »Höhenfimmel«, der den Männern anerzogen worden sei. Der praktischen Arbeit müsse an den Ordensburgen mehr Aufmerksamkeit gewidmet werden, ansonsten berge die Einsamkeit der Ordensburgen die Gefahr, dass »das Erziehungssystem dort zur Theorie werde und die Menschen selbst, Erzieher wie Junker, zu Theoretikern verkrusten«. Bei den Praxiseinsätzen in den Gauen hätten die Ordensjunker »das furchtbare Wort geprägt«, das »diese Abstellung wahrscheinlich zur Überbrückung einer Leere im Erziehungsplan der Ordensburgen« erfolge. Zielsicher versandte Kölker seine Generalabrechnung nicht etwa an Ley, sondern an dessen Erzrivalen und ewigen Konkurrenten Rosenberg.

Wenige Wochen später endeten die Lehrgänge mit dem Kriegsbeginn für immer. Selbst danach verstummte die Kritik an Leys seltsamer Führer-Formierung nicht. Insbesondere der Gauleiter von Weser / Ems, Carl Röver, legte in seinem politischen Testament, aufgeschrieben kurz vor seinem Tode im Jahr 1942, kräftig nach.[73] In der Denkschrift hatte der Gauleiter konstatiert, dass der Führernachwuchs praktische Lebenserfahrung brauche: »Das System der schulmäßigen Heranzüchtung kann diese nicht ersetzen.« Das zielte frontal auf Leys System. Zudem solle der Führungsnachwuchs der Partei nicht nur von Leys Einrichtungen kommen, sondern aus dem gesamten Korps der politischen Leiter: »Die Ernennungen zu Nachwuchsführern bzw. Nachwuchsanwärtern sind daher überflüssig.« Die Reichsleitung, also Ley, solle sich lediglich um die künftigen »Spitzenkräfte« kümmern, alles andere müsse den Gauen überlassen bleiben.

Der Gauleiter forderte ganz konkret, die Ordensburgen von der Aufgabe der Führererziehung zu entbinden: »Es ist meines Erachtens eine Lebensfrage für die Partei, darauf zu achten, dass der hauptamtliche Führernachwuchs nicht auf Ordensburgen und ähnlichen Instituten herangezüchtet wird.« Praktische Erfahrung könne man sich nicht an Schulen aneignen,[74] ganz im Gegenteil, die Kasernierung an den Parteiburgen bewirke, dass die Männer »der wirklichen Volksgemeinschaft total entfremdet« seien. Auch Hitler sei schließlich nicht in Schulen zum »Führer« geworden, sondern »ausschließlich das Leben« habe ihn geformt.[75] Statt Führer-Eigenschaften mitzubringen, hätten Männer mit an sich guten Voraussetzungen »nach dem Besuch der Ordensburgen sich zu überheblichen, teilweise sogar arroganten Typen entwickelt«. Alle Kreisleiter, bei denen sie nachher eingesetzt waren, hätten übereinstimmend einen »Höhenrausch« festgestellt. So werde allenfalls »lebensfremdes politisches Pfaffentum« erzeugt.[76] Röver räumte bei der Gelegenheit auch mit dem in diesem Zusammenhang unpassenden Begriff »Schulung« auf: »Zweckmäßig erscheint es mir, das Amt Schulung zukünftig als Amt für Weltanschauung zu bezeichnen. Denn einmal ist das Wort Schulung ziemlich abgegriffen, und zum anderen umschließt es auch nicht die tatsächliche Bedeutung dieses Amtes.«[77] Röver traf damit voll ins Schwarze.

Carl Röver, Reichsstatthalter für Oldenburg und Bremen; hier bei einer Rede in Berlin-Grunewald am 21. Mai 1933.

Ordensjunker des zweiten Kurzlehrgangs in Vogelsang und des ersten vierjährigen Kurses beim Singen anlässlich des Tages des Politischen Leiters beim Reichsparteitag in Nürnberg, 1938.

Kriegsbeginn

Zum bevorstehenden Reichsparteitag 1939 waren die Burgmannschaften schon im Vorfeld angereist, wie sich ein Sonthofener Stammführer rückblickend erinnerte. »Am 25. August Ankunft in Nürnberg. Frohes Wiedersehen mit den Kameraden der Ordensburgen Vogelsang und Krössinsee.« Die Ausflugsfreude dauerte nicht lang. Beim Stadtbummel hätten die Burgmannschaften erfahren, »dass sämtliche Angehörigen der Ordensburgen sich unverzüglich ins Lager zu begeben haben«.[78] Der Krössinseer Burgkommandant Otto Gohdes erinnerte vier Jahre später die Männer an das Geschehen »während der letzten August- und ersten Sept.-Tage im Jahre 1939 in Nürnberg« beim Parteitag: »Gewiss ahnten viele von uns in jenen Tagen kommende Ereignisse voraus, aber trotzdem waren die meisten bei den plötzlichen telegrafischen Einberufungen zur Wehrmacht überrascht. Wir hatten doch wohl alle angenommen, diesen Parteitag noch erleben zu können.« Die meisten Männer seien zu den verschiedensten Truppenteilen und Waffengattungen einberufen worden, aber etwa »150 Ordensjunker erhielten keine Einberufung. Für diese waren zunächst Sonderaufgaben vorgesehen.«[79] Worin diese offenbar nicht militärischen »Sonderaufgaben« bestanden, ist unklar.

Vom Kriegsbeginn am 1. September 1939 erfuhren die Ordensjunker nach Angaben Günter T. »über den Rundfunk, über Lautsprecher«.[80] Dass die Zukunft schwierig werden würde, sei allen klar gewesen: »Von Überschwang oder Hurra-Patriotismus war nichts zu spüren. […] Es würde ein Kampf, von dem man nicht vorhersehen konnte, wie die ›Schicksalswürfel‹ rollen würden.«[81]

Bilanz der Lehrgänge

Leys Nachwuchsführer-Lehrgänge an den Ordensburgen fügen sich nahtlos ein in die Liste seiner zwar vollmundig verkündeten, aber letztlich gescheiterten Projekte. Die vorgesehene Erziehung zur politischen Führung blieb ebenso skurriles Stückwerk wie die zu dem Zweck geplanten Neubauten. Mehr als zwei überhastete Crashkurse zum kurzfristigen Stopfen von Personallöchern und ein zweijähriges Herumexperimentieren mit vierjährig geplanten Kursen hatte der Herr der Parteiburgen am Ende nicht vorzuweisen. Mit Kriegsbeginn war das Indoktrinierungsexperiment auf absehbare Zeit zumindest unterbrochen. Der weitere Gang des Krieges sorgte schließlich dafür, dass die Kurse in der Form nie wieder aufgenommen wurden.

Wenn man das Scheitern Leys konstatiert, ist aber zu bedenken, dass nach seiner Planung das dreistufige Schulungsprogramm erst mittelfristig seine volle Wirkung hätte zeigen können. Frühestens nach dem Jahr 1954 hätten die ersten Männer für den Parteidienst zur Verfügung gestanden, die sowohl die Adolf-Hitler-Schule als auch die Ordensburgen absolviert hatten. Von diesem Zeitpunkt an allerdings hätte die Partei auf mutmaßlich absolut willige Werkzeuge zurückgreifen können, die blindlings der Führung gehorchten und zutiefst in der NS-Weltanschauung verhaftet waren. Sie wären von Kindesbeinen an bis ins Alter von deutlich über 30 Jahren ohne Unterbrechung damit indoktriniert worden.

Obwohl das Ordensburgen-Projekt eingestellt werden musste, hatte die bis dahin ausgeübte Beeinflussung der Ordensjunker ihre Wirkung nicht verfehlt, wie ein Stammführer Anfang 1941 bekannte: »Als politische Soldaten dürfen wir unseren eigentlichen Auftrag nie vergessen. […] Wir wollen nicht zuletzt an unseren Auftrag als Stammführer und Ordensjunker denken, mitzuschaffen und mitzuhelfen an dem Aufbau des großen nationalsozialistischen Führerkorps, das einmal berechtigt ist, das Erbe der alten und verdienten Kämpfer unseres Führers anzutreten. Ein Führerkorps, […] dessen Angehörige den einzigen Ehrgeiz darin sehen, des Führers treueste Soldaten und seiner Idee glühendste Prediger zu sein.«[82]

Die Reihen fest geschlossen: Hitler beim Inspizieren der Ordensjunker in Vogelsang, April 1937.

Manchen verhalf das sogar im Verlauf des Krieges zu einflussreicheren Funktionen im Reich. Der Bereitschaftsführer Hans Bülow[83] beispielsweise wurde Kreisleiter in Solingen, der Sonthofener Kameradschaftsführer Reinhold Lawnick in Weißenburg im Elsass,[84] und der Vogelsanger Karl Herwanger avancierte zum Kreisleiter in Eupen-Malmedy.[85] Aber das blieben – im Hinblick auf das Reich – Ausnahmen.

Im Herbst 1939 griff Leys Personalamt angesichts der nun anstehenden Besatzungsaufgaben jedoch zu einem Taschenspielertrick, um wenigstens einen Teil der Männer als einsatzbereit für Aufgaben im Rahmen der politischen Führung melden zu können. Die Alternative wäre

Der Vogelsanger und Krössinseer Bereitschaftsführer Hans Bülow, der Kreisleiter in Solingen wurde, undatiert.

gewesen, am Ende trotz des abenteuerlichen Aufwandes für Bau und Lehrgänge mit gänzlich leeren Händen dazustehen. Leys Apparat gab daher vor, dass die Junker des ersten Krössinseer Regellehrgangs, die in Pommern im Herbst 1937 angetreten und 1938 nach Vogelsang gewechselt waren, nach diesen beiden Jahren endgültig fertig seien und somit reif für politische Einsätze. Das ergibt sich aus der Festsetzung der Gehälter derjenigen Männer, die nach Kriegsbeginn hauptamtlich in den Sold des Generalgouvernements (GG) in Polen eintraten. Dessen Abteilung Finanzen klärte per Rundschreiben am 1. April 1940 alle Dienststellen im neuen Imperium des Generalgouverneurs Hans Frank darüber auf, wie die Junker zu besolden seien. Einleitend hieß es, soweit die Ordensjunker ihre Ausbildung abgeschlossen hätten, seien sie als vollbeschäftigte Angestellte des GG zu betrachten und würden je nach Tätigkeit und Ausbildung in der üblichen Vergütungsgruppe der Tarifordnung für Angestellte (TOA) eingereiht. Meistens sei das die Vergütungsgruppe III, bei jüngeren Hilfsarbeitern die Vergütungsgruppe IV. Als »Junker mit abgeschlossener Ausbildung kommen nur die Junker der Ordensburg Vogelsang in Frage, deren Ausbildung mit Kriegsbeginn als abgeschlossen gilt«. Die übrigen Ordensjunker – gemeint waren damit die Teilnehmer des letzten Lehrgangs am Krössinsee, die erst ein Jahr absolviert hatten – seien noch in der Ausbildung, »eine Gehaltsfestsetzung muss deshalb aus grundsätzlichen Erwägungen unterbleiben. Da die Junker indessen in Arbeiten eingewiesen werden, die sonst Beamte oder Angestellte verrichten, ist ihnen eine Beschäftigungsvergütung zu zahlen.«[86] Kurz vorher hatte das Hauptpersonalamt auch die Betroffenen selbst über die Entscheidung informiert, dass der 1937er Lehrgang nach zwei Jahren als »einsatzfähig« erklärt sei. Die Männer, die sich beim Kriegsbeginn in Vogelsang befanden, »werden nach Beendigung des Krieges zum praktischen Einsatz freigegeben«.[87]

Die weitere Praxis zeigte deutlich, dass die »weltanschauliche Erziehung« an den Ordensburgen ihre Wirkung nicht verfehlt hatte. Nahezu das gesamte Korps der Ordensburgen erwies sich in der Folgezeit als eine Truppe williger Befehlsempfänger, die ohne Wenn und Aber bereit waren, ihre Qualitäten als Weltanschauungskrieger unter Beweis zu stellen. Sie waren geimpft mit dem erhebenden Gefühl, einem elitären und zur Herrschaft berufenen »Orden der NSDAP« anzugehören. In diesem Sinne bildeten die Männer eine verschworene Gemeinschaft, einig in dem Ziel, dem NS-Staat – egal an welcher Stelle – zu dienen. Das war für die meisten zunächst an der Front der Fall. Im September 1939 wurde der Begriff des »politischen Soldaten« zur blutigen Realität. Aber schon bald erinnerte sich die Partei an ihre Weltanschauungskrieger, als im Rahmen der Besatzungsverwaltung neuerlich ein riesiger Personalbedarf entstand. Damit realisierten sich denn auch die Karriere-Blütenträume einer Vielzahl von Ordensjunkern in eigenen Herrschaftsbereichen.

Besatzungsherrschaft

Einsatz in Polen

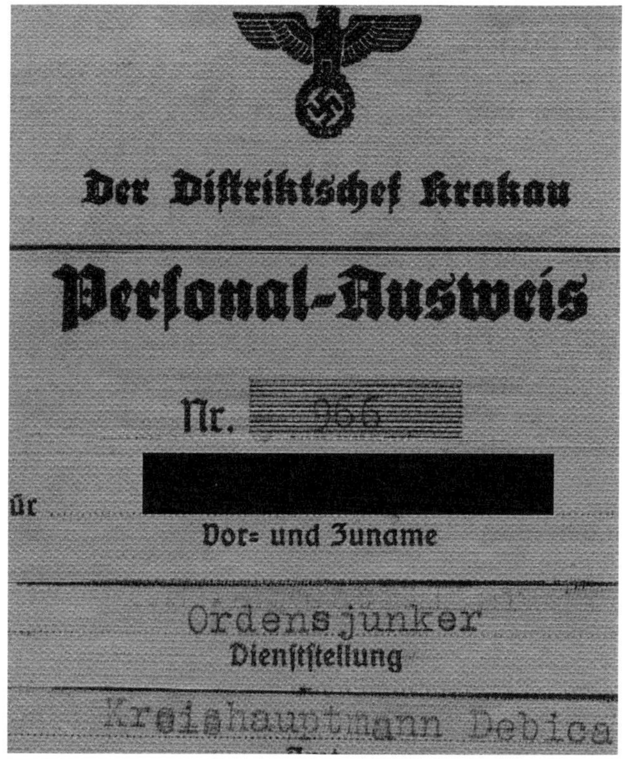

Dienstausweis eines zum politischen Einsatz nach Polen kommandierten Ordensjunkers.

Am 23. August 1939, kurz vor Mitternacht, wurde in Moskau der Nichtangriffspakt zwischen dem Deutschen Reich und der Sowjetunion unterzeichnet. Streng vertraulich wurden dabei auch für den Fall eines Krieges die jeweiligen Grenzen der Interessengebiete abgesteckt:[1] entlang der Flüsse Pissa, Narew, Weichsel und San. Unterzeichnet wurde das Abkommen von den Außenministern Ribbentrop und Molotow. So konnte Hitler hoffen, dass er im Falle des von ihm angestrebten Eroberungskrieges gegen Polen keinen Angriff seitens der Sowjetunion erwarten musste, weil der Stalin-Staat einen Teil der Kriegsbeute erhielt. Wie die Ordensburgmannschaften die Nachricht von dem Hitler-Stalin-Pakt aufnahmen, muss dahingestellt bleiben. Das Abkommen widersprach jedenfalls krass allem, was den Männern vermittelt worden war. Der Einmarsch der Wehrmacht in das Nachbarland Polen am Morgen des 1. September 1939 hatte die Einberufung des überwiegenden Teils der Burgmannschaften zur Folge. Zu den Kriegszielen gehörte unter anderem eine ethnische Flurbereinigung größten Ausmaßes bei gleichzeitiger Ausdehnung des Herrschaftsbereichs nach Osten. Aber nicht nur das. In einer Reichstagsrede vom 6. Oktober 1939 definierte Hitler ein weiteres Ziel im besetzten Polen: die »Ordnung und Regelung des jüdischen Problems«.[2]

Dafür benötigte die Partei ideologisch gefestigte Funktionäre, und in dieser Situation erinnerte sich die Reichsleitung auch an Leys Ordensjunker. Viele fanden sich alsbald im gewaltsam neu geordneten Bereich des ehemaligen Polen wieder. Auf »Antrag des Gauleiters Greiser« wurden vom Hauptpersonalamt »150 Stammführer und Ordensjunker der Ordensburg Krössinsee« in den Warthegau entsandt: »Die Männer von den Ordensburgen hätten sich gut bewährt, ihre Selbständigkeit und ihre Umsicht wurden von allen Dienststellen, in denen sie eingesetzt waren, besonders hervorgehoben.«[3] Die Junker übernahmen in Polen überwiegend Aufgaben auf der unteren Verwaltungsebene, wo die von der NS-Führung vorgegebenen politischen Ziele in die politische Praxis umgesetzt wurden. Teile Ostpolens waren bis zur Demarkationslinie von der Roten Armee besetzt, der Rest des Landes wurde von den deutschen Besatzern aufgeteilt: in zwei neu geschaffene deutsche Gaue Westpreußen/Danzig und Warthegau sowie in einen polnischen Rest-Landesteil, der als Generalgouvernement (GG) bezeichnet wurde. Generalgouverneur wurde dort der Jurist Hans Frank, ein früher Anhänger Hitlers.[4] In allen unter deutschem Regime stehenden polnischen Bereichen kamen ab Herbst 1939 Ordensjunker zum Einsatz, von dem Bemühen durchdrungen, jene Ziele zu realisieren, die ihnen an den Burgen vermittelt worden waren: die Unterwerfung des Ostens und dessen Umwandlung in einen großgermanischen Herrschaftsbereich.

Die Anzahl der in Polen eingesetzten Junker war durchaus relevant. Gemäß einer Aufstellung der Reichsorganisationsleitung handelte es sich um insgesamt 270 Mann: 21 Stammführer und 249 Ordensjunker.[5] Wenn man davon ausgeht, dass insgesamt rund 2000 Junker auf den Ordensburgen geschult und ausgebildet wurden,[6] waren das immerhin 13 Prozent der Burgmannschaften, die in Polen politische Aufgaben übernahmen.

Der Einsatz begann kurz nach den Kämpfen in Polen, als einzelne Truppenteile wieder aufgelöst und Junker von der Wehrmacht entlassen wurden. Diese sollten »nach Möglichkeit sofort mit einer dementsprechenden Aufgabe« betraut werden.[7] Den Marschbefehl hatte das Hauptpersonalamt zunächst telefonisch am 31. Oktober erteilt, mit Datum vom 2. November 1939 folgte die schriftliche Anweisung an die Gauleitungen.[8] Die Männer wurden »mit sofortiger Wirkung bei den Umsiedlungsarbeiten der Baltendeutschen als Begleiter und Lagerführer« herangezogen. Ein Rückblick von Hubert V. zeigt das Menschenbild, das er bei diesem Einsatz im Gepäck hatte: »Draußen am Land begegnet einem das schlitzäugige Gesicht des polnischen Bauern, das hinterhältig aus der dicken Pelzmütze hervorsieht, während in der Stadt das dreckige, verseuchte Judengesindel kreuz und quer über die Straßen läuft und ein Gauner den anderen jagt.«[9] In diesem »Gewühl neuer fremder Eindrücke« übernahmen die Ordensjunker verschiedene Aufgaben: »Balten- und Wolhynienumsiedlung, Partei, NSV, DAF, zivile Verwaltung« etwa. Bei der Lösung der Aufgaben waren »in erster Linie nicht die Erfahrung, sondern der Wille und die Tatkraft entscheidend«. Diesbezüglich fühlten sich die Junker bestens gerüstet: »Wir hatten unser weltanschauliches Fundament, unseren Idealismus und unseren jugendlichen Schwung, was uns beste Grundlage war, die Probleme gut und richtig zu meistern.« Der Krössinseer Kommandant Otto Gohdes lobte im Nachgang seine Männer: »Die Baltenaktion, die Wolhyniendeutschen-Rückführung, Einrichtung der Verwaltung usw. wurden durch diese Kameraden ganz hervorragend durchgeführt.«[10]

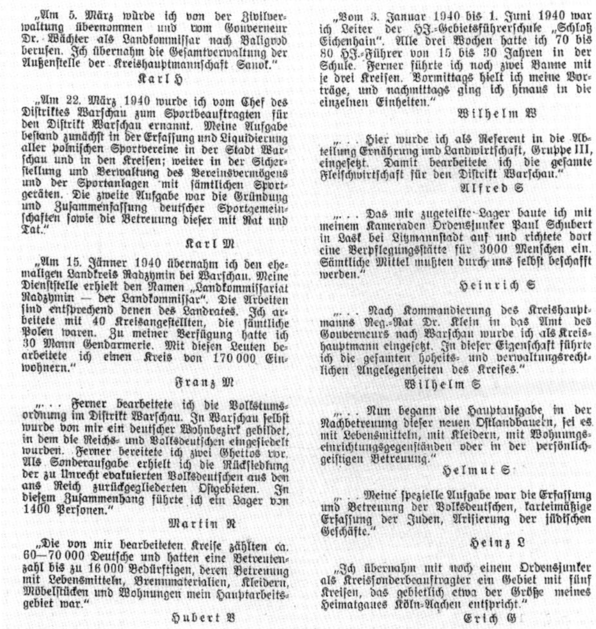
„Am 5. März würde ich von der Zivilverwaltung übernommen und vom Gouverneur Dr. Wächter als Landkommissar nach Baligrod berufen. Ich übernahm die Gesamtverwaltung der Außenstelle der Kreishauptmannschaft Sanok."

Karl H

„Am 22. März 1940 wurde ich vom Chef des Distriktes Warschau zum Sportbeauftragten für den Distrikt Warschau ernannt. Meine Aufgabe bestand zunächst in der Erfassung und Liquidierung aller polnischen Sportvereine in der Stadt Warschau und in den Kreisen; weiter in der Sicherstellung und Verwaltung des Vereinsvermögens und der Sportanlagen mit sämtlichen Sportgeräten. Die zweite Aufgabe war die Gründung und Zusammenfassung deutscher Sportgemeinschaften sowie die Betreuung dieser mit Rat und Tat."

Karl M

„Am 15. Jänner 1940 übernahm ich den ehemaligen Landkreis Radzymin bei Warschau. Meine Dienststelle erhielt den Namen „Landkommissariat Radzymin — der Landkommissar". Die Arbeiten sind entsprechend denen des Landrates. Ich arbeitete mit 40 Kreisangestellten, die sämtliche Polen waren. Zu meiner Verfügung hatte ich 30 Mann Gendarmerie. Mit diesen Leuten bearbeitete ich einen Kreis von 170 000 Einwohnern."

Franz M

„... Ferner bearbeitete ich die Volkstumsordnung im Distrikt Warschau. In Warschau selbst wurde von mir ein deutscher Wohnbezirk gebildet, in dem die Reichs- und Volksdeutschen eingesiedelt wurden. Ferner bereitete ich zwei Ghettos vor. Als Sonderaufgabe erhielt ich die Rücksiedlung der zu Unrecht evakuierten Volksdeutschen aus den ans Reich zurückgegliederten Ostgebieten. In diesem Zusammenhang führte ich ein Lager von 1400 Personen."

Martin N

„Die von mir bearbeiteten Kreise zählten ca. 60—70 000 Deutsche und hatten eine Betreutenzahl bis zu 16 000 Bedürftigen, deren Betreuung mit Lebensmitteln, Brennmaterialien, Kleidern, Möbelstücken und Wohnungen mein Hauptarbeitsgebiet war."

Hubert V

„Vom 3. Januar 1940 bis 1. Juni 1940 war ich Leiter der HJ.-Gebietsführerschule „Schloß Eichenhain". Alle drei Wochen hatte ich 70 bis 80 HJ.-Führer von 15 bis 30 Jahren in der Schule. Ferner führte ich noch zwei Banne mit je drei Kreisen. Vormittags hielt ich meine Vorträge, und nachmittags ging ich hinaus in die einzelnen Einheiten."

Wilhelm W

„... Hier wurde ich als Referent in die Abteilung Ernährung und Landwirtschaft, Gruppe III, eingesetzt. Damit bearbeitete ich die gesamte Fleischwirtschaft für den Distrikt Warschau."

Alfred S

„... Das mir zugeteilte Lager baute ich mit meinem Kameraden Ordensjunker Paul Schubert in Lask bei Litzmannstadt auf und richtete dort eine Verpflegungsstätte für 3000 Menschen ein. Sämtliche Mittel mußten durch uns selbst beschafft werden."

Heinrich S

„... Nach Kommandierung des Kreishauptmanns Reg.-Rat Dr. Klein in das Amt des Gouverneurs nach Warschau wurde ich als Kreishauptmann eingesetzt. In dieser Eigenschaft führte ich die gesamten hoheits- und verwaltungsrechtlichen Angelegenheiten des Kreises."

Wilhelm S

„... Nun begann die Hauptaufgabe in der Nachbetreuung dieser neuen Ostlandbauern, sei es mit Lebensmitteln, mit Kleidern, mit Wohnungseinrichtungsgegenständen oder in der persönlich-geistigen Betreuung."

Helmut S

„... Meine spezielle Aufgabe war die Erfassung und Betreuung der Volksdeutschen, karteimäßige Erfassung der Juden, Arisierung der jüdischen Geschäfte."

Heinz L

„Ich übernahm mit noch einem Ordensjunker als Kreissonderbeauftragter ein Gebiet mit fünf Kreisen, das gebietlich etwa der Größe meines Heimatgaues Köln-Aachen entspricht."

Erich G

Tätigkeitsberichte von ehemaligen Lehrgangsteilnehmern am Krössinsee für die Burgzeitschrift.

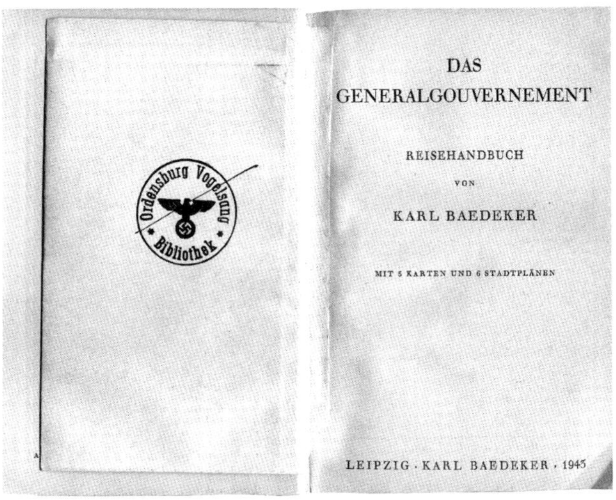

Baedeker-Handbuch zum Generalgouvernement aus der Bibliothek der Ordensburg Vogelsang.

Die Burgmannschaften waren auch in der Regionalverwaltung auf Kreisebene eingesetzt, wo sie teilweise leitende Funktionen übernahmen.[11] Karl H. vom Krössinsee wirkte an wichtiger Stelle: »Am 5. März wurde ich von der Zivilverwaltung übernommen und vom Gouverneur Dr. Wächter als Landkommissar nach Baligrod berufen. Ich übernahm die Gesamtverwaltung der Außenstelle der Kreishauptmannschaft Sanok.«[12] Sein Krössinseer Kollege Franz M. hatte eine ähnliche Funktion: »Am 15. Jänner 1940 übernahm ich den ehemaligen Landkreis Radzymin bei Warschau. Meine Dienststelle erhielt den Namen ›Landkommissariat Radzymin – der Landkommissar‹. Ich arbeitete mit 40 Kreisangestellten, die sämtliche Polen waren. Zu meiner Verfügung hatte ich 30 Mann Gendarmerie. Mit diesen Leuten bearbeitete ich einen Kreis von 170 000 Einwohnern.« Und Wilhelm Sch. berichtete: »Nach Kommandierung des Kreishauptmanns Reg.-Rat Dr. Klein in das Amt des Gouverneurs nach Warschau wurde ich als Kreishauptmann eingesetzt. In dieser Eigenschaft führte ich die gesamten hoheits- und verwaltungsrechtlichen Angelegenheiten des Kreises.«[13] Erich G. wurde, zusammen mit einem weiteren Ordensjunker, Kreissonderbeauftragter für ein Gebiet mit fünf Kreisen, das seinen Angaben nach der Größe seines Heimatgaus Köln-Aachen entsprach.

Die Rolle der Kreishauptleute, die als ausführende Organe der NS-Führung deren politische Ziele in der Fläche realisierten, charakterisierte der Gießener Historiker Markus Roth wie folgt: »Wegen der Personalengpässe versahen im Generalgouvernement seit November 1939 auch sogenannte Ordensjunker der NSDAP Dienst in der Zivilverwaltung. Bedenken des Reichsinnenministeriums gegen ihren Einsatz in den eingegliederten Gebieten teilte man im Generalgouvernement für seinen Bereich nicht. Von den Ordensjunkern erhoffte man sich ganz im Gegenteil ›mannhaftes Zupacken‹ und gerade eine unbürokratische Arbeit.«[14] Im Distrikt Warschau zum Beispiel wurden »28 Ordensjunker als Stellvertreter der Kreishauptleute, deren persönlicher Referent, Leiter der Außenstellen oder in einem Fall sogar als Kreishauptmann eingesetzt«. Der Einsatz der Ordensjunker im Generalgouvernement endete im Juni 1940.[15]

Als Kreishauptleute hatten sie die Gesamtverantwortung zu tragen und waren für das Handeln ihrer Untergebenen verantwortlich. Weitere Ordensjunker übernahmen in niedrigeren Funktionen Verwaltungsaufgaben. Zu ihren Obliegenheiten gehörte etwa die Zerschlagung bestehender polnischer Organisationen und die Etablierung neuer deutscher Strukturen oder auch der Aufbau deutscher Jugendorganisationen.[16] Karl M. etwa wurde am 22. März 1940 in Warschau zum Sportbeauftragten des Distrikts ernannt. Seine Aufgabe: »Erfassung und Liquidierung aller polnischen Sportvereine in der Stadt Warschau und in den Kreisen«. Außerdem sollte er das Vermögen dieser Vereine sicherstellen und die Verwaltung der Sportplätze und Sportanlagen übernehmen. Für die NSV war Hubert V. eingesetzt: »Die von mir

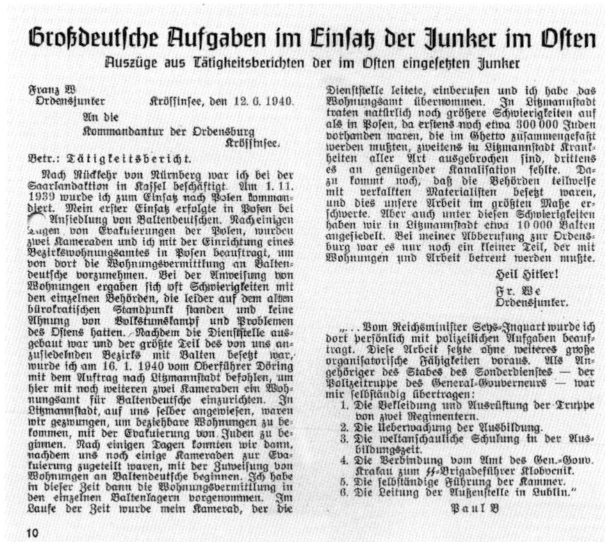

Großdeutsche Aufgaben im Einsatz der Junker im Osten

Auszüge aus Tätigkeitsberichten der im Osten eingesetzten Junker

Franz W
Ordensjunker Krössinsee, den 12. 6. 1940.

An die
Kommandantur der Ordensburg
Krössinsee.

Betr.: Tätigkeitsbericht.

Nach Rückkehr von Nürnberg war ich bei der Saarlandaktion in Kassel beschäftigt. Am 1. 11. 1939 wurde ich zum Einsatz nach Polen kommandiert. Mein erster Einsatz erfolgte in Posen bei [illegible] Ansiedlung von Baltendeutschen. Nach einigen Tagen von Evakuierungen der Polen, wurden zwei Kameraden und ich mit der Einrichtung eines Bezirkswohnungsamtes in Posen beauftragt, um von dort die Wohnungsvermittlung an Baltendeutsche vorzunehmen. Bei der Anweisung von Wohnungen ergaben sich oft Schwierigkeiten mit den einzelnen Behörden, die leider auf dem alten bürokratischen Standpunkt standen und keine Ahnung von Volkstumskampf und Problemen des Ostens hatten. Nachdem die Dienststelle ausgebaut war und der größte Teil des von uns anzusiedelnden Bezirks mit Balten besetzt war, wurde ich am 16. 1. 1940 vom Oberführer Döring mit dem Auftrag nach Litzmannstadt befohlen, um hier mit noch weiteren zwei Kameraden ein Wohnungsamt für Baltendeutsche einzurichten. In Litzmannstadt, auf uns selber angewiesen, waren wir gezwungen, um beziehbare Wohnungen zu bekommen, mit der Evakuierung von Juden zu beginnen. Nach einigen Tagen konnten wir dann, nachdem uns noch einige Kameraden zur Evakuierung zugeteilt waren, mit der Zuweisung von Wohnungen an Baltendeutsche beginnen. Ich habe in dieser Zeit dann die Wohnungsvermittlung in den einzelnen Baltenlagern vorgenommen. Im Laufe der Zeit wurde mein Kamerad, der die Dienststelle leitete, einberufen und ich habe das Wohnungsamt übernommen. In Litzmannstadt traten natürlich noch größere Schwierigkeiten auf als in Posen, da erstens noch etwa 300 000 Juden vorhanden waren, die im Ghetto zusammengefaßt werden mußten, zweitens in Litzmannstadt Krankheiten aller Art ausgebrochen sind, drittens es an genügender Kanalisation fehlte. Dazu kommt noch, daß die Behörden teilweise mit verkalkten Materialisten besetzt waren, und dies unsere Arbeit im größten Maße erschwerte. Aber auch unter diesen Schwierigkeiten haben wir in Litzmannstadt etwa 10 000 Balten angesiedelt. Bei meiner Abberufung zur Ordensburg war es nur noch ein kleiner Teil, der mit Wohnungen und Arbeit betreut werden mußte.

Heil Hitler!
Fr. We
Ordensjunker.

„. . . Vom Reichsminister Seyß-Inquart wurde ich dort persönlich mit polizeilichen Aufgaben beauftragt. Diese Arbeit setzte ohne weiteres große organisatorische Fähigkeiten voraus. Als Angehöriger des Stabes des Sonderdienstes — der Polizeitruppe des General-Gouverneurs — war mir selbständig übertragen:

1. Die Bekleidung und Ausrüstung der Truppe von zwei Regimentern.
2. Die Ueberwachung der Ausbildung.
3. Die weltanschauliche Schulung in der Ausbildungszeit.
4. Die Verbindung vom Amt des Gen.-Gouv. Krakau zum SS-Brigadeführer Klobocnik.
5. Die selbständige Führung der Kammer.
6. Die Leitung der Außenstelle in Lublin."

Paul B

10

In Zuschriften an die Ordensburg Krössinsee rühmten sich die ehemaligen Lehrgangsteilnehmer für ihre Einsätze im besetzten Polen; Namen unkenntlich gemacht.

bearbeiteten Kreise zählten ca. 60 – 70 000 Deutsche und hatten eine Betreutenzahl bis zu 16 000 Bedürftigen, deren Betreuung mit Lebensmitteln, Brennmaterialien, Kleidern, Möbelstücken und Wohnungen mein Hauptarbeitsgebiet war.«[17] Wilhelm W. kümmerte sich derweil um die deutsche Jugend in Polen: »Vom 3. Januar 1940 bis 1. Juni 1940 war ich Leiter der HJ-Gebietsführerschule ›Schloss Eichenhain‹.« Für die gesamte Fleischwirtschaft im Distrikt Warschau zeichnete Ordensjunker Alfred S. als Referent in der Abteilung Ernährung und Landwirtschaft der deutschen Verwaltung verantwortlich. Heinrich Sch. und sein Ordensburg-Kollege Paul Sch. wiederum waren in Lask bei Lodz zuständig für den Aufbau eines Lagers und die dortige Verpflegung von 3000 Menschen. Helmut S. übernahm die Nachbetreuung der aus der Sowjetunion gekommenen Umsiedler, die Bauernhöfe in Polen beackern sollten.

Andere Ordensjunker waren mit der »Judenfrage« befasst, so auch Martin N., wie er stolz vermeldete: »Ferner bearbeitete ich die Volkstumsordnung im Distrikt Warschau. In Warschau selbst wurde von mir ein deutscher Wohnbezirk gebildet, in dem die Reichs- und Volksdeutschen eingesiedelt wurden. Ferner bereitete ich zwei

Ghettos vor. Als Sonderaufgabe erhielt ich die Rücksiedlung der zu Unrecht evakuierten Volksdeutschen aus den ans Reich zurück gegliederten Ostgebieten. In diesem Zusammenhang führte ich ein Lager von 1400 Personen.« Heinz L., ein Krössinseer Ordensjunker, schrieb: »Meine spezielle Aufgabe war die Erfassung und Betreuung der Volksdeutschen, karteimäßige Erfassung der Juden, Arisierung der jüdischen Geschäfte.«

Das waren allesamt keine typischen Besatzungsverwaltungsaufgaben, sondern Maßnahmen, deren Ziel die längerfristige »Germanisierung« des Landes war – also ausgesprochen politische Aufgaben im Sinne des Nationalsozialismus. Gleichzeitig verstrickten sich einzelne Junker bereits in die ersten antijüdischen Maßnahmen, Vorboten des späteren Holocaust.

Umsiedlungsaktionen

Rund zehn Millionen ethnische Deutsche lebten nach 1919 in neu gebildeten anderen Nationalstaaten. In diesen Volksgruppen entwickelte sich ein ausgeprägt »deutsches« Selbstverständnis.[18] Zeitgleich bildeten sich im Reich Gruppen, die die Erforschung und Förderung dieser im Ausland lebenden Deutschen zum Ziel hatten. Das wurde als »Volkstumsarbeit« bezeichnet. An der Spitze der Unterstützungsvereine stand der »Volksbund für das Deutschtum im Ausland«. Die NSDAP, insbesondere Rudolf Heß, nahm sich des Themas frühzeitig an und gründete eine »Volksdeutsche Mittelstelle« (VoMi), die sämtliche Mittel für die Volkstumsförderung vergab. Damit wurde die VoMi zu einem mächtigen Faktor der Volkstumsarbeit. Ab 1937 stand die VoMi unter Kontrolle Himmlers, und bald setzte der Übergang von der »Volkstumsarbeit« zur Umsiedlungspolitik ein. Bereits im Frühjahr 1939 befasste sich die VoMi mit der Umsiedlung von deutschsprachigen Südtirolern.

Die große Stunde der VoMi schlug, als weite Teile des ehemaligen Polen als neues deutsches Siedlungsgebiet zur Verfügung standen. Das Ziel dort war die Ansiedlung »hochwertigen«, also »germanischen Menschenmaterials« bei gleichzeitiger Vertreibung der ansässigen, als minderwertig diskriminierten Bevölkerung. In der Endplanung des »Generalplans Ost« war schließlich die Vertreibung von 30 Millionen Menschen im Osten vorgesehen. Für das erweiterte östliche Reichsgebiet sah Himmlers VoMi zunächst einen Siedlerbedarf von einer halben Million Menschen vor. Zu diesem Zweck wurde eine Einwandererzentrale geschaffen. Die Umsiedlungen begannen unmittelbar nach dem Ende der Kampfhandlungen in Polen, auch daran waren Ordensjunker massiv beteiligt, die beispielsweise in Polen Wohnraum für die aus dem Osten ankommenden Rückwanderer beschafften. Dazu wurden in großem Stil und mit äußerster Brutalität Wohnungen zwangsgeräumt. Opfer dieser Zwangsmaßnahmen waren vielfach Juden, aber auch Angehörige der sogenannten polnischen Intelligenz, also der führenden Bevölkerungsschichten. W. H. berichtete später über seine Aufgabe: »Der Sieg im Volkstumskampf ist erst die Vollendung des Sieges mit der Waffe, das war uns klar. Dass es nicht leicht sein würde, diesen Sieg zu erringen, und dass dabei Härte und Zielbewusstsein in allererster Linie gehören würden, war eine selbstverständliche Forderung. Wir waren daher auch entschlossen, hierin in keiner Weise und auf keinem Gebiet zurückzuweichen oder gar Halbheiten, das Gefährlichste im Volkstumskampf, zu machen oder zu dulden.« »Härte« war eine der Eigenschaften, die den Junkern an den Ordensburgen vermittelt worden war, ebenso wie die Vorstellung von der angeblichen Unterlegenheit des polni-

Ordensjunker beim Anweisen von Hofnummern für Umsiedler; die früheren polnischen Besitzer der Bauernhöfe waren zuvor vertrieben worden, um »Volksdeutsche« ansiedeln zu können; Foto von 1940/41.

Sammellager »Waldhorst« der Volksdeutschen Mittelstelle für Umsiedler aus Wolhynien und Galizien in der Nähe von Lodz, Anfang 1940.

schen Volkes und der dort zahlreich lebenden Juden. »Mit diesen Vorsätzen«, so H., »fuhren wir hinein in das deutsche Neuland. […] Dann kamen wir nach Posen. Eine deutsche Stadt kann nicht deutscher aussehen. Die polnischen Gesichter und Fahrzeuge in polnischer Verfassung wollten zu den Häusern und Anlagen genau so wenig passen wie die polnischen Straßennamen. […] Bei dieser Begrüßung entwarf uns Gauleiter Greiser[19] in großen Zügen ein Bild unserer Aufgaben. Dann wurden wir zu den verschiedenen Organisationen eingeteilt.« Ein Teil der Männer kam zur NS-Volkswohlfahrt, die ihnen die Einrichtung der Rückwandererlager der Deutschen aus den baltischen Ländern aufgab. Die in den Ordensburgen gepredigte »Entschlusskraft« war eine Eigenschaft, die sich nun entfalten sollte: »Wir haben uns sehr schnell durchgesetzt bzw. einfach gehandelt, wo der Staat noch nicht nachkommen konnte.« So etwa bei Beschlagnahmungen: »So haben wir ausgesiedelt, was an Polen uns zu viel erschien – eigentlich waren sie in Posen allenthalben zu viel.« Seine von völkischen Vorstellungen geprägte Urteile über die polnische Bevölkerung drückte er in drastischen Worten aus, auf deren Wiedergabe hier verzichtet wird.[20]

Bei der Umsiedlung der Baltendeutschen war auch Fritz E. in Rawitsch im Einsatz. Er berichtete, dass die Ordensjunker eng mit dem SD, dem Sicherheitsdienst der SS, zusammenarbeiteten, und wiederum war »Härte« angesagt: »Unser Auftrag war Bereitstellung von 60 guten Wohnungen für Baltendeutsche. An Hand von Ermittlungen des SD begannen wir sofort mit der Evakuierung der dortigen polnischen Intelligenz. Wenn auch diese Arbeit für uns ein ganz neues Gebiet war, so geschah dies doch mit Überlegung, Klarheit und Härte. […] Der Ordensjunker wurde hier, wie an allen Stellen, an denen er eingesetzt war, ein Begriff. […] Geliebt von den Baltendeutschen und gehasst wie die Pest von den Polen, waren wir dankbar für unsere Aufgabe. […] Das Baltenlager der NSV, das Lager für Mutter und Kind, die Verpflegungslager, die Kassen- und Abrechnungsstellen, alle geführt von Ordensjunkern, leisteten in jeder Beziehung Ungeheures.«[21] »Evakuierung« war das verschleiernde Wort für Vertreibung.

Im November und Dezember 1939 kamen täglich rund tausend Baltendeutsche allein in Posen an. Für deren Betreuung im neuen Siedlungsgebiet waren ebenfalls Junker eingesetzt. Im *Burgbrief* berichtete ein ungenannter Autor über seine Beobachtungen: Die Stimmung sei bei den Polen noch relativ gut, da sie die »die Härte noch nicht richtig zu spüren bekommen«. Die Stimmung werde wohl noch umschlagen: »Sobald aber die Evakuierung beginnt, werden die Leute den Ernst ihrer Lage erkennen und nicht mehr lachen.«[22] Übrigens waren nicht nur Junker von den Ordensburgen im Einsatz, sondern auch Teile des Erzieherkorps der Adolf-Hitler-Schulen von der Ordensburg Sonthofen.[23] Friedrich H. berichtete über die »kulturelle Betreuung der volksdeutschen Umsiedler«: Mit »befreienden und hoffnungsfrohen Gefühlen wurden die SS-Umsiedlungskommandos von der deutschen Bevölkerung in den bereits von russischen Truppen besetzten Gebieten empfangen«.

Bereits kurz nach den Kämpfen in Polen waren 12 000 Deutschstämmige aus Estland und 51 000 aus Lettland umgesiedelt worden. Im Winter 1939/40 folgten 130 000 »Volksdeutsche« aus Wolhynien, Galizien und dem Narew-Gebiet sowie 35 000 aus dem Cholmer und Lubliner Land. Danach kamen 45 000 aus Litauen und schließlich weitere 15 000 aus Estland und Lettland.[24] Ende September 1940 folgten weitere 90 000 Deutsche aus Bessarabien und rund 100 000 aus dem Buchenland sowie 15 000 aus der Dobrudscha »dem Ruf des Führers« und »kehrten heim ins Reich«. Das war in der Tat eine »rassische Flurbereinigung«.

Bei der Umsiedlung wurden auch sämtliche Busse der Ordensburgen eingesetzt. Monatelang saßen die Fahrer beinahe rund um die Uhr hinter dem Steuer, wie der Kraftfahrer Sch. berichtete: »Wir sind mit unseren Fahrzeugen maßgeblich beteiligt an der gewaltigsten Umsiedlung aller Zeiten. In enger Zusammenarbeit mit dem Ansiedlungsstab der SS sind die im vorigen Winter in Posen und Umgebung angesiedelten 60 000 Balten sowie die im Sommer und Herbst in Litzmannstadt und weiterer Umgebung angesiedelten 110 000 Wolhynier und Galizier fast ausschließlich mit Fahrzeugen der DAF mit Omnibussen der 3 Ordensburgen befördert worden, desgleichen – unter Zuhilfenahme der Polizei-Fahrzeuge – auch die der Zahl der Ansiedler entsprechend evakuierten Polen.«[25] Die Polen wurden aus ihren Häusern vertrieben und überwiegend ins Generalgouvernement gebracht. Auch Curt K., ein Kraftfahrer der Ordensburg Sonthofen, der ab Anfang November 1939 in Posen im Einsatz war, berichtete über die Verwendung der 26 Burg-Busse bei den »Evakuierungen«.[26]

Wohnraum für Umsiedler aus Galizien in Lodz, das die Nationalsozialisten in Litzmannstadt umbenannten, etwa 1939/40.

Viele Umsiedler wurden mit den Bussen der drei Ordensburgen transportiert; sämtliche Busse waren zu diesem Einsatz abkommandiert, etwa 1940/41.

Vorbereitung für Rosenbergs Ostverwaltung

Bis Mitte des Jahres 1940 waren die meisten Ordensjunker zum Militär zurückgekehrt. Am 22. Juni 1941 überfiel die Wehrmacht die Sowjetunion und startete somit die zentrale »weltanschauliche Auseinandersetzung« mit dem zum Hauptfeind erklärten »jüdischen Bolschewismus«. Bereits am 17. Juli, knapp vier Wochen nach dem Beginn des Angriffs, hatte Hitler Rosenberg zum »Minister für die besetzten Ostgebiete« ernannt.[27] Dessen wesentliche Aufgabe sollte es sein, die von der Wehrmacht eroberten Gebiete des Ostens einer weltanschaulich ausgerichteten Besatzungsherrschaft zu unterwerfen. Damit war die grundsätzliche Marschrichtung vorgegeben, wie der Bereitschaftsführer Hans Gunzer richtig erkannte: »Die Tatsache, dass es der Beauftragte des Führers für die weltanschauliche Erziehung, Alfred Rosenberg, war, der vom Führer den Auftrag zur Gestaltung der Dinge im Osten bekam, lässt mit aller Klarheit erkennen, dass es sich dabei in erster Linie um einen politischen Auftrag handelte. […] Mögen die im Einzelnen gestellten Aufgaben verschieden sein, die politische Note steht doch über allem.«[28]

Rosenbergs Ostverwaltung sollte unter anderem das Land zum Nutzen des Reiches ausbeuten. Einerseits sollte die Beute direkt Deutschland zugutekommen, andererseits sollten Rosenbergs Ostland-Ritter die noch im Lande kämpfende Wehrmacht durch die Lieferung dringend benötigter Waren unterstützen: »Der Soldat schuf mit dem Schwert die Voraussetzungen für den kommenden Endsieg. Aus diesen eroberten Gebieten musste für die Kriegsproduktion und für die Ernährung alles herausgeholt werden, was der Boden an Schätzen und

Ein Bild Alfred Rosenbergs, des Reichsministers für die besetzten Ostgebiete, aus dem Album eines Ordensjunkers, undatiert.

Wachstum hergeben konnte. Es mussten ferner politische Voraussetzungen auch für die Zeit nach dem Siege schon jetzt geschaffen werden.«[29] Gleichzeitig sollten die Ostverwalter sich speziell den Juden zuwenden, denn das Regime ließ nun die Maske vollends fallen und ging von der Diskriminierung und Entrechtung der Juden im Reich zur eskalierenden Vernichtungspolitik im besetzten Osteuropa über.

Im Osten gab es jedoch weitere mächtige Akteure, deren Interesse in der Folgezeit deutlich verschieden war von dem, was Rosenberg kraft seines Auftrages anstrebte. Im Bereich der Wirtschaft etwa gab es Überschneidungen mit Görings Vierjahresplan-Interesse, speziell im Hinblick auf die »Judenfrage« kollidierte die Zielrichtung Rosenbergs mit der Himmlers. Während der Ostminister die Ausbeutung der Juden, die das Gros der Facharbeiterschaft stellten, durch Zwangsarbeit plante, überwog alsbald Himmlers Vernichtungsinteresse. Ein weiterer mächtiger Akteur war die Wehrmacht, deren Nachschublinien geschützt werden mussten.

Rosenberg begann unmittelbar nach seiner Ernennung mit dem personellen Aufbau seines Ministeriums, wobei die Ordensburg Krössinsee eine zentrale Rolle spielte. Bis zum Frühjahr 1943 wurden 12 000 Personen in der pommerschen Burg eingekleidet, ausgerüstet und durch ideologische Vorträge auf den Einsatz im neuen deutschen

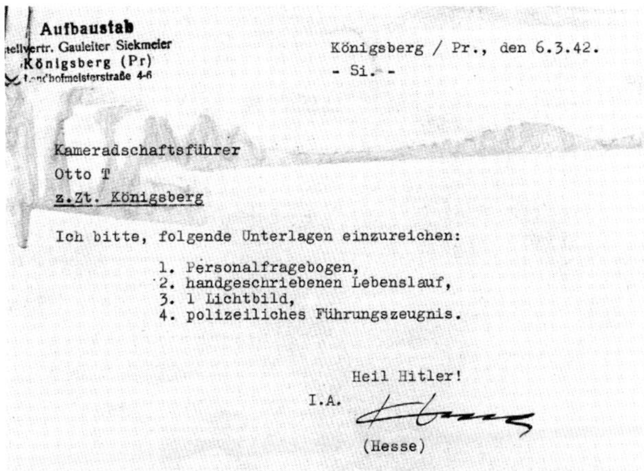

Aufbaustab
stellvertr. Gauleiter Siekmeier
Königsberg (Pr)
Landhofmeisterstraße 4-6

Königsberg / Pr., den 6.3.42.
- Si. -

Kameradschaftsführer
Otto T
z.Zt. Königsberg

Ich bitte, folgende Unterlagen einzureichen:

1. Personalfragebogen,
2. handgeschriebenen Lebenslauf,
3. 1 Lichtbild,
4. polizeiliches Führungszeugnis.

Heil Hitler!
I.A.
(Hesse)

Einberufung des Vogelsanger Stammführers Otto T. zu einem Aufbaustab in Königsberg, wo die Angehörigen einzelner Generalkommissariate vor der Abreise in den Osten zusammengeführt wurden.

Herrschaftsbereich vorbereitet. Darunter befanden sich 9500 Verwaltungsangestellte und Beamte, die restlichen 2500 Mitarbeiter des Ministeriums waren vorher »Politische Leiter, SA-Führer, Nachwuchsführer und DAF-Männer« gewesen.[30]

Zunächst war die Abteilung Verwaltung in Rosenbergs neuem Ministerium für den Personaleinsatz zuständig, die zur »theoretischen Vorbereitung der Gefolgschaft« auf der Ordensburg Krössinsee eine »Nebenstelle« einrichtete. Diese stand unter der Leitung eines vom Innenministerium abgestellten Beamten des höheren Dienstes, die »personelle Erfassung und Notdienstverpflichtung« des Personals wurde jedoch in Berlin vorgenommen. Nach nochmaliger Überprüfung erfolgte dann die Einberufung für den Osteinsatz und die nötige Uk-Stellung bei einer besonderen militärischen Dienststelle, dem »Sonderstab R«. Dieser Stab saß in Berlin und arbeitete dem unter einer Tarnbezeichnung in Berlin, Rauchstraße 17/18 agierenden Ostministerium zu.[31] Damit, so klagte im Nachhinein Rosenbergs Personalabteilung, lag die »Personalplanung in fremden Händen. Eine Beeinflussung der Personalpolitik nach unseren Notwendigkeiten erfolgte nicht.« Das änderte sich erst im November 1941, als »eine eigene Personalabteilung unter einheitlicher und beständiger Leitung gebildet« wurde. Die Nebenstelle Krössinsee wurde der Personalabteilung unterstellt und war nur noch für die männlichen Mitarbeiter zuständig. Die Frauen wurden über eine eigene Nebenstelle in Ladeburg bei Bernau geschleust. Fortan galt es, nicht nur die richtigen Fachkräfte zu finden, sondern »vor allem für die von heute auf morgen anfallenden großen politischen Aufgaben die geeigneten Träger zu finden«, denn »gerade nach diesen politischen Aufgaben musste sich im wesentlichen der Typ des Menschen bestimmen, der als Repräsentant des Reiches den Völkern des Ostens vorgesetzt werden sollte«. Die Personalabteilung habe daraufhin begonnen, sämtliche Mitarbeiter planmäßig »durchzusieben«. In allen Fällen seien »politische Gutachten« und Führungszeugnisse eingeholt worden. Wie wichtig diese »Durchsiebung« war, zeigte sich bald: 40 Prozent der eingesetzten Personen wurden entweder entlassen oder anderweitig eingesetzt.[32]

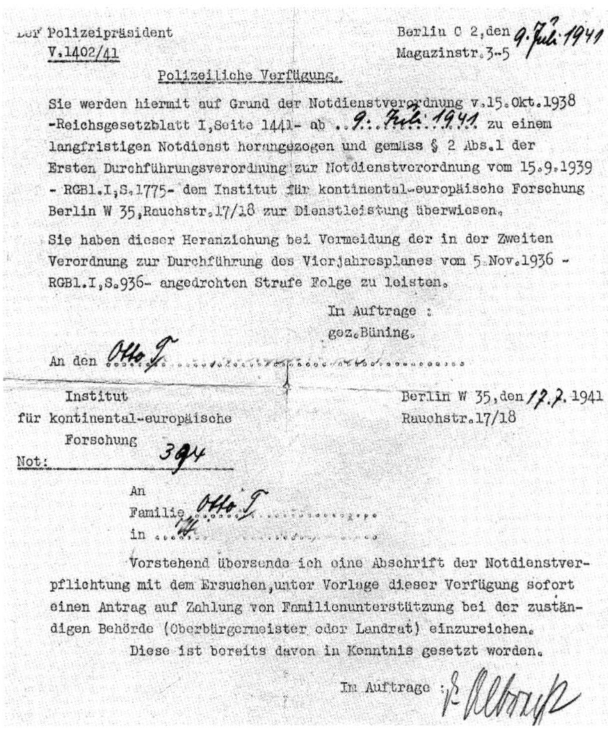

Der Polizeipräsident
V.1402/41

Berlin C 2,den 9. Juli 1941
Magazinstr.3-5

Polizeiliche Verfügung.

Sie werden hiermit auf Grund der Notdienstverordnung v.15.Okt.1938 -Reichsgesetzblatt I,Seite 1441- ab 9. Juli 1941 zu einem langfristigen Notdienst herangezogen und gemäss § 2 Abs.1 der Ersten Durchführungsverordnung zur Notdienstverordnung vom 15.9.1939 - RGBl.I,S.1775- dem Institut für kontinental-europäische Forschung Berlin W 35,Rauchstr.17/18 zur Dienstleistung überwiesen.

Sie haben dieser Heranziehung bei Vermeidung der in der Zweiten Verordnung zur Durchführung des Vierjahresplanes vom 5.Nov.1936 - RGBl.I,S.936- angedrohten Strafe Folge zu leisten.

In Auftrage :
gez.Büning.

An den Otto T.

Institut
für kontinental-europäische
Forschung
Not: 394

Berlin W 35,den 17.7.1941
Rauchstr.17/18

An
Familie Otto T.
in

Vorstehend übersende ich eine Abschrift der Notdienstverpflichtung mit dem Ersuchen,unter Vorlage dieser Verfügung sofort einen Antrag auf Zahlung von Familienunterstützung bei der zuständigen Behörde (Oberbürgermeister oder Landrat) einzureichen.
Diese ist bereits davon in Kenntnis gesetzt worden.

Im Auftrage :

Berufung des als Soldat dienenden Stammführers Otto T. (Name unkenntlich gemacht) zum Osteinsatz. Anlaufstelle war das unter einer Tarnadresse in der Rauchstraße 17/18 in Berlin firmierende Ostministerium.

Die für den Osteinsatz vorgesehenen Männer wurden am Krössinsee noch einmal ideologisch vorbereitet, bevor sie per Sonderzug zu ihren Einsatzgebieten reisten. »Die NS-Ordensburg ›Die Falkenburg am Krössinsee‹«, hieß es in der Burgzeitschrift, »wurde Sammelbecken und Schulungsstätte der Männer, die für große und neuartige Aufgaben im Osten vorgesehen sind. Ordensjunker aller Lehrgänge, SA-Führer, Beamte erleben hier ihre Vorbereitungszeit, werden zu Stäben zusammengestellt und treten von hier aus die Fahrt in ihre neuen Einsatzorte an.«[33] Am Krössinsee, wo auch mehrere tausend Fahrzeuge für den Osteinsatz vorbereitet und weitergeleitet wurden,[34] sprach Ley im Oktober 1941 zum Abschluss des zweiten Einweisungslehrgangs in der Ordensburg. Im Rahmen der »Kriegsarbeit der Ordensburgen« sei den Kursteilnehmern das »erforderliche Rüstzeug für ihre zukünftige politische, wirtschaftliche und Verwaltungstätigkeit vermittelt« worden.[35] »Die Uk.-Stellung dieses zum größten Teil im Wehreinsatz befindlichen Personals erfolgte auf Grund einer besonderen Führeranordnung in einem vereinfachten Verfahren.«[36]

Den Anteil der Ordensjunker an den oben erwähnten 2500 Nicht-Verwaltungsexperten, die über Krössinsee in den Osteinsatz gingen, ist nur annähernd zu benennen. Die klarste Angabe stammt vom Hauptpersonalamt, das im Dezember 1941 mitteilte, »der größte Teil aller Ordensjunker, Stammführer und Nachwuchsführer« sei im Osteinsatz eingebunden.[37] Die gleiche Dienststelle meldete im selben Monat unter dem Stichwort »Sondereinsatz in den neu gewonnenen Ostgebieten«: »Die Arbeit in diesen Gebieten ist zur Zeit keine friedliche und erfordert ein hohes Maß an Verantwortung und Einsatzfreude. Aus diesem Grund ist es für die Angehörigen der Ordensburgen eine besondere Ehre, vom Führer an entscheidende Stellen im Aufbau des deutschen Ostens gestellt zu werden. […] Das Hauptpersonalamt hatte grundsätzlich alle Ordensjunker und Stammführer zum Einsatz in den neuen Ostgebieten vorgesehen. Demgegenüber mussten die Angehörigen einiger Sonderformationen aufgrund einer Anforderung des Führers bei der Wehrmacht verbleiben.« Bei anderen war der Aufenthalt nicht zu ermitteln.[38] Ähnlich stellte das auch das Ostministerium dar, wie der Tätigkeitsbericht der Personal-

Folgende Männer der Ordensburg waren in der Ukraine führend tätig:

Antonyni	Hundertschaftsf. **R**	Lochwitza	Kameradschaftsf. **R**
Dunajewzy	Gemeinschaftsf. **Eduard E**	Lubni	Gemeinschaftsf. **W**
Kamen-Kaschirsk	Kameradschaftsf. **M**	Perejaslaw	Gemeinschaftsf. **A**
Kostopol	Hundertschaftsf. **M**	Pirjatin	Nachwuchsf. **F**
Kowel	Gemeinschaftsf. **K**	Taraschtscha	Kameradschaftsf. **W**
Kremianez	Kameradschaftsf. **U**	Wasilkow	Kameradschaftsf. **D**
Luboml	Kameradschaftsf. **R**	Chapneuje	Gemeinschaftsf. **V**
Pinsk	Kameradschaftsf. **P. G. K**	Chortitza	Kameradschaftsf. **R**
Proskurow	Hundertschaftsf. **S**	Orechow	Nachwuchsf. **H**
Sarny	Kameradschaftsf. **H**	Pawlograd	Hundertschaftsf. **Kurt Z**
Wladimir-Wolhynsk	Gemeinschaftsf. **W**		
Sinelnikowo	Kameradschaftsf. **Aug. E**	Petrikowka	Nachwuchsf. **B**
Bragin	Kameradschaftsf. **N**	Pologi	Kameradschaftsf. **H**
Kasatin	Hundertschaftsf. **S**	Alexandria	Kameradschaftsf. **U**
Korosten	Nachwuchsf. **D**	Bobrinez	Gemeinschaftsf. **H**
Mosyr	Gemeinschaftsf. **H**	Cherson	Kameradschaftsf. **R**
Olewsk	Gemeinschaftsf. **P**	Akimowka	Kameradschaftsf. **K**
Nemirow	Kameradschaftsf. **S**	Nowi Bug	Kameradschaftsf. **B**
Chorol	Kameradschaftsf. **G**	Nowo-Mirgorod	Nachwuchsf. **H** (gefallen)
djatsch	Gemeinschaftsf. **B**		Kameradschaftsf. **B**
Iwankow	Kameradschaftsf. **P**	Perwomaisk	Kameradschaftsf. **L**
Kiew	Kameradschaftsf. **B**	Genitschesk	Nachwuchsf. **Z**
Korssun	Gemeinschaftsf. **L**	Leltschizi	Kameradschaftsf. **H**
Krementschuk	Nachwuchsf. **R**		

Namentliche Aufstellung vieler im Reichskommissariat Ukraine als Gebietskommissare eingesetzten Ordensjunker; außerdem war eine Vielzahl der Burgmänner dort in niedrigeren Dienststellungen tätig.

abteilung von November 1944 zeigt: »Der Reichsorganisationsleiter der NSDAP stellte für diese Aufgabe das gesamte Stammpersonal der Ordensburgen sowie die noch in der Ausbildung befindlichen Ordensjunker zur Verfügung. Außerdem wurden sämtliche Männer benannt, die an den Ordensburgen ausgebildet waren und bis zur Einberufung in die Wehrmacht bereits im hauptamtlichen politischen Einsatz standen.«[39] Daraus ergibt sich, dass jeder der rund 2000 Männer, die zwischen 1936 und 1939 an den Ordensburgen waren, für diesen Einsatz grundsätzlich vorgesehen war.

Rechnet man einen geringen Teil heraus, der entweder in anderen Funktionen unabkömmlich oder nicht auffindbar war, dann kann man sagen, dass das Gros der Junker sich am Krössinsee versammelte. Dort gab es jedoch ein erneutes Ausleseverfahren, bei dem manche ausschieden. Am Ende dürfte es immer noch eine deutliche Mehrheit der Burgmannschaften gewesen sein, die zumindest zeitweilig in Rosenbergs »Verwaltung« eingesetzt wurde.

»Fahnenflucht« war nicht gestattet. 1942 ermahnte die Reichsorganisationsleitung die Männer im Osteinsatz: »Bei Ihrer Einberufung in die Ordensburgen haben Sie sich voll und ganz der Partei verschrieben. Als Nachwuchsführer ist es Ihnen daher untersagt, die Ihnen zugewiesene Einsatzdienststelle ohne vorherige Zustimmung des Hauptpersonalamtes zu verlassen oder von sich aus Verhandlungen über eine anderweitige Verwendung aufzunehmen.«[40]

Im Herbst 1941 stand nun eine Mehrheit der Junker bereit, aber da zwei der insgesamt vier vorgesehenen neuen Groß-Verwaltungsgebiete (»Reichskommissariate«) nicht errichtet wurden, weil die Wehrmacht diese Bereiche nie eroberte, wurden die vorerst nicht benötigten Männer für einen Übergangszeitraum ersatzweise den tatsächlich bestehenden unteren Gebietsverwaltungen (»Gebietskommissariaten«) zugeordnet, damit sie erste praktische Erfahrungen sammeln konnten. Als im Sommer 1942 deutlich wurde, dass mit der Einrichtung der letzten beiden Reichskommissariate auf absehbare Zeit nicht mehr zu rechnen war, wurden die überflüssigen Männer zurück zur Wehrmacht geschickt. Weitere wurden zu dieser Zeit durch Verwaltungsexperten ersetzt.[41] Ab dem Jahr 1943 rückte die Rote Armee schließlich unaufhaltsam vor und vertrieb die ersten Gebietskommissare, 1944 lösten sich die letzten Kommissariate auf, und Leys Burgmannschaften standen wieder nahezu geschlossen im Fronteinsatz. Der »politische« Osteinsatz der Masse der Burgmannschaften konzentrierte sich also auf das Jahr von Herbst 1941 bis Herbst 1942. Danach nahm ihre Anzahl bei der Ostverwaltung deutlich ab, obwohl etliche bis zur Auflösung ihrer Gebiete blieben.

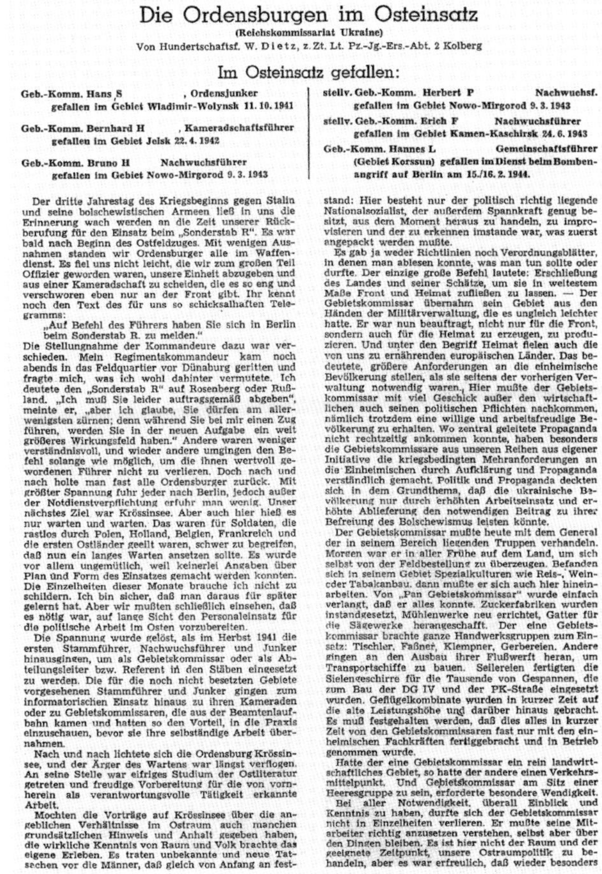

Die Ordensburgen im Osteinsatz

(Reichskommissariat Ukraine)

Von Hundertschaftsf. W. Dietz, z. Zt. Lt. Pz.-Jg.-Ers.-Abt. 2 Kolberg

Im Osteinsatz gefallen:

Geb.-Komm. Hans S , Ordensjunker
gefallen im Gebiet Wladimir-Wolynsk 11. 10. 1941

Geb.-Komm. Bernhard H , Kameradschaftsführer
gefallen im Gebiet Jelsk 22. 4. 1942

Geb.-Komm. Bruno H Nachwuchsführer
gefallen im Gebiet Nowo-Mirgorod 9. 3. 1943

stellv. Geb.-Komm. Herbert P Nachwuchsf.
gefallen im Gebiet Nowo-Mirgorod 9. 3. 1943

stellv. Geb.-Komm. Erich F Nachwuchsführer
gefallen im Gebiet Kamen-Kaschirsk 24. 6. 1943

Geb.-Komm. Hannes L Gemeinschaftsführer
(Gebiet Korssun) gefallen im Dienst beim Bombenangriff auf Berlin am 15./16. 2. 1944.

Der dritte Jahrestag des Kriegsbeginns gegen Stalin und seine bolschewistischen Armeen ließ in uns die Erinnerung wach werden an die Zeit unserer Rückberufung für den Einsatz beim „Sonderstab R". Es war bald nach Beginn des Ostfeldzuges. Mit wenigen Ausnahmen standen wir Ordensburger alle im Waffendienst. Es fiel uns nicht leicht, die wir zum großen Teil Offizier geworden waren, unsere Einheit abzugeben und aus einer Kameradschaft zu scheiden, die es so eng und verschworen eben nur an der Front gibt. Ihr kennt noch den Text des für uns so schicksalhaften Telegramms:

„Auf Befehl des Führers haben Sie sich in Berlin beim Sonderstab R. zu melden."

Die Stellungnahme der Kommandeure dazu war verschieden. Mein Regimentskommandeur kam noch abends in das Feldquartier vor Dünaburg geritten und fragte mich, was ich wohl dahinter vermutete. Ich deutete den „Sonderstab R" auf Rosenberg oder Rußland. „Ich muß Sie leider auftragsgemäß abgeben", meinte er, „aber ich glaube, Sie dürfen am allerwenigsten zürnen; denn während Sie bei mir einen Zug führen, werden Sie in der neuen Aufgabe ein weit größeres Wirkungsfeld haben." Andere waren weniger verständnisvoll, und wieder andere umgingen den Befehl solange wie möglich, um die ihnen wertvoll gewordenen Führer nicht zu verlieren. Doch nach und nach holte man fast alle Ordensburger zurück. Mit größter Spannung fuhr jeder nach Berlin, jedoch außer der Notdienstverpflichtung erfuhr man wenig. Unser nächstes Ziel war Krössinsee. Aber auch hier hieß es nur warten und warten. Das waren für Soldaten, die rastlos durch Polen, Holland, Belgien, Frankreich und die ersten Ostländer geeilt waren, schwer zu begreifen, daß nun ein langes Warten ansetzen sollte. Es wurde vor allem ungemütlich, weil keinerlei Angaben über Plan und Form des Einsatzes gemacht werden konnten. Die Einzelheiten dieser Monate brauche ich nicht zu schildern. Ich bin sicher, daß man daraus für später gelernt hat. Aber wir mußten schließlich einsehen, daß es nötig war, auf lange Sicht den Personaleinsatz für die politische Arbeit im Osten vorzubereiten.

Die Spannung wurde gelöst, als im Herbst 1941 die ersten Stammführer, Nachwuchsführer und Junker hinausgingen, um als Gebietskommissar oder als Abteilungsleiter bzw. Referent in den Stäben eingesetzt zu werden. Die für die noch nicht besetzten Gebiete vorgesehenen Stammführer und Junker gingen zum informatorischen Einsatz hinaus zu ihren Kameraden oder zu Gebietskommissaren, die aus der Beamtenlaufbahn kamen und hatten so den Vorteil, in die Praxis einzuschauen, bevor sie ihre selbständige Arbeit übernahmen.

Nach und nach lichtete sich die Ordensburg Krössinsee, und der Ärger des Wartens war längst verflogen. An seine Stelle war eifriges Studium der Ostliteratur getreten und freudige Vorbereitung für die von vornherein als verantwortungsvolle Tätigkeit erkannte Arbeit.

Mochten die Vorträge auf Krössinsee über die angeblichen Verhältnisse im Ostraum auch manchen grundsätzlichen Hinweis und Anhalt gegeben haben, die wirkliche Kenntnis von Raum und Volk brachte das eigene Erleben. Es traten unbekannte und neue Tatsachen vor die Männer, daß gleich von Anfang an feststand: Hier besteht nur der politisch richtig liegende Nationalsozialist, der außerdem Spannkraft genug besitzt, aus dem Moment heraus zu handeln, zu improvisieren und der zu erkennen imstande war, was zuerst angepackt werden mußte.

Es gab ja weder Richtlinien noch Verordnungsblätter, in denen man ablesen konnte, was man tun sollte oder durfte. Der einzige große Befehl lautete: Erschließung des Landes und seiner Schätze, um sie in weitestem Maße Front und Heimat zufließen zu lassen. — Der Gebietskommissar übernahm sein Gebiet aus den Händen der Militärverwaltung, die es ungleich leichter hatte. Er war nun beauftragt, nicht nur für die Front, sondern auch für die Heimat zu erzeugen, zu produzieren. Und unter den Begriff Heimat fielen auch die von uns zu ernährenden europäischen Länder. Das bedeutete, größere Anforderungen an die einheimische Bevölkerung stellen, als sie seitens der vorherigen Verwaltung notwendig waren. Hier mußte der Gebietskommissar mit viel Geschick außer den wirtschaftlichen auch seinen politischen Pflichten nachkommen, nämlich trotzdem eine willige und arbeitsfreudige Bevölkerung zu erhalten. Wo zentral geleitete Propaganda nicht rechtzeitig ankommen konnte, haben besonders die Gebietskommissare aus unseren Reihen aus eigener Initiative die kriegsbedingten Mehranforderungen an die Einheimischen durch Aufklärung und Propaganda verständlich gemacht. Politik und Propaganda deckten sich in dem Grundthema, daß die ukrainische Bevölkerung nur durch erhöhten Arbeitseinsatz und erhöhte Ablieferung den notwendigen Beitrag zu ihrer Befreiung des Bolschewismus leisten könnte.

Der Gebietskommissar mußte heute mit dem General der in seinem Bereich liegenden Truppen verhandeln. Morgen war er in aller Frühe auf dem Land, um sich selbst von der Feldbestellung zu überzeugen. Befanden sich in seinem Gebiet Spezialkulturen wie Reis-, Wein- oder Tabakanbau, dann mußte er sich auch hier hineinarbeiten. Von „Pan Gebietskommissar" wurde einfach verlangt, daß er alles konnte. Zuckerfabriken wurden instandgesetzt, Mühlenwerke neu errichtet, Gatter für die Sägewerke herangeschafft. Der eine Gebietskommissar brachte ganze Handwerksgruppen zum Einsatz: Tischler, Faßner, Klempner, Gerbereien. Andere gingen an den Ausbau ihrer Flußwerft heran, um Transportschiffe zu bauen. Seilereien fertigten die Sielengeschirre für die Tausende von Gespannen, die zum Bau der DG IV und der PK-Straße eingesetzt wurden. Geflügelkombinate wurden in kurzer Zeit auf die alte Leistungshöhe und darüber hinaus gebracht. Es muß festgehalten werden, daß dies alles in kurzer Zeit von den Gebietskommissaren fast nur mit den einheimischen Fachkräften fertiggebracht und in Betrieb genommen wurde.

Hatte der eine Gebietskommissar ein rein landwirtschaftliches Gebiet, so hatte der andere einen Verkehrsmittelpunkt. Und Gebietskommissar am Sitz einer Heeresgruppe zu sein, erforderte besondere Wendigkeit.

Bei aller Notwendigkeit, überall Einblick und Kenntnis zu haben, durfte sich der Gebietskommissar nicht in Einzelheiten verlieren. Er mußte seine Mitarbeiter richtig anzusetzen verstehen, selbst aber über den Dingen bleiben. Es ist hier nicht der Raum und der geeignete Zeitpunkt, unsere Ostraumpolitik zu behandeln, aber es war erfreulich, daß wieder besonders

Ein Schlüsseldokument: Dieser in der *Burggemeinschaft* veröffentlichte Bericht des Hundertschaftsführers Willy Dietz belegt die tiefe Verstrickung der Burgmannschaften in den Osteinsatz.

»Instinktsicher« und »weltanschaulich fest«

Dass die Partei im großen Maßstab auf Leys Burgmannschaften zurückgriff, lag nahe, obwohl die Junker überhaupt keine Verwaltungskenntnisse hatten. Denn diese Fähigkeit war im Osten nicht gefragt. Vielmehr ging es darum, ein auf den Nationalsozialismus eingeschworenes Korps zu entsenden, das die gewollte »Härte« im Umgang mit den Menschen der beherrschten Länder aufzubringen in der Lage war. Der Osten sollte nicht »verwaltet«, sondern im Interesse des Reiches ausgebeutet werden. Dazu wurden Männer mit Durchsetzungsvermögen benötigt. Kurzum: Leys Weltanschauungstruppe, die im Reich bestenfalls sehr bedingt einsatzfähig erschien, galt für den Osteinsatz als »erste Wahl«. Für »die Führung und für den Aufbau der Verwaltung« wurden nämlich »politisch instinktsichere und weltanschaulich feste Männer« benötigt, und die stellte Ley zur Verfügung.[42] Im Hinblick auf ihr Durchsetzungsvermögen hatten sie parteiintern bereits bei dem Einsatz in Polen erste Reputation erworben: einerseits bei der »Volkstumsarbeit« der Volksdeutschen Mittelstelle, andererseits auch bei Maßnahmen, die sich gegen die jüdische Bevölkerung des Landes richteten. Das Hauptpersonalamt forderte mehrfach nachdrücklich vollen Einsatz der Männer und machte davon ihre weitere Parteikarriere abhängig: »Der Reichsorganisationsleiter erwartet von Ihnen, dass Sie während ihres zukünftigen Einsatzes sich jederzeit bewusst sind, dass Sie als ehemaliger Ordensjunker [...] besondere Verpflichtungen haben und durch entsprechende Leistungen und einwandfreie charakterliche Haltung Ihre besondere Förderung durch die Partei rechtfertigen. Ihre weitere Betreuung durch das Hauptpersonalamt wird von Ihrer praktischen Bewährung im Osteinsatz abhängen.«[43] Es scheint vereinzelt Ordensjunker gegeben haben, die den Osteinsatz scheuten. Einer hatte sich mit der Bitte an Heinrich Bruhn gewendet, ihn in anderer Funktion einzusetzen. Die Antwort war wenig hilfreich: Er sei wie alle anderen Stammführer, Hundertschaftsführer und Ordensjunker für den Sonderstab R freigestellt und könne lediglich von diesem zu anderer Verwendung berufen werden. So werde ihm »wohl nichts anderes übrig bleiben«, als »erst einmal 2 bis 3 Jahre mit in den Osten zu gehen«.[44]

Gebietskommissare

Zwei der im Osten insgesamt vorgesehenen vier Reichskommissariate wurden errichtet: Das Reichskommissariat Ukraine (RKU) und das Reichskommissariat Ostland (RKO), das im Wesentlichen das Baltikum, Teile Ostpolens und Weißrusslands umfasste. Sie fungierten faktisch als Landesregierung. Mittelbehörden waren die Generalkommissariate, die jeweils die Aufsicht über die untere staatliche Verwaltung, die Gebietskommissariate, ausüben sollten.

Leys Ordensjunker kamen überwiegend auf der Ebene der Gebietskommissariate zum Einsatz: da, wo die von der NS-Führung vorgegebene politische Marschrichtung in konkretes Verwaltungshandeln umgesetzt wurde. Diese Verwaltungsebene war in etwa vergleichbar den preußischen Landratsämtern. Allerdings umfassten ihre Sprengel vielfach größere Territorien, in denen mehrere hunderttausend Menschen leben konnten. Die Gebietskommissare hatten weithin unbeschränkte Macht, wie *Der Angriff* berichtete: »An der Spitze der Kreisgebiete stehen Gebietskommissare, die die unterste deutsche Führungs- und Verwaltungsbehörde darstellen. Bei ihnen liegt wie im Reich bei den Landräten das Schwergewicht der vollziehenden Gewalt des Reiches. Sie [...] vereinigen in ihren Händen grundsätzlich alle Verwaltungszuständigkeiten, so dass auch in diesen Stufen die Einheitlichkeit der Bildung und Durchsetzung des politischen Willens gewährleistet ist. Die Gebietskommissare unterliegen der Lenkung und Beaufsichtigung durch die Generalkommissare, behalten aber in der praktischen Übung so viel Freiheit des Handelns, dass eine weitgehende Initiative den gewünschten Verwaltungserfolg herbeiführen kann.«[45]

Unter den Gebietskommissaren war fast jeder zweite ein Ordensjunker. Von den 25 Gebietskommissaren des Generalkommissariats Shitomir beispielsweise kamen zwölf von Leys Burgen.[46] Die US-amerikanische Historikerin Wendy Lower hat für diese Gebietskommissare exemplarisch Kurzbiografien erstellt. Demnach übernahmen solche Führungsfunktionen unter anderem ein Sportlehrer, ein gelernter Schmied und ein ehemaliger Friseur. Sie waren nach Lower sowohl »Versorgungsfälle« des NS-Systems als auch »Vertreter einer aufstrebenden Klasse von Revolutionären«, die ihre Prägung an den NS-Ordensburgen erlebten.[47] So kommt Lower zu dem Schluss: »Die Gebietskommissare stellten eine ungewöhnliche Mixtur von modernen Kolonisatoren, nationalsozialistischen Revolutionären und gesellschaftlichen Außenseitern dar, die in der ›Bewegung‹ ihr Selbstwertgefühl und ihre neu entdeckte Macht im Osten fanden. Es handelte sich um Amateure, Abenteurer und Karrieristen mit materiellen Ambitionen, die nur über einen beschränkten Horizont und eine dubiose Erziehung verfügten.«[48]

Die Männer hatten auch nach eigener Einschätzung von Verwaltung keinen Schimmer, wie der Ordensjunker H. rückblickend einräumte. Man habe daher anfangs

Rechte Seite: Karte des Reichkommissariats Ukraine, abgedruckt in der Krössinseer Zeitschrift *Burggemeinschaft*; unterstrichen sind Orte, in denen die Ordensjunker die Gebietskommissare stellten.

REICHSKOMMISSARIAT
UKRAINE
1:5000000
GEN. BEZ. WOLHYNIEN-PODOLIEN
GEN. BEZ. SHITOMIR
GEN. BEZ. KIEW
GEN. BEZ. NIKOLAJEW
GEN. BEZ. DNJEPROPETROWSK
KRIM
SCHWARZES MEER
ASOWSCHES MEER
Kobrin
Brest-Litowsk
Pinsk
Kamen-Kaschirskij
Stolin
Luboml
Kowel
Sarny
Wladimir-Wolynskij
Luzk
Kostopol
Gorochow
Rowno
Dubno
Kremenez
Jsjasslaw
Schepetowka
Starokonstan-tinow
Antoniny
Proskurow
Letitschew
Jarmolinzy
Dunajewzy
Kamenez-Podolsk
Bar
Chmelnik
Winniza
Kasatin
Berditschew
Shitomir
Radomyschl
Swjagel
Korosten
Olewsk
Owrutsch
Shabnoje
Petrikow
Mosyr
Retschiza
Leltschizy
Jelsk
Bragin
Iwankow
Korostyschew
Kiew
Borispol
Wassilkow
Belaja-Zerkow
Nemirow
Gaissin
Uman
Gaiworon
Taraschtscha
Korssun
Solotonoscha
Ssmela
Swenigorodka
Alexandrowka
Nowomirgorod
Kirowograd
Alexandrija
Krementschug
Kobeljaki
Pirjatin
Perejasslaw
Lochwiza
Gadjatsch
Lubny
Mirgorod
Oposchnja
Chorol
Poltawa
Karlowka
Werchnedjeprowsk
Nowomoskowsk
Pjatichatka
Dnjepropetrowsk
Pawlograd
Ssinelnikowo
Pokrowskoje
Perwomaisk
Bobrinez
Dolinskaja
Kriwoi Rog
Chortiza
Saporoshje
Wosnessensk
Now. Bug
Nikopol
Kamenka
Orechow
Pologi
Halbstadt
Nikolajew
Chersson
Aleschki
Kachowka
Melitopol
Akimowka
Berdjansk
Genitschesk
Simferopol
1 Jn den unterstrichenen Gebietsstädten waren Ordensburgkameraden eingesetzt.
2. Die übrigen Orte sind Gebietsstädte in den Generalbezirken
3. Generalbezirksgrenzen
4. Eisenbahnen

Propagandaplakat für die »Partisanenbekämpfung« im Reichskommissariat Ostland, nach 1940.

»leichten Druck im Magen« verspürt, »weil wir uns darüber klar waren, dass hier in unserer Ausbildung eine Lücke klaffte, und wir an diesem Brocken noch schwer zu kauen haben werden«. Dennoch hätten sich die Männer im Osten durchgesetzt. Geholfen habe ihnen dabei insbesondere ihr Korpsgeist, sie hätten zusammengehalten »wie Pech und Schwefel«.[49] Allerdings war dieser Korpsgeist bald gefährdet, weil intern ein Streit darüber entbrannte, wo in der Kriegszeit der angemessene Platz der Junker sei: An der Front, meinten die einen; in der Ostverwaltung, meinten die anderen. Gohdes, dem der Streit nicht verborgen blieb, appellierte an die »Zusammengehörigkeit«: »Wir achten uns gegenseitig, wir haben die gleiche Ehrauffassung, ob wir Soldaten sind, die mit den Waffen kämpfen dürfen, oder ob wir Soldaten sind, die gemäß der nationalsozialistischen Weltanschauung, gemäß der Idee unseres Führers irgendwo unsere Pflicht tun.«[50] Aber der Disput schwelte weiter.

Indem sie Funktionen als Gebietskommissare oder Stabsleiter erhielten, sahen sich etliche von Leys Männern am vorläufigen Ziel. Sie waren zur Herrschaft gedrillt worden, und nun saßen sie an Stellen, an denen sie nahezu uneingeschränkt herrschen konnten. Sie hatten beispielsweise das Recht, begrenzte Strafen gegen die Bevölkerung auszusprechen, was sie häufig weit über ihre tatsächlichen Befugnisse hinaus exzessiv auslegten. Es kam zu Geiselnahmen und zu öffentlichen Hinrichtungen. Ihre Vorgesetzten schritten in der Regel nicht gegen solche Exzesse ein. Mit dem von ihnen errichteten Terrorregime schafften es die Gebietskommissare, in Bereichen, in denen die Wehrmacht ursprünglich als Befreier vom Bolschewismus begrüßt worden war, die Bevölkerung massiv gegen die Besatzungsmacht aufzubringen. Widerstand beantworteten die Gebietskommissare mit verstärktem Terror, was wiederum die Gewalt auf der Gegenseite verstärkte.

Viele Menschen waren vor dem Schreckensregime in die Wälder geflohen, teils um sich zu verstecken, teils um sich Partisanenverbänden anzuschließen. Die Angriffe der Partisanen wiederum zogen brutale »Säuberungsaktionen« durch die Deutschen nach sich, an denen sich auch die Gebietskommissare mit der ihnen unterstehenden Gendarmerie beteiligten. Zurück blieben vielfach ganze Regionen in den Außenbereichen, in denen alles Leben ausgelöscht war, »killing fields« des rassenideologischen Vernichtungskrieges. Aber der Widerstand wurde insgesamt nicht geringer, sondern immer stärker. Die von den Deutschen als »Bandenkrieg« geschmähte Partisanentätigkeit von Ukrainern, Ostpolen und Weißrussen war bald das alles dominierende Thema, und einige der Gebietskommissare, die sich ohne große Eskorte kaum noch in ihren Gebieten bewegen konnten, verloren ihr Leben. Weiteren Hass auf die Besatzer lösten Aktionen aus, bei denen die Menschen teils von der Straße weg zur Arbeit in der Kriegsindustrie des Reiches verschleppt wurden. Davon waren Hunderttausende betroffen.[51]

Ghettoisierung, Selektion und Zwangsarbeit

Als Gebietskommissare, als deren Stabs- oder Abteilungsleiter sowie als Kommissariatsangehörige waren die »Junker« kraft Amtes mit allen entscheidenden Maßnahmen gegen die jüdische Bevölkerung betraut, mit Ausnahme der letztendlichen Ermordung. In der Regel wurde der Stabsleiter intern gleichzeitig zum »Judenreferenten« ernannt. Rosenbergs gnadenlose Zivilverwalter ermittelten bald nach ihrer Ankunft, wer als »Jude« zu gelten hatte. Sie stigmatisierten diese Menschen mit dem gelben Stern und pferchten sie in Ghettos zusammen. Diese Zusammenfassung und Isolierung kann als wesentliches Element des Holocaust angesehen werden. Es wäre wohl kaum möglich gewesen, die Arbeitskraft der Juden auszubeuten, wenn sie verstreut im ganzen Land gelebt hätten. Auch ihre spätere millionenfache Ermordung wäre so nicht denkbar gewesen.

Beherrscht wurden die Ghettos durch die Gebietskommissare, und nicht selten war das Markenzeichen dieser Männer die Peitsche, mit der sie die Ghettobewohner terrorisierten. Dort waren die Juden auf engstem Raum unter völlig menschenunwürdigen, elenden Bedingungen isoliert, an Verpflegung erhielten sie nur das, was übrig war. Viele Menschen starben an Hunger, Entkräftung oder mangelnder ärztlicher Versorgung. Der Tod war in den Ghettos alltägliche Erfahrung. Viele ehemalige Ordensjunker galten in den Augen der Ghettobewohner als »Schlächter«, weil sie gegen Juden, die – meist aus schierer Not – gegen irgendeine Regel verstoßen hatten, gnadenlos von der Waffe Gebrauch machten. Gleichwohl nannten Wehrmachts- und SS-Angehörige Rosenbergs Ostverwalter wegen ihrer farbenfrohen Parteiuniformen verächtlich auch »Goldfasane«, die korrupt seien und ineffizient arbeiten würden. Das Wort von den »Ostnieten« machte die Runde, was nach dem Krieg vielen Ordensjunkern dabei half, ihre Verbrechen herunterzuspielen.

Der Ghettoisierung folgte die Absonderung »nützlicher« Juden. Diese Selektionen übernahmen die Gebietskommissariate, nicht selten der Stabsleiter persönlich, der in allen bekannten Fällen ein Mann der Ordensburgen war. Damit entschieden sie letztlich über Leben und Tod. Die als »nützlich« eingestuften Facharbeiter erhielten »Arbeitsscheine« und wurden vorerst weiter zur Zwangsarbeit eingesetzt. Sie blieben aus rein ökonomischen Motiven am Leben. Beinahe beiläufig erwähnte der Gebietswirtschaftsführer P. seine Judenausplünderung und die Isolation der Juden in den Ghettos in Kamenez-Podolsk: »Auch bei den Judenumsiedlungen konnte man meist Maschinen, Geräte, Material erfassen, das bereits durch mehrere Hände gegangen war. In Zweifelsfällen wurden, nach Rücksprache mit dem Hoheitsträger, diese notwendigen Artikel zum Staatseigentum erklärt und ihrer Bestimmung wieder zugeführt. Es wurde so möglich, auch größere handwerkliche Aufträge der Wehrmacht und des Wehrmachtsgefolges auszuführen.« Die Juden wurden zur Zwangsarbeit versklavt: »Im Ghetto wurden durch einige hundert ausgesuchte Handwerker über hundert Nähmaschinen in Betrieb gesetzt. Bis zur Auflösung des Ghettos konnten so die notwendigen Arbeiten der Wohnungsinstandsetzungen, Bekleidung und sonstige Wintervorbereitungen zu einem gewissen Abschluss gebracht werden.«[52]

Die Ghettoisierung der jüdischen Bevölkerung wurde mit dem Beginn der Einrichtung der Zivilverwaltung in den Reichskommissariaten durchgeführt; das Foto zeigt das Ghetto in Krzemieniec im Januar 1942.

Ermordung der jüdischen Bevölkerung

Die jüdischen Menschen, die nicht zur Zwangsarbeit benötigt wurden, waren als Erste dem Tode geweiht. Sie wurden durch Angehörige der SS ermordet. Erste Massenerschießungen hatte es bereits im Herbst 1941, kurz nach dem Eintreffen der Gebietskommissare, gegeben. Im Sommer 1942 wurden die Massentötungen erneut aufgenommen, bis das jüdische Leben im Osten nahezu vollständig ausgelöscht war.

Dies geschah im Rahmen von zynisch als »Aktionen« oder »Ghettoentleerungen« bezeichneten Mordorgien, bei denen meistens im Morgengrauen zunächst die Ghettos umstellt wurden. Dann drangen Rollkommandos mit Hunden und Waffen in das mit Stacheldraht gesicherte Areal ein, um die Bewohner aus den Betten auf die Straßen zu treiben. In Einzelfällen bediente man sich auch Handgranaten, um die verzweifelten Menschen aus ihren Verstecken zu treiben, oder man setzte kurzerhand das ganze Ghetto in Brand. Die Juden wurden durch die SS-Mannschaften, unterstützt in der Regel durch Mitarbeiter der Gebietskommissariate, zu vorbereiteten Gruben am Ortsrand geführt und dort erschossen.[53] Die neuere Forschung hat überzeugend belegt, dass dies flächendeckend in beiden Reichskommissariaten und in allen Gebietskommissariaten gleichermaßen geschah.[54] Die Gebietskommissare waren eingebunden in ein bürokratisches System, das unter anderem regelmäßige schriftliche Tätigkeitsberichte für vorgesetzte Dienststellen vorsah. Einige davon sind erhalten und vermitteln ein eindringliches Bild von dem Geschehen im Osten. So etwa die Berichte des Gebietskommissars E. in Slonim, der von einer Ordensburg kam. Die Schreiben skizzierten in drastischen Worten die schrittweise Isolierung und Ermordung der dortigen jüdischen Bevölkerung, wobei die Eigeninitiative des Gebietskommissars deutlich wurde. Am 25. Januar 1942 schrieb E., bei dessen Eintreffen 25 000 Juden in seinem Bereich gelebt hatten: »Die vom SD am 13. 11. [1941] durchgeführte Aktion befreite mich von unnötigen Fressern; und die jetzt vorhandenen ca. 7000 Juden in der Stadt Slonim sind sämtlich in den Arbeitsprozess eingespannt, arbeiten willig

Überall in den Reichskommissariaten fanden solche Erschießungen von Juden statt, wie hier in Mizocz am 14. Oktober 1942, wo etwa 1700 Juden umgebracht wurden.

auf Grund ständiger Todesangst und werden im Frühjahr genauestens für eine weitere Verminderung überprüft und aussortiert.«[55] Zu dieser Zeit waren also bereits viele Tausende in E.s Sprengel getötet worden. Acht Monate später hieß es in einem weiteren Bericht: »Ich bin froh, die ursprünglich im Gebiet vorhanden gewesenen 25 000 Juden bis auf 500 zusammengeschmolzen zu sehen, die ja politisch immer noch eine gewisse Gefahr bedeuten, aber aus zwingenden kriegswirtschaftlichen Erwägungen doch nicht restlos beseitigt werden können. [...] Auch die jüdischen Ärzte wurden auf Anordnung des Herrn Hauptkommissars in Baranowitsche bis auf einen Chirurgen [...] und zwei Zahnärzte [...] restlos beseitigt.«[56] Im abschließenden Tätigkeitsbericht vom 10. August 1944, also zu einem Zeitpunkt, zu dem die jüdische Bevölkerung bereits ermordet war, schrieb E., wie um die Legitimität seiner Handlungen nachträglich zu bekräftigen, noch einmal über seine Sicht auf Juden: »Das negativste politische Element, die Juden, beherrschten das gesamte Wirtschaftsleben. Die politische Notwendigkeit ihrer Ausschaltung musste mit einem möglichst raschen wirtschaftlichen Ersatz konform gehen. [...] Dieses Vorhaben wurde [...] durchgeführt und ohne wesentliche Schädigung der Kriegswirtschaft ca. 25 000 Juden ausgeschaltet.«[57]

Am Ende waren für den Bereich der Sowjetunion Hunderttausende Opfer dieser Massenmorde zu beklagen. Viele ehemalige Ordensjunker hatten sich zutiefst in solche Massenverbrechen verstrickt. In etlichen Fällen ist belegt, dass die Männer vielfach aus eigenem Antrieb, motiviert auch durch ihre an den Ordensburgen gefestigten rassistischen Vorstellungen, zu Mördern wurden.

Selbst das Ende ihrer Herrschaft begleiteten die Gebietskommissare mit einer beispiellosen Zerstörungswelle. Um der vorrückenden Roten Armee nichts Verwertbares zu hinterlassen, zerstörten sie gezielt Fabriken und Infrastruktureinrichtungen. Was ins Reich mitgeschleppt werden konnte, nahmen sie mit, wie der Hundertschaftsführer Dietz einräumte: »Zum Schluss [...] zeichnete sich bereits der neue Ansturm bolschewistischer Massen gegen unsere Front ab. Mit ihrer Rückverlegung mussten die Gebietskommissare Stück um Stück ihres Landes aufgeben. [...] Alles für Front und Heimat Lebenswichtige musste zurückgeführt werden, und es war eine organisatorische Leistung, Hunderttausende Stück Vieh über den Dnjepr zurückzutreiben. Abgesehen von der Unmenge Getreide und sonstigen Wirtschaftsgütern, die ebenfalls abtransportiert wurden.«[58]

Brennendes Ghetto in Slonim, Ende Juni 1942. Der Gebietskommissar von Slonim war ein ehemaliger Ordensjunker, der sich in seinen Berichten für das Ministerium seiner »Erfolge« bei der Vernichtung der jüdischen Bevölkerung rühmte.

Zeitblende: Nachkriegsermittlungen

Die Gebietskommissare und ihr Mitarbeiterstab hatten sich kraft ihrer Ämter mit der jüdischen Bevölkerung in den Reichskommissariaten zu befassen, und zwar auf vielen Ebenen. Der Gebietskommissar als Amtschef trug die Gesamtverantwortung für das Handeln seiner Männer, sein Stellvertreter, der Stabsleiter, hatte faktisch die politische Funktion des »Judenreferenten« inne, und das war in allen in der Nachkriegszeit bekannt gewordenen Fällen ein Mann der Ordensburgen. Aber auch die übrigen Fachabteilungen, in denen ebenfalls zahlreiche Ordensjunker im Einsatz waren, hatten in unterschiedlichem Ausmaß mit den Juden zu tun. Der Leiter des Arbeitsamtes organisierte ihre Sklavenarbeit, die Abteilung Ernährung war auch für die Versorgung der in Ghettos weggesperrten Juden verantwortlich.[59]

Die eigentlich in der Nachkriegszeit zu erwartende Prozesswelle wegen der begangenen Verbrechen blieb jedoch aus. Die Gründe dafür sieht die US-Historikerin Wendy Lower, die sich intensiv mit der Verstrickung der Zivilverwalter in die Massenmorde im Raum Shitomir beschäftigt hat, in einer fatalen Fehldeutung: »Zeitgenössische Kritiker haben die Gebietskommissare als korrupte, ineffiziente und schwache Herrscher verlacht, und dies trug später zu der Fehldeutung bei, dass das Personal Rosenbergs nicht ernsthaft als ein Hauptvertreter krimineller Aktivitäten der Nazis zu verfolgen war.« Sie seien schlichtweg übersehen worden: »Im tiefen Schatten der SS-Männer und Polizisten Himmlers konnten viele Gebietskommissare den Ermittlungen und der Strafverfolgung in der Nachkriegszeit entkommen, indem sie sich hinter dieser Fehldeutung ebenso versteckten wie hinter der Maske eines normalen Bürokraten, der an einen entfernten Außenposten des Reichs verbannt worden war.« In Wahrheit, so Lower weiter, war »ihre Arbeit jedoch von zentraler Bedeutung für die genozidale Neuordnung der Ukraine durch die Nationalsozialisten«.[60]

Gegen Rosenbergs gnadenlose Zivilverwalter wurde nicht als eigene Tätergruppe ermittelt. Sie gerieten zunächst nur in Einzelfällen und eher zufällig als Täter in das Visier der Ermittler. So etwa im Fall eines in der Literatur als »Schlächter von Wilna« bezeichneten ehemaligen Ordensjunkers, der 1948 durch ein sowjetisches Tribunal verurteilt wurde. So konnten sich die ehemaligen Kommissare zunächst erfolgreich als scheinbare Biedermänner in die Nachkriegsrepublik eingliedern, sie wurden Gastwirte, Versicherungsvertreter oder auch Lehrer. Ihre Enttarnung gelang der Justiz oft erst ab Ende der 1950er Jahre, bisweilen noch viel später, als die meisten ihrer Straftaten längst verjährt waren.

Um eine gründlichere Aufklärung und Strafverfolgung zu bewirken, beschlossen die Justizminister der westdeutschen Bundesländer im Herbst 1958 die Errichtung einer »Zentralen Stelle der Landesjustizverwaltungen zur Aufklärung nationalsozialistischer Verbrechen Ludwigsburg«. 1969 wurde die Verjährungsfrist von Mord um zehn Jahre verlängert, danach schließlich generell aufgehoben. Bis zum Sommer 1986 ermittelte die Ludwigsburger Stelle in 5000 Fällen gegen Tausende von Verdächtigen, 12 000 Ermittlungsverfahren waren die Folge. Nun waren auch Angehörige der Zivilverwaltung im Osten betroffen. Schon 1967 hatte die Staatsanwaltschaft Vorermittlungsverfahren gegen zehn Angehörige von Gebietskommissariaten allein im Generalbezirk Wolhynien eingeleitet.[61] Oft reichten die Beweismittel jedoch nicht aus, um eine Verurteilung wegen Mordes herbeizuführen, denn dafür war es erforderlich, einen persönlichen Tatbeitrag nachzuweisen. Angesichts der oft widersprüchlichen Aussagen von Zeugen, deren Erinnerung teilweise schon getrübt war, war meistens eine exakte Schuldzuweisung selbst dann nicht möglich, wenn der Tatablauf selbst ermittelt werden konnte.

In den Fällen, in denen es trotz aller Schwierigkeiten zur Verurteilung kam, werteten die Gerichte die Tatbeiträge derjenigen, die – ohne besondere Eigeninitiative – verbrecherische Befehle ihrer Vorgesetzten ausgeführt hatten, nur als »Beihilfe zum Mord«. Das ermöglichte die Verhängung einer zeitlich begrenzten Haftstrafe, was – in Anbetracht der Vielzahl der Opfer und der Grausamkeit der Tatausführung – oft als unangemessene Milde erschien.[62]

Hermann Weissing, der pensionierte Oberstaatsanwalt und langjährige Leiter der Zentralstelle in Dortmund, die für die Anklageerhebung wegen nationalsozialistischer Verbrechen (außer Konzentrationslagerverbrechen) in Nordrhein-Westfalen zuständig war, erinnerte sich noch 2010 an die typische Verteidigungsstrategie der Täter: »Ich weiß nichts. – Ich weiß, aber ich war nicht beteiligt. – Ich weiß, war beteiligt, aber ich konnte nicht anders. Befehlsnotstand.«[63] Das heißt, die Täter räumten zögernd jeweils nur das ein, was die Staatsanwälte belegen konnten, und am Ende zogen sie sich auf den behaupteten Befehlsnotstand zurück. Weissing machte die Problematik der Ankläger am Fall von Wilhelm W. deutlich, den er in zwei großen Verfahren bei den Landgerichten Bielefeld und Dortmund angeklagt hatte.[64] Ruchbar geworden waren die Vorwürfe gegen W. 1961 durch eine Anzeige des Referats NS-Verbrechen bei der Vereinigung der Verfolgten des Naziregimes (VVN). Im Vorfeld hatte seit 1961 die Ludwigsburger Zentralstelle gegen den ehemaligen Ordensjunker und Zivilverwalter in Wladimir-Wolynsk ermittelt, dann kamen die Unterlagen auf den Schreibtisch des Nordrhein-Westfälischen Chefanklägers Weissing. Am 15. April 1977, 16 Jahre nach Beginn der Ermittlungen, legte er die Anklageschrift dem Landgericht Bielefeld vor. W. wurde zur Last gelegt, zwischen 1941 und 1943 gemeinschaftlich mit anderen »aus niedrigen Beweggründen Menschen grausam getötet zu haben«. Nach damaliger Überzeugung Weissings war W. in Piatydny an der Tötung von »mindestens 7000 Menschen« im September 1942 und weiteren 2000 Menschen zwei Monate später beteiligt. In Piatydny waren die jüdischen Bewohner des Ghettos von Wladimir-Wolynsk ermordet worden, wo W. als Gebietskommissar residierte.[65] Als Tatmotiv nannte der Ankläger »Rassenhass und Rassenwahn«.[66] Sachbeweise hatte Weissing in dem Verfahren nicht, sondern stützte seine Anklage auf eine Fülle von Zeugenaussagen. Die Zeugen kamen aus der Sowjetunion, Israel, den USA, Kanada und anderen Ländern. Sie wollten aussagen gegen den 1908 geborenen Beschuldigten, der nach Volksschule und Lehre als Schaufensterdekorateur gearbeitet hatte, bevor von 1931 bis 1933 Arbeitslosigkeit folgte. Der NSDAP war W. bereits 1927 beigetreten. Die verhalf ihm ab 1933 bis 1937 zu einer Anstellung bei der DAF. Dann kam er für ein Jahr nach Vogelsang und wurde anschließend bis zum Kriegsbeginn Kreispersonalamtsleiter in Herford. Nach anfänglichem Fronteinsatz wurde er im Oktober 1941 Gebietskommissar in Wladimir-Wolynsk. In der Funktion blieb er, bis die deutschen Truppen beim Abzug 1944 das Gebiet räumten. In der Nachkriegszeit arbeitete W. bis zur Rente 1973 als Verkäufer.[67]

Weissing konnte W. 1978 nur noch wegen Mord und Beihilfe zum Mord anklagen. Am 18. September begann die Hauptverhandlung beim Landgericht Bielefeld.[68] Am Ende beantragte Weissing einen Schuldspruch, aber das Gericht hielt die Zeugenaussagen nicht für so eindeutig, dass eine Verurteilung möglich war. W. wurde am 31. Oktober 1979 freigesprochen. 1980 befasste sich der 4. Strafsenat des Bundesgerichtshofs mit der Revision der Staatsanwaltschaft und gab dem Antrag statt, das Urteil aufzuheben, in dem diverse Mängel aufgezeigt wurden. Der Fall wurde zur weiteren Verhandlung an das Landgericht Dortmund verwiesen. Beim folgenden Prozess erweiterte Weissing seine Anklage und warf W. vor, auch persönlich an Erschießungen beteiligt gewesen zu sein. Auch dieses Verfahren endete mit einem Freispruch, zumal am Ende auch der Ankläger kapitulierte. Nach reiflicher Überlegung verzichtete er auf einen Antrag auf Verurteilung, denn nach fast vier Jahrzehnten konnten sich die Zeugen nicht mehr exakt an den Tathergang erinnern und schwankten bzw. widersprachen sich in ihren Aussagen. Der juristische Versuch, die Massenmorde in Wladimir-Wolynsk zu ahnden, war damit endgültig gescheitert. Der ehemalige Gebietskommissar verließ das Gericht als freier Mann, ohne auch nur einen Tag in Untersuchungshaft gesessen zu haben.[69] Gegen seinen Stellvertreter Heinz B. war ebenfalls ermittelt worden, aber das Verfahren wurde bereits im Vorfeld ohne Anklage eingestellt. Auf die Frage des Autors, ob W.s Freispruch dessen Unschuld beweise, antwortete Weissing 2010 mit einem entschiedenen »Nein«. Und auf die Frage, ob denn so Rechtsfriede eingekehrt sei: »Natürlich nicht.«

Ähnlich wie im Falle Wilhelm W. verliefen etliche Prozesse gegen die Zivilverwalter von den Ordensburgen, nur wenige Verfahren endeten mit Verurteilungen wegen Mordes.[70] Der ehemalige Vogelsanger Stammführer und spätere Gebietskommissar in Kowel, Erich K., wurde beispielsweise 1966 in Oldenburg wegen »gemeinschaftlichen Mordes an mindestens 6000 Menschen in einem Falle und an je einem Menschen in 13 weiteren Fällen« zu lebenslangem Zuchthaus verurteilt, das Urteil hatte auch in der Revision Bestand. Der Krössinseer Kameradschaftsführer und spätere Gebietskommissar in Slonim, Gerhard E., wurde zunächst wegen »gemeinschaftlichen Mordes an 7000 Menschen und der Beihilfe zum Mord an 8000 Menschen« zu lebenslanger Freiheitsstrafe verurteilt. Das Urteil wurde wegen eines Formfehlers aufgehoben, der Beschuldigte auf freien Fuß gesetzt. Georg M., früherer Hundertschaftsführer in Vogelsang und dann Gebietskommissar in Sdolbunov, wurde am 3. Februar 1960 vom Landgericht Stade zunächst zu lebenslangem Zuchthaus verurteilt, der Bundesgerichtshof verwarf eine Revision. Bei einer Wiederaufnahme des Prozesses 1963 lautete das Urteil nur noch auf »Beihilfe zum Mord« und fiel entsprechend milder aus: fünf Jahre Zuchthaus, unter Anrechnung früherer Untersuchungs- und Strafhaft. So bleibt ein ausgesprochen schaler Beigeschmack: Hunderttausende Juden wurden im Bereich der Ostverwaltung ermordet, aber rechtskräftig abgeurteilt wurden die wenigsten Tatbeteiligten aus dem Bereich der Ostverwaltung.

Das Gebäude des Gebietskommissariats in Shitomir im Jahr 1942; in diesem Bereich war eine vergleichsweise hohe Anzahl von Ordensjunkern zu Gebietskommissaren geworden.

Adolf-Hitler-Schulen

Eine Sonderfunktion in Robert Leys System der Nachwuchsführer-Erziehung übernahm die Ordensburg Sonthofen ab dem Sommer 1937. In ihr wurden die ersten zehn Jahrgänge der neu gegründeten Adolf-Hitler-Schulen (AHS) untergebracht, die als Vorschulen der Ordensburgen gedacht waren. Entgegen Leys Planung blieb diese Sondernutzung dann bis 1945 ein Dauerzustand. Das war möglich, weil in Sonthofen die eigentlich geplanten Junker-Lehrgänge – das dritte Lehrgangsjahr – kriegsbedingt nie stattfanden. Die Allgäuer Anlage wurde stattdessen in der Außenwahrnehmung zum Stammsitz der AHS.[1]

Dass diese Schulen ideologisch überformt waren, ist kein Geheimnis. Wo die zentrale Verbindungslinie zu den Ordensburgen bestand, wird an kaum einer Stelle so klar wie in einem Text des Schulleiters Herbert Roloff, den Kurt Petter, der damalige Kommandeur der AHS, 1944 anlässlich der Trauerfeier für den verstorbenen Roloff zitierte: »So kann eine Jugend aus den Adolf-Hitler-Schulen hervorgehen, die wahrhaft zum Nationalsozialismus erzogen ist. […] Das nationalsozialistische Internat gibt die Voraussetzungen einer Fest- und Feiergestaltung, bei der jeder einzelne Junge bis ins tiefste charakterlich und seelisch bestimmt wird. Hier können wahre Glaubensfanatiker des Nationalsozialismus erzogen werden. Hinzu kommen die Möglichkeiten einer hervorragenden körperlichen Erziehung, die sonst Elternhaus und Schule nicht zu geben vermögen. Die jugendliche Gemeinschaft, die sich so fühlt als Stoßtrupp der deutschen Jugend Adolf Hitlers, unbeeinflusst von alten und unmodernen Lebensformen und Lehren, ist eine Voraussetzung für das Fortbestehen des Dritten Rei-

Ankunft der Teilnehmer zur feierlichen Eröffnung der Adolf-Hitler-Schulen am Krössinsee, 19. April 1937.

Auf dem Weg zur Eröffnung der Adolf-Hitler-Schulen am Krössinsee, 19. April 1937; v. l. n. r.: der Sonthofener Kommandant Robert Bauer, Reichssportführer Hans von Tschammer und Osten, Robert Ley, Gauleiter Franz Schwede, Reichsjugendführer Baldur von Schirach und Burgkommandant Otto Gohdes.

ches.«[2] Das Erziehungsziel der Adolf-Hitler-Schulen, »wahre Glaubensfanatiker des Nationalsozialismus« zur dauerhaften Herrschaftssicherung heranzubilden, entsprach also ganz dem, was Robert Ley mit der Ordensburg-Idee im Sinn hatte.

Ley hatte schon beim ersten Ordensburg-Lehrgang erkannt: »Jedoch einen großen Mangel hätte dieses System, wenn es nicht ergänzt würde, nämlich die Tatsache, dass die Parteijunker, die nach den festgelegten Grundsätzen ausgemustert werden, ein denkbar verschiedenes Wissensniveau besitzen, und es deshalb längerer Zeit bedarf, um diese Männer auf einen annähernd gleichen Nenner zu bringen. [...] So bin ich mir klar, dass man mit der Ausbildung des Führernachwuchses nicht erst auf den Ordensburgen beginnen muss, sondern man muss die Auslese und die Ausbildung bereits beim Kinde beginnen und muss damit das große Erziehungswerk zu politischen Führern des Volkes auf die breite Basis der Volksschulen stellen und dort aufbauen.«[3]

Geeignet erscheinende Schüler sollten daher im Alter von zwölf Jahren in neu gegründeten Internatsschulen der Partei zusammengefasst werden. Mit 18 Jahren sollten die Jungen einen dem Abitur vergleichbaren Abschluss machen. So hoffte Ley, ab den 1950er Jahren – nach dem Abitur, also frühestens 1943, sollten die Schüler sich zunächst noch sieben Jahre im Leben »bewähren« – auf ein jährliches Personalreservoir von gut gebildeten jungen Männern mit ideologischer Vorprägung zugreifen zu können, um daraus seine Parteiführer-Kurse personell zu besetzen.

Schulgründung

Zunächst hatte Ley mit Reichserziehungsminister Bernhard Rust über Vorschulen der Ordensburgen diskutiert, wobei wohl an die Nationalpolitischen Erziehungsanstalten (NPEA oder Napola) gedacht war. Diese Schulen waren 1933 von Rust, damals noch Staatskommissar im preußischen Kultusministerium, als explizit nationalsozialistische Gemeinschaftserziehungsstätten gegründet worden und sollten als Internatsoberschulen die Nachwuchselite auf den Hochschulbesuch sowie spätere Karrieren in Staatsdienst, Wirtschaft und beim Militär vorbereiten. Organisatorisch unterstanden sie dem Reichserziehungsministerium. Später gewann die SS dort stärkeren Einfluss.[4] Im Spätherbst des Jahres 1936 verhandelte Ley dann mit dem Reichsjugendführer Baldur von Schirach über ein mit den NPEA konkurrierendes eigenständiges Schulprojekt, das zwar ebenfalls das Ziel der Vermittlung einer Oberschulbildung verfolgen, darüber hinaus aber auch die Aufgabe bekommen sollte, ein ideologisch vorgeprägtes Reservoir für den Führernachwuchs der NSDAP zu bilden.

Schirach hatte ebenfalls Interesse an einer solchen Schule, die unter seiner Regie geleitet werden und der Hitlerjugend Einfluss auf dem Schulsektor bringen sollte. In Leys Arbeitsfront fand er eine willkommene Mitstreiterin, insbesondere aber eine finanzstarke Zahlmeisterin für die geplanten Schulneubauten und den Unterhalt der kostspieligen Internate.[5]

Es gelang Ley im Zusammenwirken mit Schirach, unmittelbar bei Hitler die Erlaubnis zur Schulgründung zu erwirken. Am 15. Januar 1937 unterzeichnete der »Führer« die Verfügung: »Nach Vortrag des Reichsorganisationsleiters der NSDAP und des Reichsjugendführers des Deutschen Reiches genehmige ich, dass die neu zu errich-

Die ersten Adolf-Hitler-Schüler des Jahrgangs 1937 in Krössinsse in Erwartung der prominenten Besucher, 19. April 1937.

Auch ein Musikzug war angetreten, um der Eröffnung einen feierlichen Rahmen zu geben, 19. April 1937.

tenden nationalsozialistischen Schulen, die gleichzeitig als Vorschule für die nationalsozialistischen Ordensschulen gelten sollen, meinen Namen tragen.«[6] Damit stand diesem Projekt nichts mehr entgegen, und das Duo Schirach / Ley packte die Gründung der ersten der insgesamt 32 vorgesehenen Schulen zwar energisch, aber völlig überstürzt an.[7] Der von Ley erwünschte Einfluss der Partei auf die neuen Schulen kam allerdings so gut wie gar nicht zum Tragen. Zwar ernannte er Hans Dietel zu seinem Verbindungsmann, aber die starke Figur für die Adolf-Hitler-Schulen blieb bis zuletzt der Kinderarzt Dr. Kurt Petter, der in Schirachs Auftrag zunächst als »Inspekteur«, später als »Kommandeur der AHS« bezeichnet wurde und das Machtzentrum der Schulen bildete. Leys Funktion blieb im Zusammenhang mit den Schulen auf die Rolle eines Patenonkels beschränkt, der zu besonderen Anlässen wie der Abschlussprüfung gemeinsam mit von Schirach anreiste.

Lehrer und künftige Schulleiter wurden auf Vorschlag des Hauptschulungsamtes und Petters durch die DAF eingestellt, sie traten ihren Dienst am 5. April 1937 an. Start für den Schulbetrieb sollte am 20. April sein, dem Geburtstag des Namensgebers.[8] Anfang April 1937 war bereits die Auswahl der Schüler getroffen. Bis zur Fertigstellung der Neubauten wurden die Schulen in der zu dieser Zeit noch ungenutzten Ordensburg Krössinsee untergebracht. Ley verkündete 1937 weitere Details: »Die Jungen erhalten Kleidung, Uniform, Lehrmittel und ein angemessenes Taschengeld. Für die Eltern entstehen keinerlei Kosten.« Der mit Schirach und Rosenberg festgelegte Lehrplan sah kein Sitzenbleiben vor: »Der Schüler bewährt sich in charakterlicher Leistung und Wissen, oder er scheidet aus.« Außerhalb der Schulen sollten die Jungen Dienst in der HJ leisten. Bei derselben Gelegenheit machte Ley auch deutlich, wie er sich den weiteren Werdegang des künftigen politischen Führers vorstellte: Nach dem Abschluss der Schule mit 18 Jahren sollten alle eine Berufsausbildung sowie Arbeits- und Wehrdienst absolvieren. In Betracht kam auch ein Universitätsstudium. Parallel dazu war Dienst in der Partei oder deren Gliederungen zu leisten. Mit 25 Jahren würden »alle 4000 Adolf-Hitler-Schüler zur freiwilligen Meldung aufgerufen und die 1000 Besten, Bereitesten und Härtesten beziehen als Elite der jungen deutschen Männer die Ordensburgen«.[9]

Provisorische Schulunterkünfte

Bereits zum Beginn des neuen Schuljahres nach den Osterferien 1937 sollten die ersten zehn Schulen mit je 30 Schülern eröffnet werden, weitere 22 Schulen sollten alsbald nachfolgen; tatsächlich wurden in späteren Jahren aber nur noch zwei weitere AHS gegründet. Auf die versprochenen Neubauten warteten die Schulen bis 1945 vergeblich. Zwar erfolgte ein Jahr nach Hitlers Verfügung am 15. Januar 1938 in einer großen Parteiinszenierung die Grundsteinlegung für die Adolf-Hitler-Schule Waldbröl – zu diesem Anlass waren eigens von Vogelsang aus einige hundert Fahnenmasten nach Waldbröl gebracht worden, und die Ordensburg hatte eine Delegation dorthin entsandt, die sich in die Reihen der angeblich 5540 Teilnehmer eingliederte[10] – allein, der Bau kam nicht voran. Das galt auch für die gleichzeitig in Angriff genommenen Schulneubauten in Plauen, Potsdam, Landstuhl, Weimar und Tilsit. In der Folgezeit erlebten die Schulplanungen zahlreiche Veränderungen im Hinblick auf ihre Bezeichnung und auf ihre Standorte. Im Lauf der Zeit sollte etwa das Schulprojekt Potsdam nach Frankfurt / Oder verlegt werden; Koblenz sollte eine eigene Schule bekommen (Gebiet Koblenz-Trier), die Schule für das Gebiet Hochland war zunächst für Mittenwald vorgesehen, später für den Chiemseebereich. Mecklenburg sollte eine Schule in Heiligendamm erhalten, die Westmark bei Landstuhl und Franken bei Hesselberg. Nach dem »Anschluss der Ostmark« (Österreichs) an das Reich entschied Hitler, zunächst in Linz und Graz, später auch in Salzburg neue AHS zu errichten.

Ley hoffte, vordringlich die Schulneubauten in Plauen, Heiligendamm, Hesselberg, Koblenz, Waldbröl und Landstuhl fertigzustellen. Diese Absicht wurde jedoch dadurch vereitelt, dass bereits ab 1938 kriegswichtige Bauvorhaben in den Vordergrund rückten. Am 1. September 1939 wurden dann alle Arbeiten auf den Schulbaustellen endgültig gestoppt.[11] Dem spektakulären Startschuss im Bergischen folgte baulich also die große Flaute, komplett fertiggestellt wurde keine dieser Schulen. In einigen Fällen gab es nicht einmal einen Baubeginn. So wanderten die Schulen bis 1945 von einer Gastunterkunft zur nächsten, wobei jedoch die Ordensburgen – und da alles überragend Sonthofen – eine wichtige Rolle spielten. Sie boten genügend Kapazitäten und standen Ley für solche Nutzungen zur Verfügung.

Nachdem die offizielle Schulgründung nach den Osterferien 1937 am Krössinsee stattgefunden hatte, dort aber im Herbst desselben Jahres der erste vierjährige Junker-Lehrgang beginnen sollte, zogen die Schulen bereits in den Sommerferien in die Ordensburg Sonthofen um. Dort blieben dann zunächst alle Schulen, allerdings kam bis 1942 jedes Jahr ein neuer Jahrgang hinzu, so dass die Gesamtschülerzahl jährlich um rund 300 anstieg. Das

Die Hitlerjugend stellte Fahnenabordnungen zur Eröffnung der Schulen am Krössinsee, 19. April 1937.

Gründungsfeier der Adolf-Hitler-Schule in der Turnhalle am Krössinsee, 19. April 1937.

überforderte ab 1941 auch die bis dahin laufend erweiterten Unterbringungskapazitäten dieser Ordensburg, als 1800 Schüler zusammengepfercht waren. Einige Schulen wurden daraufhin in andere Provisorien ausquartiert.

Zeitweilig wurde auch die Herrichtung von Behelfsquartieren andernorts ins Auge gefasst. Ley bat im März 1940 die Gaue, in Betracht kommende bestehende Gebäude – vielfach handelte es sich um enteignete Klosterbauten – dafür zu benennen, korrigierte sich jedoch später angesichts des Erziehermangels, der eine Aufsplitterung der Schulen nicht zuließ.[12] Tatsächlich kamen solche Auslagerungen nur in wenigen Fällen zum Tragen. 1942 zog die AHS Thüringen in einen Altbau in Blankenhain bei Weimar um.[13] Anfang 1942 einigten sich die DAF und der Reichsschatzmeister darauf, dass auch Vogelsang vorerst für die AHS bereitgestellt werden sollte,[14] wo ab Ostern desselben Jahres die Schulen Mosselland, Franken und Westmark untergebracht waren, wobei die Schule Westmark am 15. Juli 1943 nach Finstigen und schließlich ins ehemalige Franziskanerkloster Erlenbad weiterzog.[15] Zum 1. September 1942 wurde die AHS Ostpreußen von Sonthofen an die Ordensburg Krössinsee verlagert.[16] Dorthin folgte im Spätsommer 1944 auch der neue Jahrgang der Schule Franken.[17] Einige Schulen wanderten also bis zum Kriegsende von einem Provisorium ins nächste. Aber Sonthofen blieb der Hauptstandort.

Bezeichnet wurden die zuletzt zwölf Schulen wahlweise entweder mit einer Zahl (1 bis 12), dem Ortsnamen des vorgesehenen Schulstandortes oder dem Gaunamen, dem die Schule zugeordnet war. Die Ortsbezeichnungen waren allerdings mehrfachen Veränderungen unterzogen, so dass beispielsweise in einigen Schreiben auch die Bezeichnungen Königswinter, Pirna oder Blankenhain verwendet wurden, etwa wenn es sich um eine provisorische Gastunterkunft handelte. Überwiegend waren jedoch die nachfolgend tabellarisch zusammengefassten Bezeichnungen üblich.

Nr.	Ortsname	Gauname
1	Tilsit	Ostpreußen
2	Potsdam	Kurmark
3	Waldbröl	Köln-Aachen
4	Koblenz	Koblenz-Trier, später Moselland
5	Plauen	Sachsen
6	Weimar	Thüringen
7	Hesselberg	Franken
8	Chiemsee	München-Oberbayern
9	Heiligendamm	Mecklenburg
10	Landstuhl	Saarpfalz, später Westmark
11	Wartha	Schlesien
12	Iglau	Böhmen-Mähren

Jedes Jahr wurde ein neuer Jahrgang einberufen, so dass der Aufbau der Schulen erst 1942 endgültig abgeschlossen war, nachdem der sechste Jahrgang einrückte. In diesem Jahr erreichte der erste, 1937 einberufene Jahrgang sein zwölftes Schuljahr. Später wurden die Schüler nicht mehr gauweise geordnet, sondern auf alle Schulen gemischt verteilt. Die Schulen führten ein recht eigenständiges Schulleben mit durchaus erkennbaren Unterschieden. Sie waren geprägt von den Intentionen der jeweiligen Schulleiter (»Schulführer«). Ein sogenannter »Hauptschulführer« war an den Standorten, an denen mehrere Schulen provisorisch untergebracht wurden, für die Gesamtkoordination zuständig.

Nicht nur die Errichtung von Schulneubauten erwies sich als Problem, sondern bald auch die Finanzierung, die eigentlich von der Deutschen Arbeitsfront übernommen werden sollte. Aber 1939 war die finanzielle Belastung der Kassen der DAF durch die Schulen und die Ordensburgen so enorm geworden, dass Ley sich nach einem anderen Finanzier umschaute. Nach Lage der Dinge kam nur die Parteikasse in Betracht, aber der bis dahin von Ley umgangene Parteischatzmeister Franz Xaver Schwarz zeigte sich ausgesprochen sperrig. Ein erstes Schreiben Leys mit dem Wunsch nach Kostenübernahme an Schwarz datiert vom 9. Mai 1939. Der oberste Kassenhüter der Partei antwortete am 1. Juni: Die ihm von Hitler übertragene Verantwortung verlange, solche Fragestellungen auch unter dem Aspekt zu prüfen, ob die Finanzlage der Partei die Übernahme zulasse. Das sei »leider im gegenwärtigen Zeitpunkt nicht gegeben«. Schwarz argumentierte zudem damit, dass es nicht nur um einmalige Baukosten ginge, sondern um die kostspielige dauerhafte Trägerschaft. Ley hatte in seinem vorangegangenen Schreiben auch die Übernahme der Ordensburgen in die Parteifinanzierung erbeten. Im Hinblick darauf konterte der NSDAP-Kassenwart: »Welche Bedeutung gerade in solchen Fällen einer sorgfältigen und vorausschauenden Finanzdisposition zukommt, zeigt mir Ihr Antrag, nunmehr auch die Ordensburgen und deren Unterhalt in die Partei zu übernehmen, da diese für die Deutsche Arbeitsfront eine nicht mehr tragbare Belastung darstellen.« Das war eine schallende Ohrfeige für Ley. »Ich muss in diesem Zusammenhang aber auch be-

Eines der tatsächlich bezogenen Behelfsquartiere war das beschlagnahmte Kloster Fénétrange (Finstingen) in Lothringen, 1944.

merken«, so Schwarz weiter, »dass weder von Ihnen, als Sie die Ordensburgen errichteten, noch vom Reichsjugendführer, als er gemeinsam mit Ihnen die Errichtung der Adolf-Hitler-Schulen projektierte, an mich die Aufforderung zur Teilnahme an der Ausarbeitung dieser Projekte ergangen ist.«[18]

Am 16. November 1940 startete Ley einen neuen Anlauf, wobei er deutlich machte, dass »nach Kriegsbeendigung noch eine 4. Ordensburg (Führerentscheid) in Ostpreußen erbaut werden soll«.[19] Ley und Schwarz kamen in der Folge immerhin grundsätzlich darin überein, dass der Schatzmeister nach Fertigstellung der Ordensburgen diese von der DAF ebenso übernehmen werde wie die AHS. Dazu kam es aber nie.[20] Erst im Zusammenhang mit der Auslagerung von Schulen aus Sonthofen gelang es Ley, der Parteikasse die Kosten für den Schulunterhalt aufzubürden. Drei Schulen gingen zum 1. Oktober 1941 in die Finanzverantwortung der Parteikasse über, acht Monate später übernahm Schwarz die Kosten der verbliebenen AHS in Sonthofen sowie der ausgelagerten Schulen in Vogelsang und Krössinsee.[21] Am 1. August 1942 folgten die letzten drei Schulen.

Das Erzieherkorps

Inspekteur Petter holte überwiegend sehr junge Erzieher an die Schulen, die aus der Hitlerjugend kamen und als reformfreudig galten. Das spiegelte sich in mancherlei Neuerungen an den AHS, deren pädagogisches Konzept Elemente der Reformbewegung der 1920er und 1930er Jahre aufgriff. Frontalunterricht beispielsweise bildete die Ausnahme, die Erzieher waren den Schülern mehr »älterer Kamerad« als Pauker. Konsequent redeten die Schüler

Erzieher mit Schülern in Sonthofen, undatiert.

die Erzieher in der Regel mit Du und ihrem HJ-Dienstgrad an. Die persönliche Bindung zwischen Schülern und Erziehern war deutlich ausgeprägter als an anderen Schulen.

Die Erzieher wurden selbstverständlich nach ideologischen Kriterien ausgewählt. Sie mussten im Nationalsozialismus fest verankert sein. Gleichwohl zeigten sie nach allem, was man heute weiß, in der Regel nicht jenes Maß an ideologischer Verbohrtheit, das in der NSDAP häufig zu beobachten war. Viele brachten beispielsweise eigene Auslandserfahrung und damit Internationalität mit zu den AHS.

Auch 13 Ordensjunker des ersten Vogelsanger Kurzlehrgangs gingen als Erzieher nach Sonthofen. Damit stellten sie 1937 etwa ein Viertel aller dortigen Erzieher. Unter den Vogelsangern waren sechs ohne pädagogische oder wissenschaftliche Vorbildung. Einer dieser Ordensjunker, Tischler von Beruf, wurde im Werkunterricht eingesetzt, ein Zweiter (kaufmännischer Angestellter) übernahm die Geschäftsführung der AHS, einem Dritten wurden bei der Personalstelle in Sonthofen Verwaltungsaufgaben übertragen. Somit wurden drei Nichtpädagogen von der Ordensburg Erzieher im engeren Sinne. Drei später nachkommende Ordensjunker waren jedoch vom Fach: einer war promovierter Studienassessor, einer Studienreferendar, der Dritte Diplomsportlehrer.[22]

In Sonthofen entstand zudem eine Erzieherakademie unter Leitung von Max Klüver. Vor dem Kriegsbeginn gab es dort zwei Jahre lang englische Lehrer, die an den Schulen Englisch unterrichten sollten.[23] Auch ein Englischzimmer mit englischen Büchern, Atlanten, Zeitschriften und Zeitungen war vorhanden.[24] Einige Schüler berichteten von homophilen Erziehern, die rigoros entfernt wurden.[25] Mit Kriegsbeginn wurden die meisten Erzieher jedoch zur Wehrmacht einberufen und standen fortan nicht mehr zur Verfügung. Als Ersatz kamen vielfach Hilfserzieher zum Einsatz, die den ursprünglichen Anforderungen Petters kaum mehr entsprachen. Trotz der kriegsbedingten Personalausdünnung hatten die Schulen 1943 insgesamt 707 Angestellte (Erzieher, Verwaltungspersonal und Lohnempfänger) für rund 1750 Schüler. Allein die Schule Köln-Aachen verfügte über 104 Mitarbeiter. Dabei handelte es sich in der Mehrzahl um »Lohnempfänger« (57) sowie 24 Verwaltungsangestellte. Des Weiteren gab es je einen Schul- und Verwaltungsführer, neun Erzieher, drei Gasterzieher, zwei Aushilfserzieher und sieben Musiklehrer mit Stundenhonorar. Andere Schulen hatten zudem eine Bibliothekarin oder einen Werkstattleiter.[26] Nach Angaben von Klaus Schneider, der die AHS näher untersuchte, fielen bis 1945 von insgesamt 150 Erziehern 35 an den Fronten.[27]

Auslese der Schüler

Welche Art von Schülern die Reichsjugendführung suchte, machte Baldur von Schirach in seiner Ansprache an die ersten 300 Schüler am 19. April 1937 am Krössinsee deutlich: »Wir wollen keine bleichen Musterknaben, sondern aufrechte und fröhliche deutsche Jungen, die auch das Ringen und Boxen verstehen, denen keine Mauer und kein Zaun zu hoch ist. Wir verlangen von euch Mut, Tapferkeit, Entschlossenheit und Draufgängertum.«[28] Die Auswahl übernahm die Reichsjugendführung. Die »Fähnleinführer« der HJ sollten die Kandidaten für die neuen Schulen vorschlagen. Nach einer ersten Vorauswahl von etwa 300 Jungen pro Gau wurde in einem Auswahllehrgang gesiebt, so dass am Ende etwa 30 Jungen pro HJ-Gebiet übrigblieben, die sich einer letzten zweiwöchigen Prüfung in der jeweiligen Gebietsführerschule stellen mussten, aus der schließlich etwa

Auf sportliche Fitness der Schüler wurde bereits bei der Auslese großer Wert gelegt, Vogelsang, zwischen 1941 und 1944.

Mutproben waren Bestandteil des Ausleseprozesses, 1941.

acht Kandidaten hervorgingen. Pro Gau wurde so jedes Jahr ein neuer »Zug« von rund 30 Schülern einberufen. Die ersten drei Monate an der Schule galten als Probezeit.[29]

Etwa zehn Prozent der Schüler schieden im ersten Jahr wieder aus, die entstandenen Lücken wurden teilweise aufgefüllt. Beim ersten Jahrgang war die Auslese offenbar ziemlich unbefriedigend, denn Dietel, Leys Beauftragter für die AHS, betonte 1938, dass »die neue Auslese für die Adolf-Hitler-Schulen besser sei als die vorhergehende«.[30] Das räumte auch Klüver ein. Ein Teil der Schüler sei den »geistigen Anforderungen der AHS nicht gewachsen« gewesen.[31] Offenbar hatten bei der Auswahl doch Parteibeziehungen eine größere Rolle gespielt als geistiges Potential.[32] Für die Auslese 1938 ordnete Petter an, dass alle Bewerber ein Dienstleistungszeugnis des »Jungbannführers« vorzulegen hatten. Voraussetzung war zudem, dass die Jungen »völlig gesund und erbgesund« seien und »aus einer wertvollen Sippe« stammten. Wer jüdische Vorfahren hatte, schied aus, wie beispielsweise der Sohn des stellvertretenden Kommandanten der Ordensburg Krössinsee. Als nachträglich ein jüdischer Vorfahre bekannt wurde, mussten Vater und Sohn Ordensburg und AHS verlassen.[33]

Beim Auswahllehrgang konzentrierte sich die Beurteilung im Wesentlichen auf die »charakterliche« und die »geistige« Veranlagung. Besonderes Augenmerk sollten die Prüfer auf die Entwicklungsfähigkeit der Jungen legen. Petter warnte davor, auf den »kleinen Betriebmacher« hereinzufallen oder auf den »zackigen Kerl«, dessen äußere Erscheinung vielleicht »innere Hohlheit« verberge. Nicht immer sei die »größte und frechste Schnauze« Beweis für Führereigenschaften. Dennoch gelte es, den »kleinen Führer« herauszufiltern. Mut sollte unter anderem erprobt werden bei »Boxen und Ringkampf«, denn da zeige sich, »wer angreift und draufgeht«. Auch Nichtschwimmer müssten sich überwinden können und ins Wasser springen. Ein ins Auge fallender Unterschied zur Auswahl der Ordensjunker bestand allerdings: »Sehr wesentlich ist für uns auch die geistige Auslese.« Gesucht würden »überdurchschnittlich veranlagte Jungen«. Die nach diesen Kriterien für geeignet gehaltenen Kandidaten sollten zur endgültigen Entscheidung dem Gauleiter vorgeschlagen werden.[34] Ab 1938 war der Anteil der geeigneten Schüler an den AHS wohl größer,[35] wenn auch noch später in allen Jahrgängen Schüler die AHS verlassen mussten, weil ihre Leistungen nicht ausreichten. Davon waren auch die Söhne von Parteigrößen nicht ausgenommen.[36]

Die letztendlich ausgewählten Jungen kamen aus dem gesamten Reich, teilweise sogar aus dem besetzten Ausland, wie man dem »Dienstbuch« einer Klasse (»Zug«) entnehmen kann. Die dort notierten Berufe der Väter der 30 Schüler waren sehr unterschiedlich und reichten von »Rechtsanwalt« bis »Bauarbeiter«.[37] Grundsätzlich war vorgesehen, dass die Eltern im Sinne des Nationalsozialismus aktiv waren. Offenkundig war dieser Aspekt aber nachrangig, wie das Beispiel von Werner Lamberz[38] zeigt, der 1941 zur Schule Koblenz gekommen war. Sein

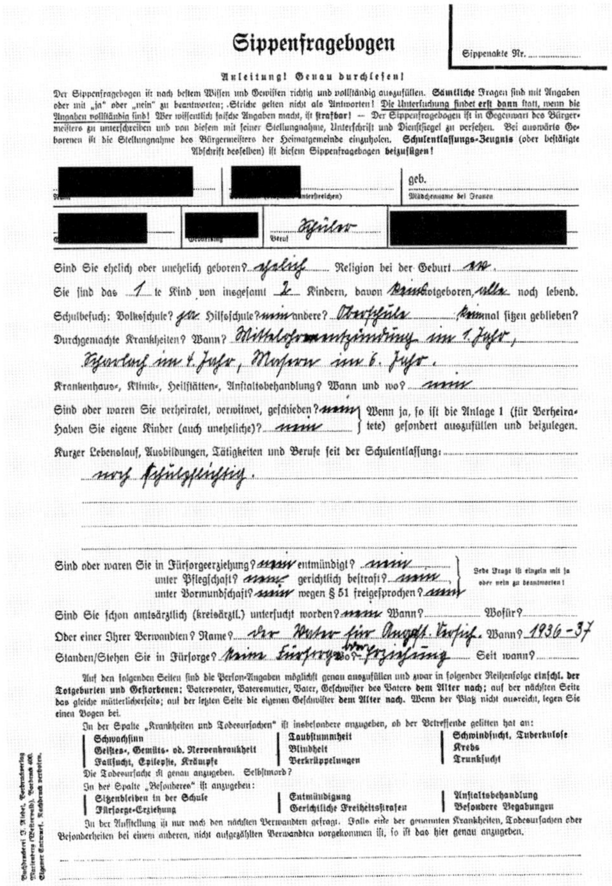

Sippenfragebogen

Sippenakte Nr. ....

Anleitung! Genau durchlesen!

Der Sippenfragebogen ist nach bestem Wissen und Gewissen richtig und vollständig auszufüllen. **Sämtliche** Fragen sind mit Angaben oder mit „ja" oder „nein" zu beantworten; Striche gelten nicht als Antworten! Die Untersuchung findet **erst dann** statt, wenn die Angaben vollständig sind! Wer wissentlich falsche Angaben macht, ist **strafbar!** — Der Sippenfragebogen ist in Gegenwart des Bürgermeisters zu unterschreiben und von diesem mit seiner Stellungnahme, Unterschrift und Dienstsiegel zu versehen. Bei auswärts Geborenen ist die Stellungnahme des Bürgermeisters der Heimatgemeinde einzuholen. **Schulentlassungs-Zeugnis** (oder bestätigte Abschrift desselben) ist diesem Sippenfragebogen **beizufügen!**

[redacted] [redacted] unterstreichen) geb. .... Mädchenname bei Frauen

[redacted] [redacted] Beruf Schüler [redacted]

Sind Sie ehelich oder unehelich geboren? ehelich Religion bei der Geburt ev.

Sie sind das 1te Kind von insgesamt 2 Kindern, davon keins totgeboren, alle noch lebend.

Schulbesuch: Volksschule? ja Hilfsschule? nein andere? Oberschule keinmal sitzen geblieben?

Durchgemachte Krankheiten? Wann? Mittelohrentzündung im 1. Jahr, Scharlach im 4. Jahr, Masern im 6. Jahr.

Krankenhaus-, Klinik-, Heilstätten-, Anstaltsbehandlung? Wann und wo? nein

Sind oder waren Sie verheiratet, verwitwet, geschieden? nein
Haben Sie eigene Kinder (auch uneheliche)? nein
} Wenn ja, so ist die Anlage 1 (für Verheiratete) gesondert auszufüllen und beizulegen.

Kurzer Lebenslauf, Ausbildungen, Tätigkeiten und Berufe seit der Schulentlassung: ....
noch schulpflichtig.

Sind oder waren Sie in Fürsorgeerziehung? nein entmündigt? nein
unter Pflegschaft? nein gerichtlich bestraft? nein
unter Vormundschaft? nein wegen § 51 freigesprochen? nein
} Jede Frage ist einzeln mit ja oder nein zu beantworten!

Sind Sie schon amtsärztlich (kreisärztl.) untersucht worden? nein Wann? .... Wofür? ....

Oder einer Ihrer Verwandten? Name? Der Vater für Angest. Versich. Wann? 1936–37

Standen/Stehen Sie in Fürsorge? Keine Fürsorge oder Erziehung Seit wann? ....

Auf den folgenden Seiten sind die Person-Angaben möglichst genau auszufüllen und zwar in folgender Reihenfolge **einschl. der Totgeburten und Gestorbenen:** Vatersvater, Vatersmutter, Vater, Geschwister des Vaters **dem Alter nach;** auf der nächsten Seite das gleiche mütterlicherseits; auf der letzten Seite die eigenen Geschwister **dem Alter nach.** Wenn der Platz nicht ausreicht, legen Sie einen Bogen bei.

In der Spalte „Krankheiten und Todesursachen" ist insbesondere anzugeben, ob der Betreffende gelitten hat an:

Schwachsinn	**Taubstummheit**	**Schwindsucht, Tuberkulose**
Geistes-, Gemüts- od. Nervenkrankheit	**Blindheit**	**Krebs**
Fallsucht, Epilepsie, Krämpfe	**Verkrüppelungen**	**Trunksucht**

Die Todesursache ist genau anzugeben. Selbstmord?

In der Spalte „Besonderes" ist anzugeben:

Sitzenbleiben in der Schule	**Entmündigung**	**Anstaltsbehandlung**
Fürsorge-Erziehung	**Gerichtliche Freiheitsstrafen**	**Besondere Begabungen**

In der Aufstellung ist nur nach den nächsten Verwandten gefragt. Falls eine der genannten Krankheiten, Todesursachen oder Besonderheiten bei einem anderen, nicht aufgezählten Verwandten vorgekommen ist, so ist das hier genau anzugeben.

»Sippenfragebogen« eines AH-Schülers, der Auskunft über die Abstammung geben sollte.

Vater war Kommunist und Konzentrationslagerhäftling und als Angehöriger des berüchtigten Strafbataillons 999 zur Roten Armee übergelaufen. Der Schüler Lamberz habe, so berichtete Klüver, ein ganz normales Ausleseverfahren durchlaufen und sei angenommen worden.[39]

Die ausgewählten Jungen begriffen die Berufung zu den AHS durchweg »ganz unpolitisch als große persönliche Chance« und als »Befreiung von einem öden und engen Pennäler- und Dörfler-Dasein«.[40] Ein anderer war stolz, »zu den Besten Hessens zu gehören«.[41] Bisweilen spielte auch das Einkommen der Eltern eine Rolle, die buchstäblich froh waren, einen Esser weniger am Tisch zu haben und gleichzeitig dem Jungen eine gute Schulbildung zukommen lassen zu können.[42]

Zwischen Reformpädagogik und Drill

Pädagogisch erprobten die AHS einen völlig neuen Ansatz. In den beiden Friedensjahren, die für den Aufbau zur Verfügung standen, war die endgültige Ausformung noch längst nicht gefunden.[43] Danach brachte der Krieg zunehmende Einschnitte in das Schulleben. Die Reformpädagogik, eingebettet natürlich in eine insgesamt autoritäre Pädagogik, sollte als Gesamtentwurf für ein ganzes Schulsystem eingeführt werden. Das zeigte sich nicht nur an der bereits beschriebenen Auswahl der Erzieher, sondern schon rein äußerlich etwa in der Ausstattung der Schulen, wo neben gut ausgerüsteten fachwissenschaftlichen Räumen Klassenräume zur Verfügung standen, in denen die unbequeme Schulbank durch Tische und Stühle ersetzt war, die in Hufeisenform aufgestellt wurden.

Trotz aller reformpädagogischen Ansätze bestand am Zweck der AHS kein Zweifel. Bereits anlässlich der Eröffnungsfeier am Krössinsee wurde den Jungen ein Schwur abgefordert: »Drum schwört: Wir wollen alle es mehren durch Kampf und Arbeit, dieses Reich, dem wir jetzt und alle Ewigkeit gehören bis in den Tod.« Und die Schüler antworteten: »Das schwören wir.«[44]

Die Jungen trugen als Schuluniform die übliche Montur der Deutschen Jugend (DJ) und der Hitlerjugend (HJ). Auf dem sogenannten Gebietsdreieck am linken Oberarm stand der Name der Schule.[45] Als Kleidung gab es die schwarze Uniform der DJ mit Überfallhose, Braunhemden mit Schlips, Lederknoten und Koppel, Stiefel

Der Wimpel mit der Bezeichnung der Schule wurde an der Schüler-Uniform getragen.

Nicht nur bei den Hausaufgaben, sondern auch bei den Klassenarbeiten gab es keine Kontrollen durch Erzieher, undatiert.

und langem Mantel sowie eher zivil anmutende Kleidung in Form von Pullovern, Velveton-Weste und Lederhose. Zur Ausrüstung gehörten Tornister mit Decke und Feldflasche.[46]

Die Zimmer waren, je nach den Gegebenheiten der einzelnen Schulorte, sehr verschieden: In Sonthofen waren anfangs acht Schüler pro Schlaf- und zugleich Wohnraum untergebracht, die Älteren teilten sich später Zweibettzimmer. In Vogelsang gab es nur sehr große Schlafräume mit zum Flur und nach oben nicht abgeschlossenen Zweierkojen.[47]

Die Schulverpflegung war im Allgemeinen reichlich und gut, gegessen wurde gemeinsam im Speisesaal. Die Klasse saß dabei geschlossen an einem langen Tisch, die Erzieher, verteilt auf die Tische der Schule, waren dabei. Die Mahlzeiten begannen mit Händefassen, Spruch des Tages und Platznehmen. Die Speisen wurden in der Küche vom Verwaltungspersonal zubereitet und mittels Schüsseln und Platten serviert. Jeweils für eine Woche waren Schüler zum Küchendienst eingeteilt.[48]

An den AHS galt das Prinzip der Selbstführung. Das bedeutete, dass den Schülern Verantwortung für sich und andere übertragen wurde, zunächst nur für ihre Stube, später für zunehmend größere Einheiten. Die Selbstführung wurde vom »Pimpf vom Dienst«, vom »Hitlerjunge vom Dienst«, vom »Unterführer vom Dienst« und vom »Hauptscharführer« ausgeübt. Sie kümmerten sich um die organisatorischen Belange. Eigentliche Führungsaufgaben hatten »Stubenführer« und »Jungzug-Scharführer«, für die ganze Schule verantwortlich war der »Gefolgschaftsführer«.[49] Das Prinzip der Selbstführung stieß jedoch an klare Grenzen, die das System steckte und auf die die Schüler keinen Einfluss hatten. Insofern trainierten sie an den Schulen sehr wohl genau das, was sie nach Leys Vorstellungen später als Politische Leiter im Namen der Partei tun sollten: Ausführungsorgan eines höheren Willens zu sein statt eigenständig denkend und handelnd selbst zu bestimmen. Oder, wie es der »Schulführer« Horst Munske ausdrückte: »Die Selbstführung der Jugend ist somit eine entscheidende politische Schule der Nation. [...] In dieser eigenen, jungen Führung wächst ständig eine Fülle von Begabung, vor allem in der Menschenführung in den Reihen der Bewegung und des Staates nach. [...] Eine politische Erziehung erfasst den Jungen, entwickelt seine Fähigkeiten zur Menschenführung und liest die geeigneten frühzeitig als politischen Führernachwuchs heraus. Die Adolf-Hitler-Schule, die die besten Jungen für den politischen Führernachwuchs aussucht und erzieht, muss deshalb dieses Prinzip der Selbstführung als zentralen Erziehungsfaktor in ihr Leben einbauen, wenn sie ihrer Aufgabe gerecht werden will. Indem sie das tut, entwickelt sie zum ersten Mal das ganz neue Bild einer totalen Ausbildungsstätte.«[50]

Alle Schüler erinnerten sich später daran, dass es an den Schulen einen strikten Ehrenkodex gab. Dazu gehörte »absolute Wahrhaftigkeit und Ehrlichkeit, Zuverlässigkeit und kameradschaftliches Verhalten«. Wenn einer etwas ausgefressen hatte, trat der Betreffende wie selbstverständlich auf Befragen vor und trug seine Strafe mit Fassung. Wenn Klassenarbeiten geschrieben wurden, verließen die Erzieher regelmäßig den Unterrichtsraum:

Flaggenappelle, wie hier in Vogelsang, gehörten zum Schulalltag, undatiert.

Sie konnten absolut sicher sein, dass nicht abgeschrieben oder betrogen wurde.[51] Verpönt war das Stehlen. Wenn einer beim Bestehlen seiner Kameraden erwischt wurde, musste er beispielsweise zur Strafe »einige Zeit in einem weißen Anzug hinter seiner uniformierten Klasse marschieren, wenn man gemeinsam zum Essen marschierte«.[52] In Einzelfällen konnte es bei Verstößen gegen den Kodex auch zum Ausschluss von der Schule kommen. Das Prinzip absoluter Ehrlichkeit war den Jungen so in Fleisch und Blut übergegangen, dass einer beim Schulbesuch nach dem Krieg Probleme mit den Mitschülern bekam, weil er erst nach längerem Sträuben abschreiben ließ. An den AHS konnte das Prinzip der Ehrlichkeit wohl auch deshalb eingehalten werden, weil der Einzelne bei einem Versagen keine Nachteile befürchten musste, da die Erzieher in solchen Fällen mit den Betroffenen sprachen und ihnen Hilfe anboten. Sie gingen davon aus, dass diejenigen, die das Aussieben des ersten Jahres überstanden hatten, auch über die erforderlichen Fähigkeiten verfügten, um das Schulziel erreichen zu können.[53]

Viele Schüler erinnerten sich aber auch an Schikanen, wenn etwa die jüngeren Jahrgänge von älteren Schülern »geschliffen« wurden. Dazu gehörten Strafexerzieren, »Maskenbälle«, also das mehrmalige Wechseln der Uniformen innerhalb kürzester Zeit, und ähnliche Maßnahmen.[54] Anlässe waren leicht zu finden: Schlecht bezogene Betten wurden abgedeckt, ungeordnete Spinde ausgeräumt und wieder überprüft, bis es klappte. Bei unsauberen Händen, verschmutzter Kleidung, schlecht geputzten Schuhen oder Unpünktlichkeit setzte es Strafen wie Extra-Stubendienst.[55]

Der Tagesablauf war bis ins Kleinste minutiös geregelt und kannte – aufs Ganze gesehen – kaum Abwechslungen. Nach dem Aufstehen um 6.30 Uhr und Fertigmachen im Wohnblock ging es zum Morgenappell auf den Appellplatz, dann folgte das Frühstück, anschließend sechs Stunden Unterricht im 45-Minuten-Takt, Mittagessen, nachmittags Sport und Hausaufgaben- bzw. Studierzeit sowie paramilitärische Ausbildung und Drillübungen. Nach dem Abendessen folgte weitere Studierzeit, oder es gab Gemeinschaftsveranstaltungen. Freie Samstage waren unbekannt.[56] Allenfalls sonntags war Gelegenheit zum Ausspannen. Während der Ferien, zu Ostern beispielsweise, durften die Schüler in kleineren Gruppen zu Fahrten in die jeweiligen Schulregionen ausschwärmen. Diese Touren sind vielen bis heute in lebhafter Erinnerung geblieben, was kaum verwundert. Das war für die Jungen Abenteuer und Freiheit gleichermaßen, und sie genossen das in vollen Zügen.

Fahrradausflug einer Sonthofener Schülergruppe, undatiert.

Schulfächer

Der Fächerkanon der AHS war an den der staatlichen höheren Schulen angeglichen mit der Abweichung, dass Latein vom ersten Jahr an zwingend war, der Englischunterricht hingegen recht spät einsetzte. Darüber hinaus wurden die Fächer »Blick in die Welt« und »Volkskunde«, auch als »weltanschauliche Schulung« bezeichnet, unterrichtet.[57] Die Stundenverteilung eines dritten Jahrgangs sah so aus: 31 Stunden Geistes- und Naturwissenschaften, zehn Stunden Sport, acht Stunden Kunst, Musik und Werkerziehung. In höheren Klassen war der Stundenplan nicht so ausgefüllt, da anspruchsvolle Arbeiten vorbereitet werden mussten.[58]

Mathematik, Physik, Chemie, Sprachen sowie sicher fünf von sieben Sportfächern waren frei von Ideologie. Deutsch, Erdkunde, Kunsterziehung und weithin selbst die Biologie waren nur leicht bis mittelmäßig davon berührt, Geschichte dagegen deutlich stärker, weil dort nicht Geschichte allgemein, sondern nur die Geschichte bezogen auf das deutsche Volk behandelt wurde. »Volk und Reich mit einer Vorgeschichte bis in die Steinzeit hinein«,[59] wie sich ein Schüler lakonisch erinnerte.

Ideologische Beeinflussung

Die ideologische Beeinflussung und Prägung der Schüler durch die NS-Weltanschauung gab es in erster Linie im Fach »Volkskunde«, in zweiter Linie – wenn auch nicht so unverhohlen – im Fach »Blick in die Welt«, in dem auch Rassenkunde Unterrichtsgegenstand war. In der Sammlung eines Schülers fanden sich die Themen, die in »Blick in die Welt« im ersten Schuljahr von Jahrgang 1941 der Schule 10 behandelt wurden. Nachfolgend eine Auswahl: »Die Feldzüge der deutschen Wehrmacht ab 1. Sept. 1939«, »Die misslungene Einkreisung Deutschlands«, »Warum hat das deutsche Volk Anrecht auf Landnahme?«, »Die Halbinsel Krim, mit Kartenmaterial der Umgebung (Lage und strategische Bedeutung, Bevölkerung, Wirtschaft und Geschichte)«, »Der Antikominternpakt«, »Änderung der Lage durch den

Appell in Sonthofen, undatiert.

Auch diese weiße Montur gehörte zur Ausstattung der Schüler, undatiert.

Kriegseintritt Japans«, »Die nationalsozialistische Diktatur«, »Karte von England, mit eingetragenen Bombenzielen, Marinehäfen etc.«, »Die Stärke eines Volkes (Geburtenfrage, Geburtenkurven Deutschland und Frankreich)«, »Hilfswerke ›Mutter und Kind‹«, »Deutscher Geist schafft die Voraussetzung für den Sieg (deutsche Wissenschaft für Waffenentwicklung, neue Flugzeugtypen, Personen)«, »Tabellarische Darstellung zu Rassen: weltweit vorhandene Völkerschaften werden ins Raster schwarz – mittel – gelb eingeordnet. Volk und Völker: Definition; traditionelle Merkmalbestimmung und Neubestimmung durch NS-Rassenlehre.«[60]

Themen der Jahrgangsarbeit vom 27. Oktober 1942 in Vogelsang waren: 1. Was ist Rasse? 2. Die europäischen Rassen und ihre Merkmale. 3. Was heißt artverwandt und stammesgleich? [...] 5. Die Völker Europas im Kampf gegen die Sowjetunion. 6. Wie heißt der Ministerpräsident und Außenminister Japans? 7. Nenne deutsche Zeitungen, die im besetzten Gebiet erscheinen! 8. Der Wehrdienst im neuen Europa und in den USA.[61]

Offenbar wurden auch häufiger Filme gezeigt, teils unpolitische Kulturfilme, teils aber auch eindeutige Propagandafilme wie »Der Feldzug der 18 Tage«, »Sieg im Westen«, »Achtung, Feind hört mit« oder auch der antisemitische Spielfilm von Veit Harlan »Jud Süß«. Des Weiteren gehörten Spielfilme zum Angebot, deren ideologische Zielrichtung kaum zu übersehen war, »Ohm Krüger« etwa, ein Film zum Burenkrieg mit stark antibritischen Akzenten. Zwei Filme wurden natürlich mit besonderem Interesse gesehen: »Jungens«, der mit AH-Schülern gedreht worden war, und »Kopf hoch, Johannes«, in dem die Protagonisten Schüler von Nationalpolitischen Erziehungsanstalten, also von der »Konkurrenz« waren.[62] Fast kein ehemaliger AH-Schüler erinnerte sich in der Nachkriegszeit daran, dass an den Schulen unverhohlener Antisemitismus vermittelt worden wäre. Auch der sehr kritische Joachim Baumann konstatierte, dass beispielsweise der *Stürmer* nicht gelesen wurde.[63] Der Leiter der Erzieherakademie, Max Klüver, behauptete gar, dass die Schüler dem Gauleiter Julius Streicher, Herausgeber dieses antisemitischen Hetzblattes, bei einem Vortrag mit »eisigem Schweigen« begegnet seien. Streichers Aufforderung zur anschließenden Diskussion sei nicht entsprochen worden, weil man »seine Thesen nicht für diskussionswürdig hielt«.[64] Selbst Baumann räumte ein: »Die Judenfrage wurde kaum diskutiert.« Nach seiner Einschätzung gingen die Schüler eher davon aus, dass »zum Zeitpunkt der Übernahme von Führungsaufgaben durch unsere Generation das Reich judenfrei, das Problem längst gelöst sein würde«. Das Thema sei »verdrängt« worden.[65]

Klüver bestritt darüber hinaus entschieden eine Beeinflussung der Schüler im Sinne der NS-Rassenlehre, da die AHS sich »von der krassen Rassenlehre gelöst« hätten.[66] Das sahen viele Schüler später ganz anders: »Die Vorteile der nordischen Rasse beschrieben, Gegensätze dargestellt, das ästhetische Aussehen des nordischen Menschen hervorgehoben, vor allem in Bildern. Der Einfluss blieb nicht ohne Folgen, zumal die Bilder anderer Rassen nicht gerade vorteilhaft dargestellt wurden.«[67] Andere Schüler erinnerten sich, dass »im Rahmen einer ärztlichen Untersuchung auch unsere Köpfe vermessen wurden, was angeblich der Rassenforschung dienen sollte«[68] und dass die Rolle der Deutschen im Unterricht immer wieder hervorgehoben wurde. »Wir waren natürlich die ›Besten‹ und anderen überlegen. Da man keine anderen kannte, ging uns eine solche Lehrmeinung gut ein. [...] Und natürlich waren die Juden an allem schuld.«[69]

Die weltanschauliche Formung der Jungen geschah zusätzlich in massiver Form außerhalb des Unterrichts in Feierstunden, beim HJ-Dienst und vielfältigen anderen Veranstaltungen, die in der Regel mit beeindruckenden und beeinflussenden Gemeinschaftserlebnissen verbunden waren. Hinzu kamen die »üblichen NS-Devotionalien und das verführende Geschwafel von Ehre, Treue und Vaterland«.[70] Als Max Klüver in seiner Nachkriegsdarstellung behauptet hatte, die Zöglinge seien »nicht indoktriniert« worden,[71] widersprach der ehemalige Schüler Baumann ganz energisch: »Lieber Max Klüver, kannst Du annehmen, dass all die Heimabende und Morgenfeiern, die Sonnwend-, 1. Mai-, Heldengedenktagsfeiern, die 9. November und Reichsparteitage mit all den hehren Hitler-Schirach-Worten und den so einfach zu manipulierenden Fichte- und Goethe-Kalendersprüchen spurlos an uns vorübergerauscht sind? Und welchem pädagogischen Zweck etwa diente der Besuch der ›Idioten‹-Anstalt in München-Haar? Sollte uns der professionelle Anstaltsleiter ›unwertes Leben‹ vorführen, demonstrieren? War dessen Vorlesung ein Beitrag zum Unterricht in Vererbungslehre und Rassenkunde? Findet sich dort vielleicht die Wurzel für die hier im 5. ›Jungenblatt-Bericht‹ zitierte [...] Formulierung: ›... diejenigen Elemente, die die rassische Reinheit gefährden, (sind) durch Sterilisation auszuscheiden‹? Oder sollten wir begreifen, dass Euthanasie [...] ein humanes Mittel zur Ausscheidung unwerten Lebens ist?«[72] Besuche in psychiatrischen Einrichtungen scheinen an allen Schulen gang und gäbe gewesen zu sein. Eine Aufstellung der Schule Thüringen für die Zeit vom 15. Oktober 1941 bis zum 1. Juli 1942 führte unter dem 21. Mai 1942 lapidar an: »Schar V besucht die Irrenanstalt in Stadtroda und das Planetarium in Jena.«[73]

AH-Schüler beim Feldhandball, anlässlich eines Auswärtsspieles, undatiert.

Sport

Der Sport besaß, ähnlich wie bei den Junker-Lehrgängen, einen hohen Stellenwert. Das spiegelt sich allein schon in der Auffächerung in sieben (!) Einzelfächer wider: Leichtathletik, Turnen, Spiele, Schwimmen, Boxen, Skilaufen und Schießen. Letzteres war, wie auch Geländespiele, gesondert auf den Nachmittag verlegt. Skilaufen gab es natürlich nur im Sonthofener Winter.[74] Die für Sport angesetzte Stundenzahl lag deutlich höher als sonst an Oberschulen. Das war möglich, da es sich um Internatsschulen handelte und der Sport dadurch auf die Nachmittage gelegt werden konnte. Skilager wurden häufiger angeboten. Vielen Schülern ist die Skihütte Grasgehren unter dem Riedberger Horn heute noch in guter Erinnerung, wo gelegentlich auch Schüler von ausgelagerten Schulen untergebracht waren, so etwa 1943 die AHS Franken in Vogelsang.[75]

Um zu demonstrieren, welche Sportskanonen sie geformt hatten, wurden geeignete Schüler zu Meisterschaften in die Region entsandt, so etwa zu den Handballmeisterschaften in der Eifel.[76] An nahegelegenen Flugplätzen wurden zudem Segelflugkurse durchgeführt, bei denen viele Schüler erste fliegerische Erfahrungen sammelten,[77] und die durchaus als Teil einer vormilitärischen Ausbildung zu sehen sind. Das galt natürlich in noch engerem Sinn für die Schießübungen mit Luftgewehr und Kleinkaliber ebenso wie Geländespiele und Geländeübungen. Mit Sport im Sinne körperlicher Freizeitbeschäftigung hatte das nichts zu tun. Ein Schüler erinnerte sich an einen HJ-Führer, der die Jungen mit

Auf der Laufbahn in Vogelsang, undatiert.

In Sonthofen dominierte der Wintersport; die Ordensburg hatte eigens ein großes Wintersportareal für ihre Zwecke erworben, undatiert.

Wehrsport traktierte. Als »höherer HJ-Führer von 20–23 Jahren war er für uns außerhalb der Unterrichtszeit voll zuständig und führte mit uns zugleich eine Art vor- oder paramilitärischer Ausbildung durch, indem er uns kommandierte und strapazierte, dass es kaum schlimmer ging. In Uniform und mit Tornister spanische Wände überwinden, Robben im schlammigen Gelände, ginsterbewachsene Böschungen hinaufstürmen, Dauerläufe mit Marschgepäck, das waren nur einige seiner Schikanen, die er durch Spind-Appelle und Antreten in im Schnellverfahren gereinigter Uniform und blitzblanken Schuhen binnen kürzester Zeit noch zu verdoppeln wusste. Ich glaube, wir hassten ihn alle, weil er uns zudem auch noch zeigte, wie sehr es ihm gefiel, uns fertigmachen zu können.«[78]

Hangar des NS-Fliegerkorps in Zülpich-Schwerfen, wo die AH-Schüler die Grundscheine des Segelfliegens erwerben konnten, 1943.

Musische und handwerkliche Erziehung

Die Kunst- und Musikerziehung im Nationalsozialismus allgemein war geprägt von den Vorgaben des Regimes, das ein rückwärtsgewandtes Kunstverständnis propagierte und in der Regel die damalige Moderne ausblendete bzw. negativ darstellte. Gleichwohl scheint es auch einzelne Kunsterzieher gegeben zu haben, die – trotz grundsätzlicher Zustimmung zum Nationalsozialismus – diesbezüglich eigene Ansichten vertraten. Der in Sonthofen tätige Bannführer und Kunsterzieher Erich John beispielsweise soll nach den Aufzeichnungen eines Schülers »in völliger Freiheit« gelehrt haben: »Selbstverständlich gehörte für ihn van Gogh zu den bedeutenden Künstlern, genau wie Lovis Corinth. [...] Von Erich John habe ich schon in der Schulzeit von Franz Marc gehört – ›der Turm der blauen Pferde‹ war für ihn ›echte Kunst‹«. Für die Architektur im Nationalsozialismus habe John nur Spott übriggehabt: »Unsere Baukunst ist klotzig, speerlich und troostlos.«[79]

Abgesehen vom gemeinsamen Singen von HJ-Liedern existierte das Fach Musik eigentlich nur in der Betätigung Einzelner: sei es einzeln mit einem Instrument, sei es in Kleingruppen, etwa als Hausmusik, oder beim »Kleinen Chor« aller Schulen in Sonthofen. Darüber hinaus gab es den obligatorischen, bei allen NS-Inszenierungen gebrauchten »Fanfarenzug« samt Trommeln.[80] Ein anderer Schüler erinnerte sich noch an einen Chor, »der manchmal Volkslieder bei Empfängen für Parteigrößen zum Besten gab«. Mit diesem Chor konnte er 1941 nach Brüssel und Paris reisen, wo die Jungen für verwundete deutsche Soldaten in Krankenhäusern sangen.[81]

Der Musikunterricht spielte allenfalls in den Vorkriegsjahren eine gewisse Rolle. Danach verlor er nach Feststellung der Schüler deutlich an Bedeutung. Der »Kleine Chor« in Sonthofen; undatiertes NS-Propagandabild.

AH-Schüler beim handwerklichen Unterricht in Sonthofen; undatiertes Propagandafoto.

Die Schulen bemühten sich darum, über den an Höheren Schulen üblichen Kunst- und Musikunterricht hinaus den Schülern besondere kulturelle Erlebnisse zu vermitteln, sei es durch Einladung bekannter Musiker, sei es durch Besuche von Opern und Theateraufführungen in größeren Städten. Vogelsang war dabei im Vorteil, da sich solche Theaterbesuche in Köln, Bonn oder Aachen an einem Tag durchführen ließen, während die Schüler aus Krössinsee und Sonthofen für solche Unternehmungen jeweils mehrere Tage reisen mussten. Besucht wurden unter anderem Verdis »Rigoletto«, Goethes »Faust«, Mozarts »Zauberflöte«, Schillers »Kabale und Liebe«, die Richard-Strauss-Oper »Die ägyptische Helena«, Hebbels »Nibelungen« oder Gustav Freytags Lustspiel »Die Journalisten«. Aber auch eine Ausstellung mit Werken des Bildhauers Arno Breker stand auf dem Programm.

Insbesondere in Sonthofen hatten die Schüler Gelegenheit, sich nachmittags in einer Holz- und einer Eisenwerkstätte handwerkliche Fertigkeiten anzueignen. Werkarbeit gab es mehrstündig und kompakt, allerdings eingeschränkt durch die Kriegsauswirkungen. Jedem Schüler stand in Sonthofen eine Werk- bzw. Hobelbank zur Verfügung. Die Ausbildung im Metallbereich entfiel später wegen des Materialmangels.[82] Ein Schüler berichtete, dass er bei der Auflösung der Schule kurz vor der Gesellenprüfung zum Tischler gestanden habe, das Gesellenstück war bereits fertig.[83] So sollte den Schülern Wertschätzung für körperliche Arbeit vermittelt werden.

Leistungswochen

Einmal jährlich gab es für alle Schulen eine »Leistungswoche« als Sonderform des Reichsberufswettkampfs.[84] In Sonthofen begann der Leistungsvergleich erstmals mit einer »Sportwoche« am 1. April 1940, am 8. April folgte die »militärische Woche« und am 15. April 1940 die »Kulturwoche«. Das waren alles noch Vorformen der eigentlichen Leistungswoche. Die erste fand ab dem 23. Juli 1941 statt.

Im Juni 1942 wurde eine Leistungswoche erstmals auch in Vogelsang für die dortigen Schulen durchgeführt.

Abfahrt von Schulen, die nach Vogelsang ausgelagert waren, zur Leistungswoche in Sonthofen, vermutlich 1943.

Dabei gab es ein 300-Meter-Leistungsschwimmen, das für alle Schüler aller drei Schulen gewertet wurde. Ein Jahr später begann die Leistungswoche in Vogelsang am 18. Juni 1942 mit folgendem Programm: »Donnerstag, 18. 6. 42: Beginn der Leistungswoche. Englisch-, Geschichts- und Blick-in-die-Welt-Arbeit. Nachmittags Springen vom 3-m-Brett (Salto rückwärts). Handballspiele. – Freitag, 19. 6. 42: Erdkunde-, Biologie-, Physik- und Deutscharbeit. Nachmittags Gruppensport. 10 x 50 m Bruststaffel. – Sonnabend, 20. 6. 42: Chemie-, Mathematik- und Literaturgeschichtsarbeit. Nachmittags Proben des Orchesters für die Ostlandfahrt. – Sonntag, 21. 6. 42: Morgens Geigen. – Montag, 22. 6. 42: Mündliche Prüfung der jüngeren Jahrgänge. Geigen. Nachmittags 300-Meter-Leistungsschwimmen. – Dienstag, 23. 6. 42: Mündliche Jahrgangsprüfung. Nachmittags und abends Geigen.«

Die Leistungswoche war ein Element der Dauerauslese des Systems. Die in der Leistungswoche siegreiche Schule wurde mit dem »Schwert«, einem schweren, schmiedeeisernen Zweihänder, ausgezeichnet. Es gab insgesamt fünf Leistungswochen, dreimal errang die Schule 7 das Schwert.

Politische Einsätze

Praktische politische Einsätze trugen dazu bei, die Jungen an das System zu binden. Solche Einsätze häuften sich mit Fortschreiten des Krieges. In diese Kategorie fielen auch diverse Spielschar-Fahrten der Adolf-Hitler-Schulen, die die Schüler insbesondere in den Osten führten.[85] Da spielten die Jungen beispielsweise am 12. Juli 1942 in Reval anlässlich der feierlichen Eröffnung des Bezirkes Estland der NSDAP im Konzertsaal der Estonia auf.[86] Die Festrede hielt als Generalkommissar der SA-Obergruppenführer Karl-Siegmund Litzmann.

Ab 1942 kamen dann Aufgaben als »Lagerführer« im Rahmen der Kinderlandverschickung in Betracht: »Anfang 1942 wurden vier Mann von jeder Schule zum Einsatz als Lager-Mannschaftsführer in die Kinderlandverschickung in die Slowakei ausgewählt.«[87] Am 12. November 1943 zogen Jungen der Schule Hesselberger in die Slowakei und nach Ungarn. Dort trafen sie auch auf Schüler der 4. Jahrgänge mehrerer anderer Schulen.

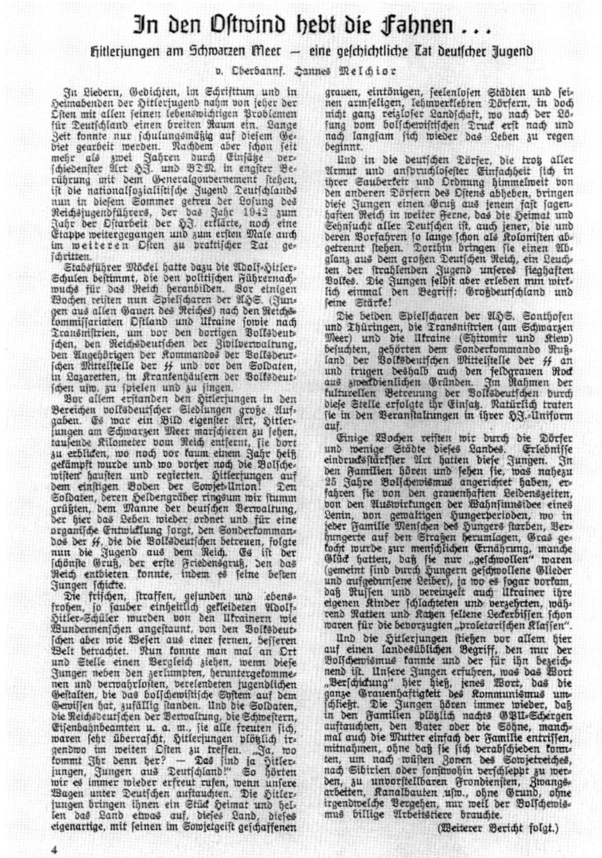

In den Ostwind hebt die Fahnen ...

Hitlerjungen am Schwarzen Meer – eine geschichtliche Tat deutscher Jugend

v. Oberbannf. Hannes Melchior

In Liedern, Gedichten, im Schrifttum und in Heimabenden der Hitlerjugend nahm von jeher der Osten mit allen seinen lebenswichtigen Problemen für Deutschland einen breiten Raum ein. Lange Zeit konnte nur schulungsmäßig auf diesem Gebiet gearbeit werden. Nachdem aber schon seit mehr als zwei Jahren durch Einsätze verschiedenster Art HJ. und BDM. in engster Berührung mit dem Generalgouvernement stehen, ist die nationalsozialistische Jugend Deutschlands nun in diesem Sommer getreu der Losung des Reichsjugendführers, der das Jahr 1942 zum Jahr der Ostarbeit der HJ. erklärte, noch eine Etappe weitergegangen und zum ersten Male auch im weiteren Osten zu praktischer Tat geschritten.

Stabsführer Möckel hatte dazu die Adolf-Hitler-Schulen bestimmt, die den politischen Führernachwuchs für das Reich heranbilden. Vor einigen Wochen reisten nun Spielscharen der AHS. (Jungen aus allen Gauen des Reiches) nach den Reichskommissariaten Ostland und Ukraine sowie nach Transnistrien, um vor den dortigen Volksdeutschen, den Reichsdeutschen der Zivilverwaltung, den Angehörigen der Kommandos der Volksdeutschen Mittelstelle der ϟϟ und vor den Soldaten, in Lazaretten, in Krankenhäusern der Volksdeutschen usw. zu spielen und zu singen.

Vor allem erstanden den Hitlerjungen in den Bereichen volksdeutscher Siedlungen große Aufgaben. Es war ein Bild eigenster Art, Hitlerjungen am Schwarzen Meer marschieren zu sehen, tausende Kilometer vom Reich entfernt, sie dort zu erblicken, wo noch vor kaum einem Jahr heiß gekämpft wurde und wo vorher noch die Bolschewisten hausten und regierten. Hitlerjungen auf dem einstigen Boden der Sowjet-Union! Den Soldaten, deren Heldengräber ringsum wir stumm grüßten, dem Manne der deutschen Verwaltung, der hier das Leben wieder ordnet und für eine organische Entwicklung sorgt, den Sonderkommandos der ϟϟ, die die Volksdeutschen betreuen, folgte nun die Jugend aus dem Reich. Es ist der schönste Gruß, der erste Friedensgruß, den das Reich entbieten konnte, indem es seine besten Jungen schickte.

Die frischen, straffen, gesunden und lebensfrohen, so sauber einheitlich gekleideten Adolf-Hitler-Schüler wurden von den Ukrainern wie Wundermenschen angestaunt, von den Volksdeutschen aber wie Wesen aus einer fernen, besseren Welt betrachtet. Nun konnte man mal an Ort und Stelle einen Vergleich ziehen, wenn diese Jungen neben den zerlumpten, heruntergekommenen und verwahrlosten, verelendeten jugendlichen Gestalten, die das bolschewistische System auf dem Gewissen hat, zufällig standen. Und die Soldaten, die Reichsdeutschen der Verwaltung, die Schwestern, Eisenbahnbeamten u. a. m., sie alle freuten sich, waren sehr überrascht, Hitlerjungen plötzlich irgendwo im weiten Osten zu treffen. „Ja, wo kommt Ihr denn her? – Das sind ja Hitlerjungen, Jungen aus Deutschland!" So hörten wir es immer wieder erfreut rufen, wenn unsere Wagen unter Deutschen auftauchten. Die Hitlerjungen bringen ihnen ein Stück Heimat und hellen das Land etwas auf, dieses Land, dieses eigenartige, mit seinen im Sowjetgeist geschaffenen grauen, eintönigen, seelenlosen Städten und seinen armseligen, lehmverklebten Dörfern, in doch nicht ganz reizloser Landschaft, wo nach der Lösung vom bolschewistischen Druck erst nach und nach langsam sich wieder das Leben zu regen beginnt.

Und in die deutschen Dörfer, die trotz aller Armut und anspruchslosester Einfachheit sich in ihrer Sauberkeit und Ordnung himmelweit von den anderen Dörfern des Ostens abheben, bringen diese Jungen einen Gruß aus jenem fast sagenhaften Reich in weiter Ferne, das die Heimat und Sehnsucht aller Deutschen ist, auch jener, die und deren Vorfahren so lange schon als Kolonisten abgetrennt stehen. Dorthin bringen sie einen Abglanz aus dem großen Deutschen Reich, ein Leuchten der strahlenden Jugend unseres sieghaften Volkes. Die Jungen selbst aber erleben nun wirklich einmal den Begriff: Großdeutschland und seine Stärke!

Die beiden Spielscharen der AHS. Sonthofen und Thüringen, die Transnistrien (am Schwarzen Meer) und die Ukraine (Shitomir und Kiew) besuchten, gehörten dem Sonderkommando Rußland der Volksdeutschen Mittelstelle der ϟϟ an und trugen deshalb auch den feldgrauen Rock aus zweckdienlichen Gründen. Im Rahmen der kulturellen Betreuung der Volksdeutschen durch diese Stelle erfolgte ihr Einsatz. Natürlich traten sie in den Veranstaltungen in ihrer HJ.-Uniform auf.

Einige Wochen reisten wir durch die Dörfer und wenige Städte dieses Landes. Erlebnisse eindrucksstärkster Art hatten diese Jungen. In den Familien hören und sehen sie, was nahezu 25 Jahre Bolschewismus angerichtet haben, erfahren sie von den grauenhaften Leidenszeiten, von den Auswirkungen der Wahnsinnsidee eines Lenin, von gewaltigen Hungerperioden, wo in jeder Familie Menschen des Hungers starben, Verhungerte auf den Straßen herumlagen, Gras gekocht wurde zur menschlichen Ernährung, manche Glück hatten, daß sie nur „geschwollen" waren (gemeint sind durch Hungern geschwollene Glieder und aufgedunsene Leiber), ja wo es sogar vorkam, daß Russen und vereinzelt auch Ukrainer ihre eigenen Kinder schlachteten und verzehrten, während Ratten und Katzen seltene Leckerbissen schon waren für die bevorzugten „proletarischen Klassen".

Und die Hitlerjungen stießen vor allem hier auf einen landesüblichen Begriff, den nur der Bolschewismus kannte und der für ihn bezeichnend ist. Unsere Jungen erfuhren, was das Wort „Verschickung" hier hieß, jenes Wort, das die ganze Grauenhaftigkeit des Kommunismus umschließt. Die Jungen hören immer wieder, daß in den Familien plötzlich nachts GPU-Schergen auftauchten, den Vater oder die Söhne, manchmal auch die Mutter einfach der Familie entrissen, mitnahmen, ohne daß sie sich verabschieden konnten, um nach wüsten Zonen des Sowjetreiches, nach Sibirien oder sonstwohin verschleppt zu werden, zu unvorstellbaren Frondiensten, Zwangsarbeiten, Kanalbauten usw., ohne Grund, ohne irgendwelche Vergehen, nur weil der Bolschewismus billige Arbeitstiere brauchte.

(Weiterer Bericht folgt.)

4

Bericht in der *Burggemeinschaft* über einen politischen Ferieneinsatz der Vogelsanger AH-Schüler am Schwarzen Meer im Reichskommissariat Ukraine, 1942.

Von den Hesselbachern fuhren sieben Schüler nach Ungarn und 16 in die Slowakei. Der Berichterstatter hielt im Tagebuch fest, dass sein Lager in der südlichen Slowakei in einem Schloss untergebracht war. Zum Lager gehörten 64 fränkische Jungen aus Nürnberg und Fürth. »Als Lagermannschaftsführer hatten wir die Aufgabe, den gesamten HJ-Dienst, also Sport, Gelände- und Ordnungsdienst, Singen, Heimabende und Morgenfeiern sowie Heimspiele und Basteln zu übernehmen.« Ursprünglich sollte der Einsatz bis Mitte Februar dauern, aber er wurde bis zum 10. Mai 1944 verlängert. Danach ging es zurück nach Vogelsang: »Nach einigen Urlaubstagen kehrten wir aus der goldenen Freiheit in die strenge Pflicht unseres Nazi-Klosters zurück.«[88]

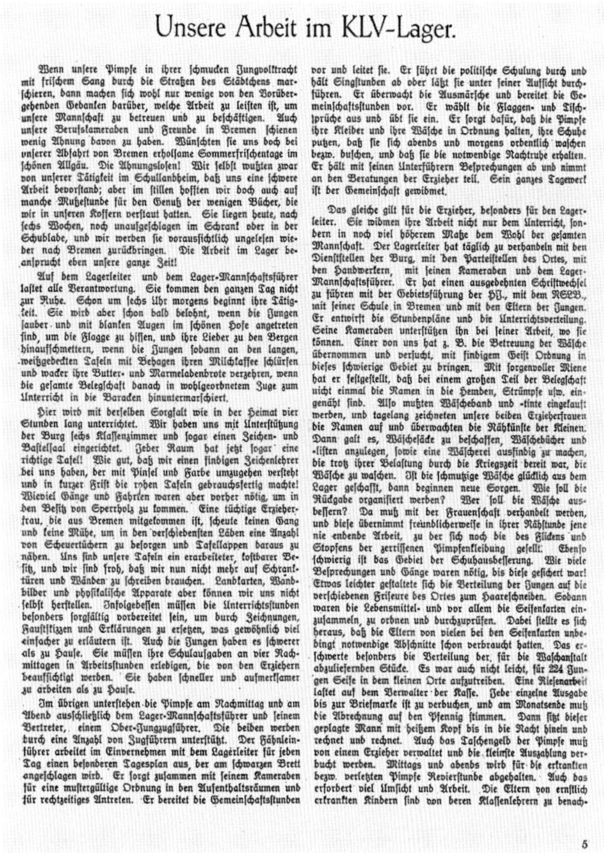

Unsere Arbeit im KLV-Lager.

Wenn unsere Pimpfe in ihrer schmucken Jungvolktracht mit frischem Sang durch die Straßen des Städtchens marschieren, dann machen sich wohl nur wenige von den Vorübergehenden Gedanken darüber, welche Arbeit zu leisten ist, um unsere Mannschaft zu betreuen und zu beschäftigen. Auch unsere Berufskameraden und Freunde in Bremen schienen wenig Ahnung davon zu haben. Wünschten sie uns doch bei unserer Abfahrt von Bremen erholsame Sommerfrischentage im schönen Allgäu. Die Ahnungslosen! Wir selbst wußten zwar von unserer Tätigkeit im Schullandheim, daß uns eine schwere Arbeit bevorstand; aber im stillen hofften wir doch auch auf manche Mußestunde für den Genuß der wenigen Bücher, die wir in unseren Koffern verstaut hatten. Sie liegen heute, nach sechs Wochen, noch unaufgeschlagen im Schrank oder in der Schublade, und wir werden sie voraussichtlich ungelesen wieder nach Bremen zurückbringen. Die Arbeit im Lager beansprucht eben unsere ganze Zeit!

Auf dem Lagerleiter und dem Lager-Mannschaftsführer lastet alle Verantwortung. Sie kommen den ganzen Tag nicht zur Ruhe. Schon um sechs Uhr morgens beginnt ihre Tätigkeit. Sie wird aber schon bald belohnt, wenn die Jungen sauber und mit blanken Augen im schönen Hofe angetreten sind, um die Flagge zu hissen, und ihre Lieder zu den Bergen hinaufschmettern, wenn die Jungen sodann an den langen, weißgedeckten Tafeln mit Behagen ihren Milchkaffee schlürfen und wacker ihre Butter- und Marmeladenbrote verzehren, wenn die gesamte Belegschaft danach in wohlgeordnetem Zuge zum Unterricht in die Baracken hinuntermarschiert.

Hier wird mit derselben Sorgfalt wie in der Heimat vier Stunden lang unterrichtet. Wir haben uns mit Unterstützung der Burg sechs Klassenzimmer und sogar einen Zeichen- und Bastelsaal eingerichtet. Jeder Raum hat jetzt sogar eine richtige Tafel! Wie gut, daß wir einen findigen Zeichenlehrer bei uns haben, der mit Pinsel und Farbe umzugehen versteht und in kurzer Frist die rohen Tafeln gebrauchsfertig machte! Wieviel Gänge und Fahrten waren aber vorher nötig, um in den Besitz von Sperrholz zu kommen. Eine tüchtige Erzieherfrau, die aus Bremen mitgekommen ist, scheute keinen Gang und keine Mühe, um in den verschiedensten Läden eine Anzahl von Scheuertüchern zu besorgen und Tafellappen daraus zu nähen. Uns sind unsere Tafeln ein erarbeiteter, kostbarer Besitz, und wir sind froh, daß wir nun nicht mehr auf Schranktüren und Wänden zu schreiben brauchen. Landkarten, Wandbilder und physikalische Apparate aber können wir uns nicht selbst herstellen. Infolgedessen müssen die Unterrichtsstunden besonders sorgfältig vorbereitet sein, um durch Zeichnungen, Faustskizzen und Erklärungen zu ersetzen, was gewöhnlich viel einfacher zu erläutern ist. Auch die Jungen haben es schwerer als zu Hause. Sie müssen ihre Schulaufgaben an vier Nachmittagen in Arbeitsstunden erledigen, die von den Erziehern beaufsichtigt werden. Sie haben schneller und aufmerksamer zu arbeiten als zu Hause.

Im übrigen unterstehen die Pimpfe am Nachmittag und am Abend ausschließlich dem Lager-Mannschaftsführer und seinem Vertreter, einem Ober-Jungzugführer. Die beiden werden durch eine Anzahl von Zugführern unterstützt. Der Fähnleinführer arbeitet im Einvernehmen mit dem Lagerleiter für jeden Tag einen besonderen Tagesplan aus, der am schwarzen Brett angeschlagen wird. Er sorgt zusammen mit seinem Kameraden für eine mustergültige Ordnung in den Aufenthaltsräumen und für rechtzeitiges Antreten. Er bereitet die Gemeinschaftsstunden vor und leitet sie. Er führt die politische Schulung durch und hält Singstunden ab oder läßt sie unter seiner Aufsicht durchführen. Er überwacht die Ausmärsche und bereitet die Gemeinschaftsstunden vor. Er wählt die Flaggen- und Tischsprüche aus und übt sie ein. Er sorgt dafür, daß die Pimpfe ihre Kleider und ihre Wäsche in Ordnung halten, ihre Schuhe putzen, daß sie sich abends und morgens ordentlich waschen bezw. duschen, und daß sie die notwendige Nachtruhe erhalten. Er hält mit seinen Unterführern Besprechungen ab und nimmt an den Beratungen der Erzieher teil. Sein ganzes Tagewerk ist der Gemeinschaft gewidmet.

Das gleiche gilt für die Erzieher, besonders für den Lagerleiter. Sie widmen ihre Arbeit nicht nur dem Unterricht, sondern in noch viel höherem Maße dem Wohl der gesamten Mannschaft. Der Lagerleiter hat täglich zu verhandeln mit den Dienststellen der Burg, mit den Parteistellen des Ortes, mit den Handwerkern, mit seinen Kameraden und dem Lager-Mannschaftsführer. Er hat einen ausgedehnten Schriftwechsel zu führen mit der Gebietsführung der HJ., mit dem NSLB., mit seiner Schule in Bremen und mit den Eltern der Jungen. Er entwirft die Stundenpläne und die Unterrichtsverteilung. Seine Kameraden unterstützen ihn bei seiner Arbeit, wo sie können. Einer von uns hat z. B. die Betreuung der Wäsche übernommen und versucht, mit findigem Geist Ordnung in dieses schwierige Gebiet zu bringen. Mit sorgenvoller Miene hat er festgestellt, daß bei einem großen Teil der Belegschaft nicht einmal die Namen in die Hemden, Strümpfe usw. eingenäht sind. Also mußten Wäscheband und -tinte eingekauft werden, und tagelang zeichneten unsere beiden Erzieherfrauen die Namen auf und überwachten die Nähkünste der Kleinen. Dann galt es, Wäschesäcke zu beschaffen, Wäschebücher und -listen anzulegen, sowie eine Wäscherei ausfindig zu machen, die trotz ihrer Belastung durch die Kriegszeit bereit war, die Wäsche zu waschen. Ist die schmutzige Wäsche glücklich aus dem Lager geschafft, dann beginnen neue Sorgen. Wie soll die Rückgabe organisiert werden? Wer soll die Wäsche ausbessern? Da muß mit der Frauenschaft verhandelt werden, und diese übernimmt freundlicherweise in ihrer Nähstunde jene nie endende Arbeit, zu der sich noch die des Flickens und Stopfens der zerrissenen Pimpfenkleidung gesellt. Ebenso schwierig ist das Gebiet der Schuhausbesserung. Wie viele Besprechungen und Gänge waren nötig, bis diese gesichert war! Etwas leichter gestaltete sich die Verteilung der Jungen auf die verschiedenen Friseure des Ortes zum Haareschneiden. Sodann waren die Lebensmittel- und vor allem die Seifenkarten einzusammeln, zu ordnen und durchzuprüfen. Dabei stellte es sich heraus, daß die Eltern von vielen bei den Seifenkarten unbedingt notwendige Abschnitte schon verbraucht hatten. Das erschwerte besonders die Verteilung der, für die Waschanstalt abzuliefernden Stücke. Es war auch nicht leicht, für 224 Jungen Seife in dem kleinen Orte aufzutreiben. Eine Riesenarbeit lastet auf dem Verwalter der Kasse. Jede einzelne Ausgabe bis zur Briefmarke ist zu verbuchen, und am Monatsende muß die Abrechnung auf den Pfennig stimmen. Dann sitzt dieser geplagte Mann mit heißem Kopf bis in die Nacht hinein und rechnet und rechnet. Auch das Taschengeld der Pimpfe muß von einem Erzieher verwaltet und die kleinste Auszahlung verbucht werden. Mittags und abends wird für die erkrankten bezw. verletzten Pimpfe Revierstunde abgehalten. Auch das erfordert viel Umsicht und Arbeit. Die Eltern von ernstlich erkrankten Kindern sind von deren Klassenlehrern zu benach-

5

Bericht über die Lagerleitung der Adolf-Hitler-Schulen in einem Lager der Kinderlandverschickung (KLV), 1943.

Einsätze der AHS im Osten, etwa mit der Spielschar, dienten nur vordergründig der Erbauung der dort lebenden oder dienstverpflichteten Deutschen. Weit bedeutsamer waren solche Einsätze für die Formierung der Jungen als künftige politische Führer. »Nachdem aber schon seit mehr als zwei Jahren durch Einsätze verschiedenster Art HJ und BDM in engster Berührung mit dem Generalgouvernement stehen«, schrieb Hannes M. 1942 in der *Burggemeinschaft,* »ist die nationalsozialistische Jugend Deutschlands nun in diesem Sommer getreu der Losung des Reichsjugendführers, der das Jahr 1942 zum Jahr der Ostarbeit der HJ erklärte, noch eine Etappe weiter gegangen und zum ersten Male auch im weiteren Osten zu praktischer Tat geschritten.« Die beiden Spielscharen der AHS Sonthofen und Thüringen, die Transnistrien (am Schwarzen Meer) und die Ukraine (Shitomir und Kiew) besuchten, »gehörten dem Sonderkommando Russland der Volksdeutschen Mittelstelle der SS an und trugen deshalb auch den feldgrauen Rock. Im Rahmen der kulturellen Betreuung der Volksdeutschen durch diese Stelle erfolgte ihr Einsatz. Natürlich traten sie in den Veranstaltungen in ihrer HJ-Uniform auf.« Abschließend bilanzierte der Autor: »So war diese Fahrt eine überaus wertvolle praktische Anschauungsschulung für die Adolf-Hitler-Schüler.«

In absehbarer Zukunft sollten die AH-Schüler als politische Führer auch die Herrschaft des Reiches im Osten sichern. Die Reise in die besetzten Gebiete hatte ihnen offenbar Appetit gemacht: »Manch einer der Adolf-Hitler-Schüler, die jetzt im Ostland, in der Ukraine und in Transnistrien zu kurzfristigem Besuch weilten, beschloss bereits, einmal nach dem Osten zu gehen und auf diesem wichtigen Posten für Deutschland eine Führungsstelle zu übernehmen.« Bis dahin habe man nur gesungen: »Nach Osten wollen wir reiten …«, nun aber sei es so weit: »In diesem Sommer haben es 4 Gemeinschaften deutscher Jungen – einheitlich von der Jugend-Dienststelle beim Reichsminister für die besetzten Ostgebiete gelenkt – wahrgemacht und den bescheidenen Antritt eines neuen Arbeitsabschnitts gewaltigsten Ausmaßes für das kommende Geschlecht in aller Stille vollzogen.«[89]

Eine andere Spielschar der Schulen, bestehend aus fünf Erziehern und 88 Jungen, reiste mit Propagandaauftrag ins Reichskommissariat Ostland. Zu ihrer Aufgabe notierten sie: »Aber nicht nur den Soldaten, sondern auch den anderen Deutschen, die im Ostland ihre Pflicht erfüllen, den Angehörigen der Zivilverwaltung, des Arbeitsdienstes und der Partei die Grüße aus der Heimat zu überbringen, war unsere zweite Aufgabe. So durften wir in Riga, Reval und Kowno die ersten Feiern der NSDAP gestalten.« Gespielt wurde darüber hinaus unter anderem in Riga-Strand, Wolmar, Walk, Dorpat, Pernau und Wenden. Es war auch Aufgabe der Spielschar, den Einheimischen zu zeigen, »dass Deutschland nicht nur eine schlagkräftige Wehrmacht besitzt, sondern dass in der Heimat die deutsche Jugend einheitlich ausgerichtet, wie überhaupt das ganze deutsche Volk, geschlossen hinter dem Führer steht. Wir erfüllten diese Aufgabe durch Propagandamärsche, öffentliche Kundgebungen, wie zum

Beispiel am Jahrestag der Eroberung Rigas, und durch Bunte Abende mit der Bevölkerung.« Zum Abschluss der Fahrt kam es sogar zu einer Begegnung mit dem Minister für die besetzten Ostgebiete, Alfred Rosenberg, der die Spielschar im Berliner Rathaus empfing.[90]

Im neuen deutschen Osten, dem Gau Wartheland, gab es im Sommer 1943 für die Schule Franken einen Spezialauftrag. Die Jungen wurden ins Gebietsausleselager für den Bereich Posen nach Zirke entsandt. Am 19. Juli trafen die Jungen ein. Später folgten auch die Erzieher der Schule Hesselbach. Dort scheuchten die älteren Schüler die Pimpfe bei den Geländeübungen, während die Erzieher herauszufinden suchten, wer für die AHS geeignet wäre. Der Protokollführer des Jahrgangs notierte am Ende: »Abschließend kann ich wohl sagen, dass dies einer der schönsten Einsätze war, den es für einen Adolf-Hitler-Schüler geben kann.«[91]

Es wäre naiv, anzunehmen, dass die permanente ideologische Manipulation an den AH-Schülern folgenlos vorübergegangen sei. Wie sehr die Jungen von völkischer Gesinnung und dem Ziel der Germanisierung des Ostens durchdrungen waren, belegen zeitgenössische Texte von Schülern. So heißt es etwa im Bericht eines Schülers der Schule Franken zu seinem Arbeitseinsatz in Bergwerken Oberschlesiens: »Auch wir waren bei den Bergwerksfamilien untergebracht und lernten so nicht nur das Leben der Kumpels, sondern auch das Nationalitäten-Problem, die Frage des Volkstums, kennen. Dieses Kernproblem Oberschlesiens erfährt zurzeit seine Lösung durch die Einteilung der Bevölkerung in 5 Volksgruppen, die noch in diesem Herbst abgeschlossen werden soll. In diesen Volkslisten werden alle deutschstämmigen, rassisch wertvollen Menschen erfasst, um so auch hier das beste Blut in den deutschen Volkskörper zurückzuholen, andererseits aber eine Unterwanderung zu verhindern. Ja, heute werden sogar die mit Volksliste vier versehenen, also die volkstumsmäßig mehr zu Polen gestanden, zur Assimilierung ins Reich geschickt. So entsteht aus dem ehemals polnischen Ostoberschlesien ein deutscher Gau.«[92] Noch deutlicher äußerte sich ein anderer Junge anlässlich seines Arbeitseinsatzes im Warthegau: »Hier setzt dann die Tätigkeit der Partei ein. Sie muss dafür sorgen, dass wirklich nationalsoz. Bauerntum entsteht, welches nicht untereinander zersplittert ist. Es muss ausgerichtet sein auf einen Gedanken: das Land deutsch zu machen und alle fremden Volksteile daraus zu verdrängen. Denn deutsch kann nie ein fremdvölkischer Mensch, sondern nur der Boden werden.« Kriegsbedingt sei es nötig, polnische Arbeitskräfte ins Reich zu holen. Aber nach dem Sieg müsse sich das ändern: »Der polnische Arbeiter muss aus dem Volksbild der Deutschen verschwinden.«[93] Klarer konnte der Schüler nicht zum Ausdruck bringen, dass er vom völkischen Gedankengut restlos durchdrungen war.

Abschlüsse und Perspektiven

Ab 1942 wurden die ältesten Jahrgänge ein Jahr früher als geplant zu einer Art Kriegsabitur zugelassen. Zum Abschluss gab es fünfwöchige Sonderlehrgänge im Allgäu, zu denen Sonthofen nahezu täglich Sondervorträge organisierte, bei denen namhafte Redner auftraten wie Reichsschulungsleiter Heinrich Bruhn, SS-Brigadeführer Otto Ohlendorff,[94] Chef des Sicherheitsdienstes der SS (SD), Reichsdramaturg Dr. Rainer Schösser, Abteilungsleiter im Propagandaministerium oder Staatssekretär Wilhelm Keppler als Wirtschaftsfachmann. Daneben sprachen Professoren,[95] Kreisleiter und HJ-Führer. Selbstverständlich nutzten sowohl Waffen-SS als auch das Heer, in dem Fall konkret die Division »Großdeutschland«, die Gelegenheit zur Nachwuchswerbung, die bei den Schülern gut ankam, so dass sich viele freiwillig meldeten. Auch der baltische Baron Adrian von Fölkersam, Leutnant im Regiment 800, einer militärischen Sondereinheit, die zum Teil getarnt jenseits der Frontlinien eingesetzt wurde, warb für seine Einheit.[96]

Die eigentliche Abschlussprüfung in den Fächern gliederte sich in zwei Teile. Beide waren mündlich, und die Prüfung zusammen mit den Vorzeugnissen entschied, ob man das Diplom, das zum Eintritt in weitere Parteischulen berechtigte, oder nur ein Zeugnis bekam, das als Abitur galt. Die Schüler zogen aus einer Urne ein Los, bereiteten sich kurz vor und hielten dann einen halbstündigen Vortrag. Am Ende mussten die Jungen den Prüfern noch Rede und Antwort stehen. Danach folgte der krönende Abschluss des Schullebens: »Am folgenden Sonntag wurde dann in einem feierlichen Akt in der

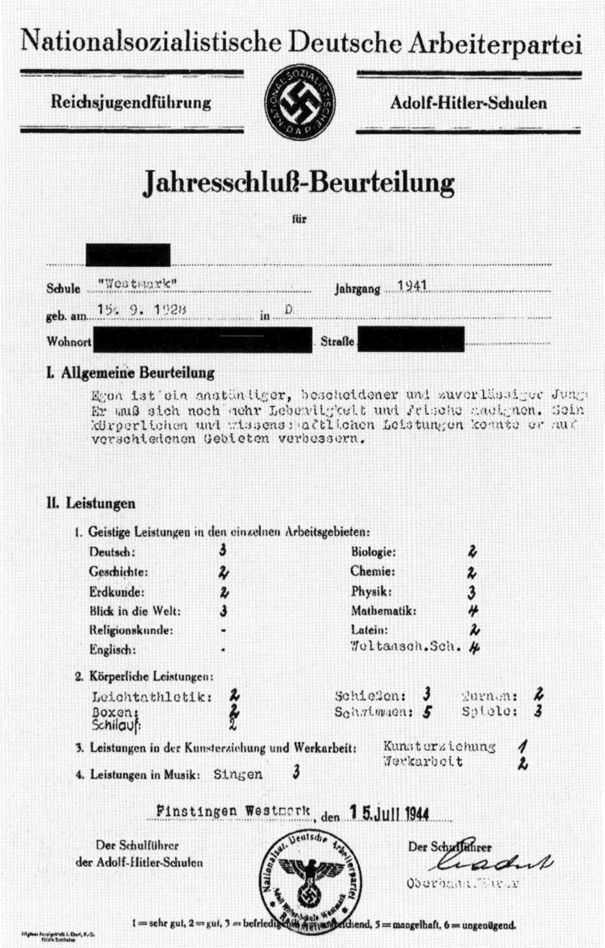

Nationalsozialistische Deutsche Arbeiterpartei

Reichsjugendführung — Adolf-Hitler-Schulen

Jahresschluß-Beurteilung

für

[redacted]

Schule "Westmark" Jahrgang 1941

geb. am 15. 9. 1928 in D.

Wohnort [redacted] Straße [redacted]

I. Allgemeine Beurteilung

Egon ist ein anständiger, bescheidener und zuverlässiger Junge. Er muß sich noch mehr Lebendigkeit und Frische aneignen. Seine körperlichen und wissenschaftlichen Leistungen konnte er auf verschiedenen Gebieten verbessern.

II. Leistungen

1. Geistige Leistungen in den einzelnen Arbeitsgebieten:

Deutsch:	3	Biologie:	2
Geschichte:	2	Chemie:	2
Erdkunde:	2	Physik:	3
Blick in die Welt:	3	Mathematik:	4
Religionskunde:	-	Latein:	2
Englisch:	-	Weltansch.Sch.	4

2. Körperliche Leistungen:

Leichtathletik:	2	Schießen:	3	Turnen:	2
Boxen:	2	Schwimmen:	5	Spiele:	3
Schilauf:	2				

3. Leistungen in der Kunsterziehung und Werkarbeit: Kunsterziehung 1, Werkarbeit 2

4. Leistungen in Musik: Singen 3

Finstingen Westmark, den 15. Juli 1944

Der Schulführer der Adolf-Hitler-Schulen

Der Schulführer [illegible]

Oberbann[illegible]

1 = sehr gut, 2 = gut, 3 = befriedigend, 4 = ausreichend, 5 = mangelhaft, 6 = ungenügend.

Jahresabschlusszeugnis eines Adolf-Hitler-Schülers, 1944.

Turnhalle uns allen von Baldur von Schirach und Robert Ley das Diplom überreicht, auf das wir verständlicherweise sehr stolz waren.«[97]

Eigentlich waren die Schulen gegründet worden, um ein Kandidatenreservoir für die politische Führung zu formen. Aber auch andere Karrieren standen den Absolventen offen. Das spiegelte sich in der Praxis bei den Berufswünschen der Entlassungsjahrgänge wider. Klüver erwähnt in seiner Schrift eine Auflistung der konkreten Berufswünsche des Jahrgangs 1937 der Schule Thüringen. Darin nannten sieben von 23 Schülern »zivile« Berufswünsche. Fünf wollten jedoch zur Politischen Leitung, vier in den Auswärtigen Dienst; vier wollten HJ-Führer werden und jeweils einer Bauernführer im Osten, Erzieher an einer AHS und Mitglied der Waffen-SS.[98] Nur drei der Schüler aus dem Jahrgang Edgar Maurers, darunter er selbst, entschieden sich am Ende für einen Zivilberuf – und nicht für den Staatsdienst oder einen Parteiposten.[99] Auch ein Pressebericht von 1943 deutet darauf hin, dass die Schüler die allgemeine Zielrichtung der NS-Führung willig aufnahmen: »Der weitaus größte Teil der Adolf-Hitler-Schüler des ältesten Jahrgangs hat sich für die politische Führerlaufbahn entschieden mit dem Ziel, im Osten aufzubauen.«[100]

Kriegserlebnisse

Ab 1942 mussten die Jungen in Vogelsang wegen Fliegeralarm zunehmend öfter in den provisorischen Luftschutzbereich am Osthang, während Krössinsee und Sonthofen von solchen Alarmen weitgehend unbehelligt blieben. Aus privaten Briefen des Vogelsanger Gasterziehers Friedrich Schöll an seine Frau geht hervor, dass der schulische Alltag zunehmend durch die Luftalarme massiv gestört wurde: »Nun ertönt aber die Sirene. Vollalarm. Folglich kriegen wir nichts (zum Abendessen). Der Unterricht wird öfter gestört, er findet öfter im Keller statt. […] Die Nacht war wieder gestört, ich war von halb zwei bis halb 3 im Bunker.«[101] Bisweilen wurden alliierte Flugzeuge auch im unmittelbaren Umfeld der Schulen abgeschossen: »Ein englischer Bomber abgeschossen und auf der Höhe zwischen Burg und Sperrmauer auf einen Kilometer weit verstreut in Hunderten von Stücken explodiert. Ein Major, sechs Offiziere und ein Sergeant […] tot, werden in Wollseifen begraben. Vorgestern Nacht gingen zwei Bomben unmittelbar unterhalb der Burg ab. Es war nur Schrecken und ein Waldbrand, sonst kein Schaden.«[102]

Die Vogelsanger Schüler wurden bei Bränden nach Bombenwürfen als Feuerwachen eingesetzt: »Die Jungen haben heute Wache bei dem Waldbrand, den die Bombenwürfe am Freitag angerichtet haben.«[103] Über der nahen Urfttalsperre schwebten zum Schutz der Staumauer gegen Tiefflieger in einer Höhe von 50 bis 150 Metern insgesamt 20 Sperrballone.[104] Bisweilen holte die eigene Flak diese Ballone vom Himmel.

Vermutlich zeigt dieses Bild die Abreise von Schülern aus den frontgefährdeten Gebieten ins Reichsinnere.

Das markante »Krantor« in Danzig war vielen Adolf-Hitler-Schülern bereits von früheren Fahrten bekannt; undatiert.

Als die Front im Westen 1944 unerbittlich näherrückte, zeichnete sich das Ende der Schulen in der Eifel ab. Beim Abtransport der Schuleinrichtung im Herbst desselben Jahres mussten auch die Schüler anpacken. Die Sachen wurden mit Lastwagen und Anhängern ins Bergische Land gebracht und in einem Schuppen deponiert. Die Fahrt war nicht ungefährlich, denn die alliierte Luftwaffe beherrschte den Himmel über dem Rheinland. Zeitweilig hingen die Jungen »auf Führerhaus, Trittbrett und Kotflügel, um gleich abspringen zu können«, wenn sie von einem Flugzeug angegriffen würden.[105] Die AH-Schüler erlebten den Krieg aber nicht nur in ihren Schulen.

Rund 300 Schüler waren 1937 als erster Jahrgang an die AHS gekommen. Nach fünf Jahren bat der älteste Jahrgang in Sonthofen geschlossen um die Zulassung zum Kriegsabitur und meldete sich an die Front. Wie bereits erwähnt, hatte die Division »Großdeutschland« offenbar beim Abschlusslehrgang besonders erfolgreich für sich geworben. Schulleiter Herbert Roloff und viele ehemalige AH-Schüler meldeten sich zu dieser Panzergrenadier-Division. Das war eigentlich eine überstarke Panzereinheit, die als »Feuerwehrdivision« überall da eingesetzt wurde, wo es an den Fronten »brannte«. Nach Angaben von Max Klüver befanden sich im Herbst 1943 etwa 60 ehemalige Schüler, die Ostern ihre Abschlussprüfung gemacht hatten, bei der Ersatzbrigade »Großdeutschland« in Cottbus.[106] Sie waren am 1. Juli 1943 in eine Kompanie von Offiziersbewerbern gekommen.

Diese Fahrt zum Tannenberg-Denkmal stimmte die Schüler auf das Thema Ostkolonisation ein, undatiert.

Nach der Grundausbildung folgte die Unterführerausbildung. Nun waren alle Offiziersbewerber der Division in einer Einheit unter Leitung von Oberstleutnant Max Klüver zusammengefasst. Wenig später sah man die ehemaligen Schüler als Soldaten an den Fronten, wo sie das Grauen des Krieges in allen Facetten kennenlernten und viele von ihnen den Tod fanden.[107]

Von den 300 Angehörigen des ältesten Jahrgangs starben belegbar 103, der Verbleib weiterer 52 Schüler ist unbekannt, so dass rund die Hälfte dieser Schüler umgekommen sein könnte. Unter den namentlich bekannten Schülern gehörten zehn der Waffen-SS an, zu der sich etwa zehn Prozent der Schüler gemeldet hatten. Die anderen waren zur Wehrmacht eingezogen worden.[108]

Klaus Schneider hat in seinem »Gefallenenbuch der AHS« insgesamt 293 ehemalige AH-Schüler aufgelistet, die während des Krieges offiziell für tot oder vermisst erklärt wurden. Mutmaßlich, so Schneider, seien wohl weitere Verstorbene unter den 606 Schülern, deren Verbleib später unbekannt war. Die Mehrzahl der an der Front belegbar gestorbenen und vermissten Schüler kam im Osten um: 181. Dort starben die ersten bereits wenige Monate nachdem sie am 21. März 1942 in Sonthofen ihren vorzeitigen Abschluss gemacht hatten. Viele andere fanden den Tod ab Herbst 1944 an der Ostfront, nach Schneider allein 47 Jungen bei den Kämpfen zwischen Odertal und Berlin. Sechs Vermisste und 95 Gestorbene gab es an der Westfront. Von den Kriegstoten der Jahrgänge 1937 und 1938 aller Schulen gehörten 35 der Division »Großdeutschland« an, darunter alleine zehn der Schule 6.[109]

Auflösung der Schulen

Für die Schüler der unteren Klassen, die noch nicht zum Frontdienst einberufen waren, gab es ab 1944 diverse Schanzeinsätze.[110] Die in der Eifel stationierten Schüler etwa kamen bei Schanzarbeiten am »Westwall« zum Einsatz. Manche Schüler waren auch als Flakhelfer eingesetzt. Zugleich rückte nun ein anderes Fach in den Vordergrund: »Auf die Wehrertüchtigung wurde besonders viel Wert gelegt; dies merkten wir vor allem am Nachmittag. Der war mit Schießen und Geländesport ausge-

Auf dem Weg an die Ostfront; Foto eines ehemaligen Schülers, 1944.

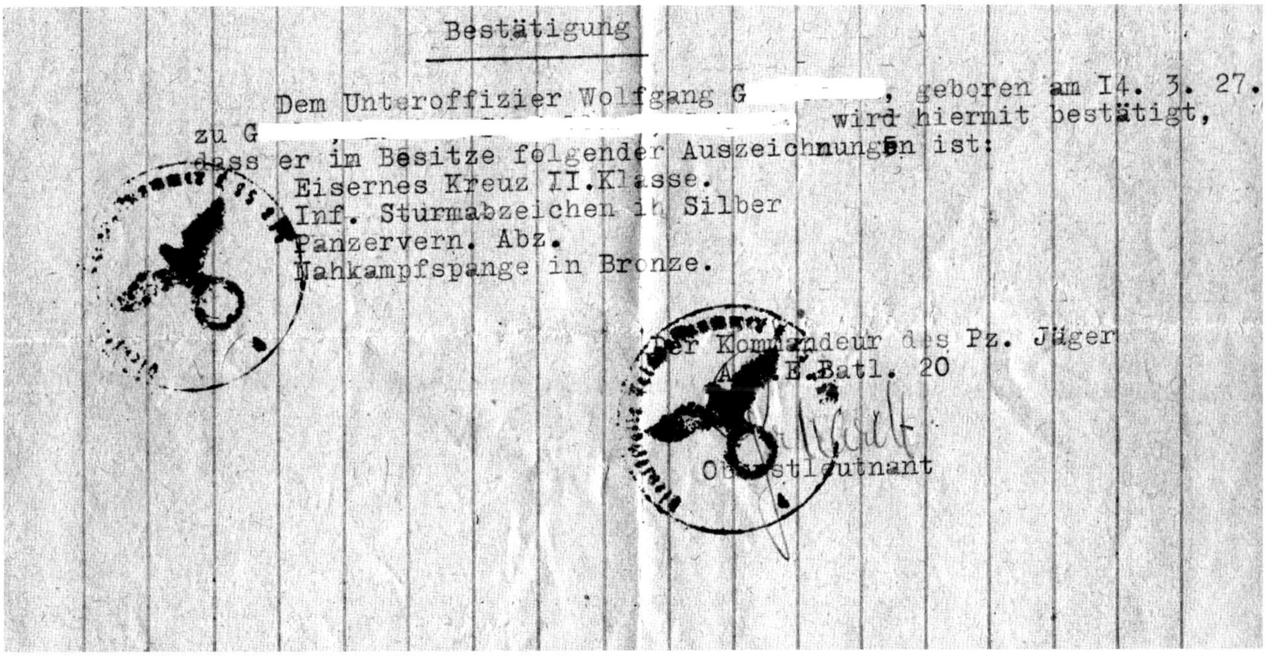
Bestätigung

Dem Unteroffizier Wolfgang G[redacted], geboren am 14. 3. 27.
zu G[redacted] wird hiermit bestätigt,
dass er im Besitze folgender Auszeichnungen ist:
Eisernes Kreuz II.Klasse.
Inf. Sturmabzeichen in Silber
Panzervern. Abz.
Nahkampfspange in Bronze.

Der Kommandeur des Pz. Jäger
A. u. E. Batl. 20

Oberstleutnant

Bestätigung der Verleihung von Tapferkeitsauszeichnungen bei einer Panzerjäger-Einheit für einen ehemaligen AH-Schüler (Name unkenntlich gemacht).

füllt.«[111] Parallel erfolgte eine paramilitärische Ausbildung an Panzerabwehrwaffen.[112]

Mit dem Ende des Schuljahres 1943/44 und der Annäherung der Westalliierten an die Reichsgrenze kam das Ende der letzten Schulen in Vogelsang, sie zogen nach Krössinsee um bzw. waren bereits in Erlenbad. In der zweiten Januarhälfte 1945 flohen die Krössinseer Schüler dann wiederum vor den herannahenden sowjetischen Truppen in Richtung Westen.[113] Die in Erlenbad untergebrachten Schüler dagegen wurden von der näherrückenden Westfront Ende März 1945 nach Sonthofen gebracht. Von dort aus zogen sie beim Anrücken französischer Truppen vorwiegend in Gebiete, auf die die Amerikaner vorstießen. 16-Jährige wurden in dieser Zeit als »Zugführer« mit der Aufgabe belastet, die Jungen zugweise in Sicherheit zu bringen und sie – beispielsweise getarnt als KLV-Lager – zu verstecken.[114] Dabei gab es in Einzelfällen noch Todesopfer.

Ein Schüler berichtete, dass er mit einer Schülergruppe zu den Waffen griff: Der Gedanke, »Deutschland zu verteidigen«, habe sich breitgemacht. Sie stahlen sich Waffen und Munition zusammen und versuchten zunächst, sich ins Allgäu durchzuschlagen. Unterwegs schloss sich die Gruppe eines Schülers einer Wehrmachtseinheit an, mit der sie drei Wochen durch den Schwarzwald zogen, wobei noch ein Schüler starb.[115] Im Tagebuch eines Jungen ist das dramatische Geschehen dieser letzten Kriegstage in Stichworten notiert: »13. 4.: Die letzten 8 des Jahrgangs 10/41 bilden den Kern einer ca. 400 Mann starken Volkssturmeinheit. Außerdem dabei: Reste der Schule 7/41 und Offiziersanwärter. Sammeln in Sasbachwalden. 15 betrunkene alte Männer und wir. Jupp Madert [ein Schulführer] befahl Abmarsch. […]. – 15. 4. In Triberg wird das HJ-Panzervernichtungsregiment 21 zusammengestellt. Jupp Madert wird Bataillonsführer des B II, Georg Benz Kompanieführer, ich Bataillonsmelder. – Am 20. 4. Vereidigung auf einer Waldlichtung (nachmittags), anschließend Aufbruch und Abmarsch (Richtung Alpenfestung) […] – 1. 5. Morgens sind wir ziemlich verzweifelt. W. will sich erschießen. […] – 3. 5. Wir wagen uns auf offener Straße in Immenstadt von den Bergen runter – nach Knottenried – nach einer Beinahe-Gefangenschaft wieder in den Wald – treffen auf einer Lichtung zwei Russen, die sich ebenfalls versteckt halten und essen aus ihrem Kochtopf, den sie über einem Feuer hängen haben. – 4.5. […] Auf Lkw nach Leutkirch ins Gefangenenlager.«[116]

Unterdessen war zum 1. April 1945 der Geburtsjahrgang 1929 zur Wehrpflicht aufgerufen worden. So kamen etwa 100 Sonthofener Schüler ohne vorherige Musterung oder formelle Einberufung zur SS-Junkerschule Bad Tölz. Dort gab es militärische Grundausbildung und vor allem Schießausbildung. Ende April wurden aus den SS-Einheiten Kampfgruppen gebildet, deren Kompanien jeweils ein Zug »Pimpfe« zugeteilt wurde. Ein Schüler erinnerte sich, dass er mit einer »Kampfgruppe Garbe« die Kesselbergstraße von Kochel zum Walchensee sperren sollte. Am 9. Mai 1945, dem Tag der Kapitulation der Wehrmacht, wurden diese Jungen nach Hause geschickt.[117]

Diejenigen, die körperlich unversehrt nach Hause kamen, standen buchstäblich vor den Trümmern ihrer Welt. Dieses Gefühl beschrieb der AH-Schüler und spätere *Zeit*-Herausgeber Theo Sommer sehr treffend. Auf dem Rückweg nach Hause habe er – damals 15-jährig – erstmals Bilder vom grauenhaften Geschehen in den Konzentrationslagern gesehen: »Ich mochte nicht glauben, was ich da sah.« Für ihn sei »eine Welt zusammengebrochen«.[118] Drastisch beschrieb der ehemalige Schüler Joachim Baumann – im Krieg viermal verwundet und wegen Tapferkeit vor dem Feind ausgezeichnet und Offizier geworden – seinen Nachkriegswandel vom Teil der Volksgemeinschaft zum eigenständigen Individuum: Er habe 23-jährig beschlossen, »niemandem mehr zu erlauben, ihn zum Kriegsdienst zu zwingen; niemandem mehr zu erlauben, ihm in den Kopf zu scheißen; endlich der zu werden, der er ist: ein völlig eigenverantwortliches Einzelstück.«[119]

Die ideologische Verankerung der jungen Männer in der NS-Weltanschauung war durch die Bank nicht so gefestigt, dass sie unter demokratischen Rahmenbedingungen unumkehrbar gewesen wäre. Viele ehemalige Adolf-Hitler-Schüler wurden – teils nach schwierigem und schmerzlichem Erkenntnisprozess – zu Motoren in der Versöhnungsarbeit mit den Nachbarländern und den Hauptopfergruppen nationalsozialistischer Schreckensherrschaft, so etwa Helmut Morlok, der Ehrenvorsitzender des Stiftungsrates der Jugendbegegnungsstätte Auschwitz wurde.[120] Manche Schüler hatten nach dem Kriegsende Schwierigkeiten, weil die Diplome teilweise nicht anerkannt wurden, so dass die Jungen noch einmal die Schulbank drücken mussten, um das Abitur nachzumachen. Viele der jüngeren Schüler kehrten jedoch problemlos wieder in die alten Schulen in ihrer Heimat zurück.

Auf den weiteren Berufsweg wirkte sich der Aufenthalt in den Adolf-Hitler-Schulen keineswegs negativ aus. Ganz im Gegenteil. Die an den AHS vermittelte Bildung scheint in hohem Maße geeignet gewesen zu sein, um den Anforderungen im Nachkriegsdeutschland zu genügen. Ein sehr großer Anteil der jungen Männer machte in der Bundesrepublik, aber auch in der DDR beruflich steile Karrieren, wobei zu berücksichtigen ist, dass sie angesichts der Zeitumstände die denkbar besten Startvoraussetzungen mitbrachten: gymnasiale Bildung, kraftstrotzende Gesundheit und jugendlichen Tatendrang in einem Land, in dem Millionen Männer entweder im Krieg gefallen oder in Gefangenschaft waren. Viele wurden sogar prominent, neben den schon genannten Theo Sommer und Werner Lamberz etwa auch Hardy Krüger (Filmschauspieler) und Rudolf Sprung (Parlamentarischer Staatssekretär im Bundeswirtschaftsministerium bis 1987); Harald Scholtz genoss hohes Ansehen als Historiker, und Lothar Wiedecke wurde Abteilungsleiter an der Physikalisch-Technischen Bundesanstalt Braunschweig.[121] Klaus Schneider, der die weiteren Lebenswege von 795 ehemaligen Schülern verfolgt hat,[122] gab an, dass 125 Schüler später einen Doktor-Titel und 38 einen Professoren-Titel führten. Neun Schüler wurden Pfarrer. Auch zwei Brigadegeneräle gingen aus den Reihen der Schüler hervor. 45 wurden Ärzte, 40 höhere Beamte, darunter einige in Spitzenfunktionen. 26 wurden Richter, Staatsanwälte oder Rechtsanwälte.

Fazit Adolf-Hitler-Schulen

Im Rückblick erscheinen die Adolf-Hitler-Schulen durchaus ambivalent, was den Zwiespalt erklärt zwischen der eher negativen öffentlichen Nachkriegswahrnehmung und der teilweise vehementen Verteidigung der Schulen

Ehemalige Adolf-Hitler-Schüler beim Besuch ihrer früheren Schule in Vogelsang, 2006.

seitens der ehemaligen Schüler und Erzieher. Die Letzteren verteidigten sie als Schulen, die ihren Absolventen gerade in der Nachkriegszeit beachtliche Karrierewege ermöglicht hätten. Kritiker hielten dem entgegen, dass die Schulen ideologisch vollkommen vom Nationalsozialismus überlagert gewesen seien und darauf abzielten, Nationalsozialisten weltanschaulich zu formieren. Offensichtlich ist beides gleichermaßen zutreffend wie falsch. Eine Differenzierung ist erforderlich, um das Problem deutlich zu machen.

Den Schulen ist zunächst zu attestieren, dass sie bewusst reformpädagogische Aspekte der 1920er und 1930er Jahre aufgriffen und in ihrem Schulexperiment konsequent umsetzten. Dabei wurden pädagogische Ansätze genutzt, die auch heute noch als durchaus modern gelten können. Durchweg gaben die Schüler später an, sie seien durch die Schulen zu selbständigem, verantwortlichem Handeln und zur Wahrhaftigkeit erzogen worden. Davon hätten sie im späteren Leben profitiert. Die Schüler versicherten auch glaubhaft, dass der eigentliche Unterricht in weiten Teilen offensichtlich nicht von der NS-Weltanschauung geprägt war. Ganz sicher unzutreffend ist aber die bisweilen behauptete ideologiefreie Vermittlung in den Fächern »Blick in die Welt« oder »Volkskunde«. Die dort behandelten Themen waren teilweise reine Ideologie, was die meisten Schüler im Rückblick auch einräumten.

Weit intensiver im Sinne weltanschaulicher Beeinflussung wirkte jedoch das, was sich außerhalb der eigentlichen Unterrichtsstunden abspielte. Die Rahmenbedingungen waren so gesteckt, dass sich die Jungen dieser Beeinflussung nicht entziehen konnten, ein Korrektiv, wie etwa das Elternhaus oder auch ein außenstehender Freundeskreis, war in der Abgeschiedenheit der Internate nicht vorhanden. Nationalsozialistische Feierstunden, markige Ansprachen von Soldaten, die als »Weltkriegshelden« Vorbilder für die Jungen waren, oder auch der von Joachim Baumann zu Recht als massiver Beeinflussungsversuch gewertete Besuch in einer »Irrenanstalt« waren nichts anderes als weltanschauliche Agitation. Manche Texte der Schüler machen deutlich, dass diese Beeinflussung zunächst auf fruchtbaren Boden fiel. Beim Kriegsende waren die ehemaligen AH-Schüler für unterschiedlich lange Zeiträume dieser Beeinflussung unterzogen gewesen. Für nahezu alle darf aber aus der Distanz von Jahrzehnten gesagt werden, dass sie sich – teilweise nach schwierigem Erkenntnisprozess – als überzeugte Demokraten in die Nachkriegsrepublik einlebten.[123]

Hohe Schule der NSDAP

Teil des Modells der von Hermann Giesler entworfenen »Hohen Schule der NSDAP« am Chiemsee, 1930er Jahre; das Modell der Münchner Frauenkirche macht die Dimensionen der Parteihochschule deutlich.

Die Adolf-Hitler-Schulen sollten nach Leys Vorstellung die unterste Stufe der Funktionärserziehung bilden, gefolgt von den Ordensburgen als mittlerer Ebene und schließlich einer Parteiuniversität, der »Hohen Schule der NSDAP«. Obwohl diese Einrichtung niemals realisiert wurde, gehört sie doch zum Ley'schen Konzept der Formierung des Führernachwuchses und soll deshalb nachfolgend, wenn auch sehr gestrafft, dargestellt werden.

Bereits 1936 war es zu einer Übereinkunft zwischen Robert Ley und Alfred Rosenberg gekommen, wonach Rosenberg das Sagen beim Thema Hohe Schule haben sollte: »Beide Reichsleiter sind sich darin einig, dass dieses Einverständnis durch die nationalsozialistische Akademie gekrönt werden muss, um eine einheitlich ausgerichtete weltanschauliche Schulung der NSDAP für alle Gliederungen zu garantieren. Diese Akademie untersteht Reichsleiter Pg. Rosenberg.«[1] Am 8. März 1937 gab Ley in Vogelsang anlässlich der Abmusterung des ersten Lehrgangs bekannt, dass zur Erlangung eines einheitlichen Lehrstoffes für die Adolf-Hitler-Schulen und die Ordensburgen eine Akademie für Lehrernachwuchs unter der Leitung von Rosenberg ins Leben gerufen werde. Nach einer Vereinbarung zwischen Himmler, Ley und Rosenberg werde die Akademie die Aufgabe haben, Lehrer für sämtliche weltanschauliche Schulungseinrichtungen heranzubilden und die einheitliche Ausrichtung der Lehrpläne zu überwachen.[2] Auf einer Tagung im Herbst desselben Jahres ging Ley von einer Bauzeit von fünf bis sechs Jahren aus. Des Weiteren erwähnte er einen Hinweis Hitlers, dass später niemand in Partei, Staat oder Bewegung Führer werden könne, der nicht durch diese Schulen – AHS, Ordensburgen und Hohe Schule – gegangen sei.[3] Ein Tagungsteilnehmer notierte, die Hohe Schule solle »alles in den Schatten stellen, was bisher von Universitäten und Hochschulen bekannt ist. Wie München zum Mekka der nationalsozialistischen Bewegung geworden sei, so soll die ›Hohe Schule‹ am Chiemsee in ihrer Art sich lediglich mit der vatikanischen Hochschule in Rom vergleichen lassen. [...] Die Pläne umfassen ein gewaltiges Areal, auf dem einzigartige Forschungsstätten entstehen sollen.«[4]

Der Architekt Hermann Giesler wurde mit der Planung der Universität beauftragt. Er beschrieb rückblickend seinen ersten, noch eher bescheidenen Entwurf so: »Die Anlage gewann den Ausdruck eines modernen Oberdonau-Stiftes mit bajuwarischer Prägung und entsprach so einer Ordens- oder Forschungs-Gemeinschaft, wie sie Alfred Rosenberg vorschwebte.«[5] Hitler forderte jedoch eine große Lösung. Nach Abschluss seiner Planungen notierte der Architekt: »Der Führer hat den Standort und die Gestaltung des Bauwerks bestimmt. Das Baugelände, eine vorgeschobene Landzunge am Nord-Ost-Ufer des Chiemsees, bedingte, neben anderen Gründen, eine Orientierung der ›Hohen Schule‹ von Nord nach Süd mit dem Blick über den See zum Gebirgszug der Voralpen, mit der Kampenwand in einer Entfernung von etwa 20 Kilometern. Am Südufer des Chiemsees führt die Autobahn München–Salzburg vorbei, auf etwa 15 Kilometer Länge ergibt sich ein freier Blick über den weiten See zum geplanten Bauwerk. Es galt also, durch Zusammenfassung der Baumassen und durch eine dominierende Vertikalsteigerung der ›Hohen Schule‹ Ausdruck zu geben und gleichzeitig die Fernwirkung zu erreichen. Eine besondere Abzweigung der Autobahn und eine Bahnanlage, beide aus dem Raum Traunstein, führen zum Empfangsplatz im Norden der ›Hohen Schule‹. Hier beginnt die Bauachse, die sich mit 1700 Meter Länge nach Süden zum hohen Saalbau erstreckt. An dieser

Achse liegen aufgelockert und in sich abgeschlossen die Adolf-Hitler-Schule und die Gebäudegruppen für die Lehrgänge der Partei. Abgesetzt, verdichtet sich die Anlage zur eigentlichen ›Hohen Schule‹ und erfährt die letzte Steigerung, einer Demonstration gleich: Das Turmgebäude mit dem hohen Saal. Bootshafen und Sportanlagen sind ostseitig angeordnet.«[6] Hitler entschied sich am 10. Mai 1938 endgültig für Gieslers Entwurf, der Mitbewerber Klotz kam nicht zum Zuge.[7]

Zeitgleich gab es Bestrebungen des stellvertretenden Amtsleiters »Amt Ordensburgen« im Hauptschulungsamt, Hans Dietel, an den Ordensburgen »Institute« einzurichten. Er betonte bei einer Tagung des Hauptschulungsamtes ausdrücklich, »dass als Vorarbeit für die ›Hohe Schule‹ Institute an den Ordensburgen eingerichtet werden bzw. schon eingerichtet worden sind. Es bestehen bereits Institute für wirtschafts- und arbeitspolitische Fragen«, zu denen noch weitere Institute für »Geschichte, Vorgeschichte und andere Gebiete« hinzukommen sollten.[8] Das Amt Rosenberg pfiff ihn allerdings schnell zurück: »Die wissenschaftliche Forschungsarbeit wird allein Aufgabe der Hohen Schule sein. Aus diesem Grunde sind neue Gründungen zu unterlassen, die diese Arbeit vorwegnehmen könnten. Ich bitte Sie also, die Einrichtung von Instituten an den Ordensburgen zu untersagen. Wenn es sich nur um arbeitsgemeinschaftliche Zusammenfassungen handeln sollte, sind diese Einrichtungen dann mit dem richtigen Namen zu kennzeichnen.«[9]

Gleichwohl beabsichtigte Robert Ley Anfang 1939, in Sonthofen ein eigenes »Parteiseminar« einzurichten. An der Planung sollte das Hauptamt Kommunalpolitik beteiligt werden. Ziel war es, »im dritten Jahr die praktisch-politische Ausbildung für die kommenden Aufgaben des Parteieinsatzes« durchzuführen. Inhalte sollten neben der Gemeindeordnung bzw. dem Kommunal- und Staatsrecht gemeindliche Aufgaben sein (Wirtschaft, Schule, Soziales, Kultur, Verkehr, Gemeindefinanzen und Steuern

Portal des Hauptgebäudes der Hohen Schule; Modell aus den 1930er Jahren.

etc.).[10] Tatsächlich scheinen auch am Krössinsee Seminare eingerichtet worden zu sein: für Vor- und Frühgeschichte, politische Information, Rassenkunde und Geopolitik.[11]

Kriegsbedingt konnten die Überlegungen für die Hohe Schule der NSDAP nicht in konkrete Baumaßnahmen umgesetzt werden. Nichtsdestotrotz erhielt das Vorhaben am 29. Januar 1940 mit einem »Führer«-Erlass endgültig grünes Licht: »Zur Kenntnisnahme der Dienststellen von Partei und Staat. Die ›Hohe Schule‹ soll einst die zentrale Stätte der nationalsozialistischen Forschung, Lehre und Erziehung werden. Ihre Errichtung wird nach dem Kriege stattfinden. Um jedoch die begonnenen Vorarbeiten zu fördern, ordne ich an, dass Reichsleiter Alfred Rosenberg diese Vorbereitungsarbeiten – vor allem auf dem Gebiete der Forschung und Errichtung von Bibliotheken – weiterführt.« Der Krieg ging bekanntlich verloren, und so blieb auch die Hohe Schule nichts als eine Planungsutopie von Machthabern, die sich anschickten, die Welt aus den Angeln zu heben.

Ordensburgen im Krieg

Krössinsee

1939 und 1940 dominierten an der pommerschen Ordensburg unmittelbar kriegsbedingte Nutzungen. Zunächst diente sie als Reservelazarett, dann als Unterkunft für mehrere hundert Berliner Schüler im Rahmen der Kinderlandverschickung. In der Folge gewann Krössinsee im Vergleich zu Vogelsang deutlich an Bedeutung. Neben dem bereits erwähnten »Sonderstab R« im Zusammenhang mit Rosenbergs Ostverwaltung gab es dort bis 1945 in nahezu ununterbrochener Folge Lehrgänge im Sinne weltanschaulicher Formierung. Nun ging es jedoch nicht mehr um den umfassenden und mehrjährigen Drill von Nachwuchsführern. Vielmehr wurden die Lehrgänge, jeweils auf kriegsbedingte Notwendigkeiten reagierend, angepasst. Mit anderen Worten: Provisorien und Experimente setzten sich fort.

Nachfolgend ein knapper Überblick über die dortigen Lehrgänge. 1941 kamen 600 Männer aus Südtirol, »um einmal von führenden Männern der Bewegung möglichst viel über den Nationalsozialismus und das Werden des Großdeutschen Reiches zu hören«. Es handelte sich um Übersiedler, die ins Reich wollten, nachdem Hitler mit der Anerkennung der Brenner-Grenze alle Ansprüche auf Südtirol aufgegeben hatte.[1] Im März 1941 rückten rund 200 junge Männer an, die zu einem Prüfungslager der Gau- und Reichssieger der Berufs-Fachgruppe Metall und Eisen gerufen worden waren.[2] Im Zusammenhang mit der Berufsförderung der DAF standen auch die Versehrtenlehrgänge für Bauarbeiter, die erstmals am 20. September 1941 begannen und bis 1944 mehrfach wiederholt wurden. Die Teilnehmer sollten zu Unterführern für gehobene Stellen im Baugewerbe ausgebildet werden.

Teilnehmer eines Versehrtenlehrgangs für die politische Führung in der Ordensburg Krössinsee, etwa 1943.

Gemäß einer Vereinbarung zwischen Ley und Himmler begann am 21. August 1942 ein Lehrgang des Hauptschulungsamtes für »Volksdeutsche« aus der Dobrudscha, dem Buchenland, dem Banat, Litauen, Siebenbürgen und wiederum Südtirol. Vom 30. März bis 20. April 1942 folgte ein Reichslehrgang für 300 Umsiedlerfrauen aus Kroatien, Litauen, Bessarabien, Rumänien, Bosnien, Buchenland, Russland, Serbien, Siebenbürgen, Dobrudscha, Polen, Galizien, Banat, Wolhynien, Lettland und Bulgarien. Vermittelt wurden »Erfahrungen und Ratschläge für die bevorstehende Ansiedlung«, die die Frauen »auf den praktischen Einsatz im Osten vorbereiteten«. Sie sollten also Siedler-Vorposten der Germanisierung des Ostens bilden. In dieselbe Richtung zielte auch ein »Lehrgang für Landwirte der besetzten Ostgebiete« vom 11. Januar bis zum 27. Januar 1943,[3] ihm folgten mindestens sieben weitere mit der gleichen Zweckbestimmung.[4] Volksdeutsche Frauen rückten erneut vom 30. März 1943 bis zum 20. April an,[5] gefolgt von Dolmetschern, die für den Einsatz in den besetzten Ostgebieten vorbereitet wurden.[6] 118 auslandsdeutsche Unterführer des Deutschen Jungvolks fanden sich vom 18. Juli bis zum 15. August 1943 ein.[7] Parallel liefen mehrere Lehrgänge von Forst- und Waldarbeiterlehrlingen.[8]

1943, wohl unter dem Eindruck des Desasters von Stalingrad, wurde die Erziehung zur politischen Führung unter veränderten Bedingungen wiederaufgenommen, wie der Krössinseer Ordensburg-Kommandant Otto Gohdes bekanntgab: »Am 1.5. [1943] wenden wir uns wieder unserer eigentlichen Aufgabe zu: der Führernachwuchserziehung.«[9] Im Einvernehmen mit dem Leiter der Parteikanzlei, Martin Bormann, und dem Chef des Oberkommandos der Wehrmacht, Wilhelm Keitel, habe Ley befohlen, kriegsversehrte junge Parteimitglieder in viermonatigen Kursen zu schulen, um sie dann

Verwundete Soldaten im Lazarett der Ordensburg Krössinsee; Erinnerungsfoto mit Pflegepersonal, 1940.

der Partei zur Verfügung zu stellen. Die Gründe verhehlte Gohdes nicht: Über »90% der Führer der Partei aller Grade und aller Gliederungen« seien zur Front einberufen, wo sie einen hohen »Blutzoll« zahlten. Daher brauche die Partei »Zustrom an geeigneten Führern«. Die Kriegsversehrten sollten durch ebenfalls versehrte Stammführer der Ordensburgen »mit dem Rüstzeug geistig-weltanschaulicher Art versehen werden«. Voraussetzung war die erfolgreiche Teilnahme an einem Ausleselehrgang an der Gauschulungsburg.[10] Der erste Kriegsversehrtenlehrgang für politische Führer begann am 19. Januar 1943. Ley erläuterte am 17. Mai seine Ziele bei dieser Schulung: das »Auffüllen der durch den hohen Blutzoll, der von der Partei in diesem Kriege gezahlt wurde und immer noch gezahlt wird, entstandenen Lücken in der Führung, eine Auffrischung unserer Reihen mit kerngesundem Frontkämpfergeist« sowie »ein Auffüllen dieser Reihen mit jungen Fanatikern unserer Idee, die für ihre politische Haltung bereits mit ihrem Blute einstanden«.[11] Diese Lehrgänge wurden bis ins Jahr 1944 abgehalten.[12]

1944 tagten am Krössinsee SA-Führer, und es gab Lehrgänge »zum Erwerb der Prüfberechtigung des SA-Wehrabzeichens für Kriegsversehrte«. Zu dieser Zeit begann wieder eine neue Art von Lehrgang: der Drill »Nationalsozialistischer Führungsoffiziere« (NSFO). Sie sollten bei der Truppe als ideologische Einpeitscher fungieren.[13] Der Vogelsanger Kameradschaftsführer W. berichtete noch in der letzten bekannten Folge der *Burggemeinschaft* darüber: »Wir sind wie damals, als wir auf den Ordensburgen begannen, [...] auch jetzt wieder dabei, mit einem Stamm bewährter Offiziere und kämpferischer Nationalsozialisten die Weltanschauung des Führers kompromisslos zu predigen und in den Herzen der Lehrgangsteilnehmer zur Gesinnung werden zu lassen.« An die Burgmannschaften appellierte er: »Kampfzeit ist nun wieder angebrochen. Im letzten Stadium dieser Auseinandersetzung haben wir eine Macht einzusetzen, die wirklich nicht nachgestaltet werden kann, den Typus des durchsetzungskräftigen politischen Soldaten. Eine Wehrmacht, die getragen ist vom Geist der Ordensburgen, d. h. Schwert- und Glaubensgemeinschaft zugleich ist, kann nie überwunden werden.«[14]

Nach diesem »letzten Aufgebot« folgte am Krössinsee dann noch das buchstäblich allerletzte: ein »Lehrgang

Soldaten mit Scherenfernrohr am Flugplatz Krössinsee-Schönfeld, undatiert.

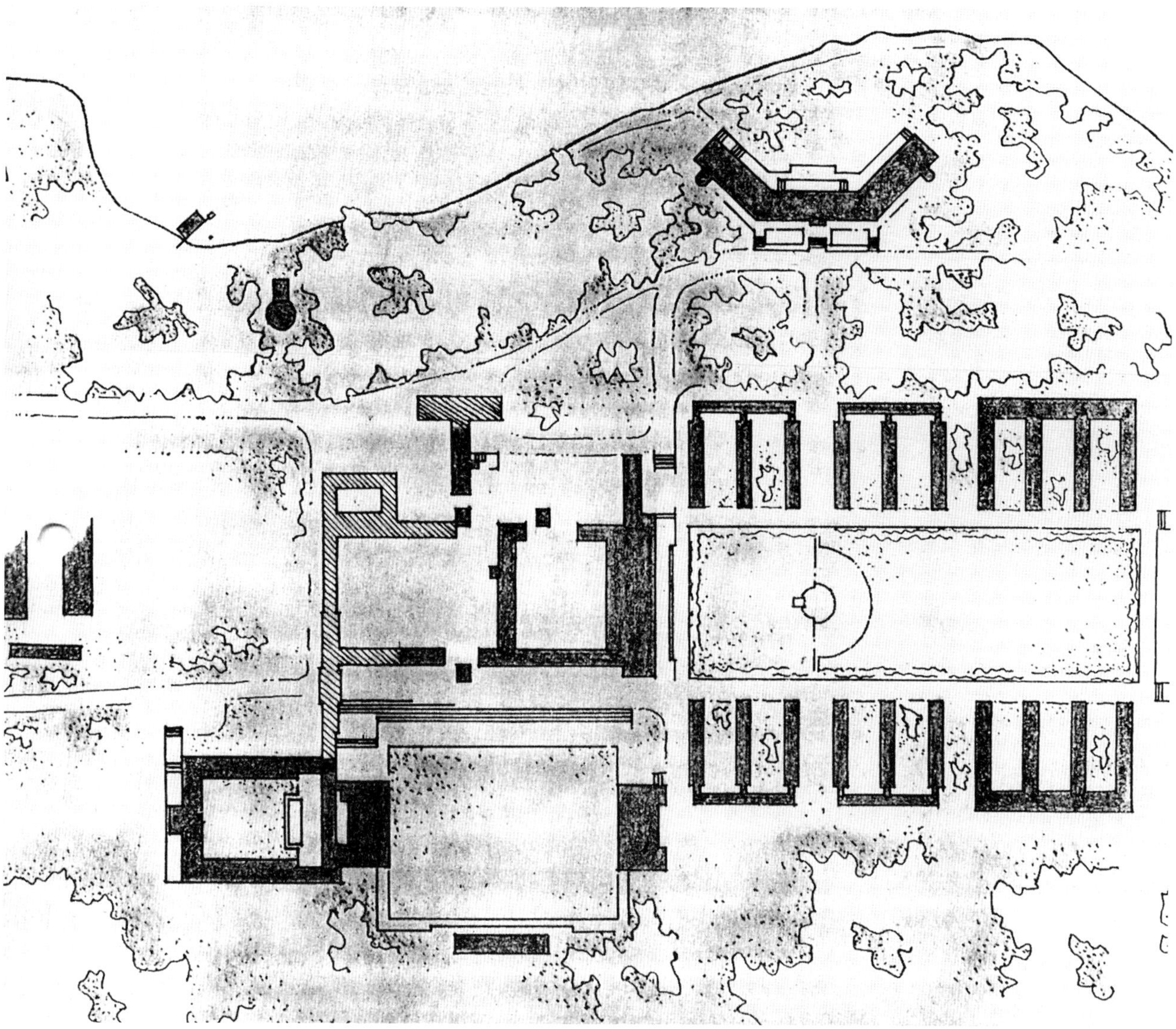
Zeichnung mit den Schäden (dunkel schraffiert), die bei einem Brand in der Ordensburg Krössinsee im Jahr 1944 entstanden sind. Besonders betroffen waren der Eingangsbereich und die »Burgschänke«.

für 400 Kompanie-Führer des Volkssturms« unter Leitung von SS-Brigadeführer P. Eckhardt. Natürlich hatte diese aus Greisen und Halbwüchsigen bestehende Formation der vorrückenden Roten Armee nichts entgegenzusetzen. Daran änderte auch Himmlers Erscheinen am Krössinsee als Oberbefehlshaber einer neu aufgestellten Heeresgruppe Weichsel nichts. Sein Befehlszug »Steiermark« stand Ende Januar, Anfang Februar 1945 in Falkenburg, der »Reichsführer« errichtete in der Ordensburg für einige Tage ein provisorisches Hauptquartier. Anfang März brach in dem Bereich die Front endgültig zusammen. Am 4. März traten die letzten Krössinseer in zwei Gruppen die Flucht an. Eine 16-köpfige Gruppe, darunter der Kommandant, wurde bei Labenz von sowjetischen Soldaten angegriffen, 15 aus der Gruppe starben, auch Otto Gohdes.[15]

Sonthofen

Der Betrieb der Allgäuer Ordensburg war von 1937 bis 1945 durchgängig von den Adolf-Hitler-Schulen bestimmt, alle anderen Nutzungen traten weit dahinter zurück,[16] wie etwa 1941 ein Lager im Rahmen der Kinderlandverschickung mit 300 Kindern. Darüber hinaus fanden Lehrgänge für Schulungsredner von Umsiedlerlagern sowie 1940 für Umsiedler aus Südtirol statt. 1944 tagten Generäle und Feldmarschälle in der Ordensburg. Ein guter Kenner der NS-Ordensburg Sonthofen, Hartmut Happel, erwähnte ein Lager für etwa 30 bis 40 sowjetische Zwangsarbeiterinnen, die zu Reinigungsarbeiten eingesetzt wurden.

Während des Krieges gab es mehrere Kommandantenwechsel: Zum Jahreswechsel 1940/41 verabschiedete sich Kommandant Robert Bauer wegen einer Knieverletzung.[17] Als Nachfolger ernannte Ley Dr. Theo Hupfauer, der am 6. Februar 1941 feierlich in sein Amt eigeführt wurde.[18] Hupfauer meldete sich bereits im April desselben Jahres zur »Leibstandarte Adolf Hitler«, mit seiner Vertretung beauftragte er Bruno Schöttler,[19] der im Sommer 1941 abtrat.[20] Zum Nachfolger ernannte Hupfauer nun seinen ständigen Vertreter in der Reichsleitung, Wilhelm Schröder.

Während die Stadt Sonthofen kurz vor Kriegsende durch Bombenangriffe schwer beschädigt wurde, blieb die Ordensburg davon verschont. Im Chaos des nahen Endes wurde die Anlage aufgegeben, die Angestellten durften mitnehmen, was sie brauchen konnten. Den Rest des Inventars holte sich bald die Bevölkerung. Am 30. April 1945 besetzten französische Soldaten die Stadt im Allgäu.

Das Leben an der Ordensburg in Sonthofen war während des Krieges weiterhin von den Adolf-Hitler-Schulen dominiert. Zeitweilig lebten dort bis zu 1800 Schüler und ihre Erzieher; undatiertes Foto.

Vogelsang

Die Eifeler Ordensburg lag nahezu in Sichtweite der Westgrenze des Reiches. Das Grenzland sah schon vor dem Krieg häufig Wehrmachtsangehörige, die zum Manöver anrückten, darunter auch eine Luftwaffeneinheit aus Münster, die bereits 1937 das Areal am späteren Vogelsanger Flugplatz für Starts und Landungen nutzte.[21] Als Hitler Anfang 1938 die Krise zwischen dem Reich und Österreich zuspitzte, rückten Abhörexperten der 3. Kompanie der zur Abwehr gehörenden Nachrichtenabteilung 26 ein.[22] Aufgabe dieser Einheit war es, im Krisen- oder Kriegsfall den militärischen Funkverkehr der westlichen Nachbarn abzuhören, die Sender anzupeilen und die Ergebnisse auszuwerten. Anfang Februar 1938 war die in Bielefeld stationierte Einheit mit dem Horch-Zug in die Eifel gekommen. Für die Soldaten wurde ein Unterkunftsgebäude der Ordensburg freigemacht. Die Truppe belauschte die Funkverbindungen des Armee-Oberkommandos Paris mit dem Armeekorps, das belgische Luftwaffennetz mit Brüssel-Evere als Leitstelle, den Flughafen Amsterdam und das Bomber-Command-Netz des britischen Imperiums, das die Funkverbindung zwischen England und Indien betrieb. Die Nachrichtenabteilung blieb bis April in Vogelsang. Als sie wenig später erneut erschien, war auch den Burgmannschaften klar, dass wieder »etwas im Busch« war: die erste Sudetenkrise. Ende Juni rückte die Lauschtruppe wieder ab.[23]

1938/39 entstanden im nahen Umfeld Vogelsangs zahlreiche Betonbunker. Nördlich verlief am jenseitigen Ufer des Urftsees eine Bunkerkette der zweiten »Westwalllinie« im Großraum Aachen vom Rursee kommend bis nach Gemünd. Am Ortsrand des nahen Dorfes Wollseifen wurde zudem eine große Flugabwehrstellung im Rahmen der »Luftverteidigungszone West« errichtet.

In Vogelsang stationierte Funk-Abhörexperten der Wehrmacht, 1938.

Musiker des Reichsarbeitsdienstes bei einem Konzert auf dem Adlerhof in Vogelsang, 1939.

Bereits mit Beginn des Westwallbaus rückten im Sommer 1938 auch in Vogelsang Abteilungen des Reichsarbeitsdienstes (RAD) ein. Das war möglich, da zu dieser Zeit kein Lehrgang lief.[24] Die Männer waren mit dem Bau von Drahthindernissen im Raum Monschau beschäftigt. Sie blieben bis zum 23. September 1938.[25] Ab November 1938 bemühte sich der Burgkommandant Richard Manderbach um die Einbeziehung Vogelsangs in die Westwallbefestigungen und zögerte nicht, seine Ordensjunker den Grenztruppen anzudienen. Trotz dieses großzügigen »Angebots« war das Heeresgruppenkommando zunächst nicht geneigt, Vogelsang in den Westwall zu integrieren: »Eine weitere Ausdehnung nach Süden unter Einbeziehung der Ordensburg Vogelsang verbietet sich, da eine Stellung mit der Urft-Talsperre unmittelbar im Rücken unmöglich ist.«[26]

Doch dann kam die Anordnung von ganz oben: »Auf Befehl des Führers« sei die Ordensburg in die erste Stellung Aachen einzubeziehen. Zu diesem Zweck sollte das Militär erkunden, ob die Westwalllinie verlängert werden könne oder ob eine Zwischenlösung durch beschränkten Stellungsbau im Nahbereich Vogelsangs möglich sei.[27] Die »Kommandantur der Befestigungen bei Aachen« tendierte zur kleinen Lösung. Eine Versorgung der Stellung sei jedoch im Ernstfall nicht möglich.[28] Schließlich wurde eine »Igelstellung« aus 16 kleineren Bunkerstellungen halbkreisförmig angelegt.[29] Der Kampfwert der »Vogelsang-Stellung« wurde jedoch bereits frühzeitig vom Generalkommando der Grenztruppen Eifel angezweifelt: »Diese Stellung ist [...] nur nach alten Gesichtspunkten ausgebaut worden; infolgedessen ist auch hier die neue Forderung nach geschlossener Feuerfront mit flankierender Wirkung [...] nicht voll erreicht.« Auch waren weitere umfangreiche Arbeiten »zum Freimachen des Schussfeldes« erforderlich. Erst danach sei die Stellung einsatzbereit.[30] Beim Bau dieser und weiterer Betonbrocken erlebte die regionale Wirtschaft eine Rüstungskonjunktur ohnegleichen. Dabei kam es zwecks Verfahrensbeschleunigung auch zu Beschlagnahmungen.[31]

In der Ordensburg selbst wurden »Unterstände« für den Kriegsfall vorgesehen. Die Reichsorganisationsleitung bat Anfang 1939 das Oberkommando des Heeres erfolgreich darum, bei »Planung und Ausführung« den Architekten Klotz zu beteiligen,[32] und hatte Manderbach angewiesen, dem Kommandostab Eifel beim Bau von »Unterständen« in Vogelsang »weitgehendst entgegenzukommen«.[33] Zudem bot die Reichsorganisationsleitung an, die Ausführung des Baus von »Befehlsständen auf der Ordensburg Vogelsang« mit einem örtlich vertrauten Baustab auf Kosten und unter Bauleitung des Heeres selbst vorzunehmen.[34] Welche Baumaßnahmen das sein sollten, war einem Schreiben des Generalkommandos der Grenztruppen Eifel zu entnehmen: »Die Verstärkung der Kellerräume ist noch nicht in Angriff genommen.«[35] In diesem Fall ging es offensichtlich nicht um den Schutz der Burgmannschaft bei Angriffen, sondern um den Ausbau militärisch nutzbarer Räume, und zwar wiederum auf Wunsch von ganz oben: »Da im Kriegsfalle die Ordensburg Vogelsang infolge ihrer Lage sich für Befehlsstände und B-Stellen [Beobachtungsstellen] eignet, ist sie auf Wunsch des Führers mit bombensicheren Unterständen zu versehen.« Die Kosten trug das Heer, die Ausführung übernahm die Reichsorganisationsleitung.[36] Noch heute ist erkennbar, dass das Untergeschoss der Wandelhalle und vermutlich auch Bereiche unter dem Adlerhof für Luftschutzzwecke nachträglich statisch verstärkt und hergerichtet wurden.

Das Heeresgruppenkommando zog 1939 einen Vorschlag des Kommandeurs der Festungspioniere IX im Hinblick auf einen Stollenbau und den Bau einer Brücke über die Urfttalsperre in Betracht, die Kostenfrage sollte noch geklärt werden.[37] Die Kommandantur hatte für Luftschutzzwecke der Burgmannschaften den Bau von drei Stollenbunkern für insgesamt 1500 Menschen gefordert, was jedoch im Mai 1939 vom Oberkommando des Heeres abgelehnt wurde. Alternativ entstanden kurz vor dem Kriegsbeginn zwei Luftschutzkeller am Nord- und Westhang.[38] Das Generalkommando der Grenztruppen Eifel scheint zwar den Stollenbau nicht prinzipiell abgelehnt zu haben, erinnerte jedoch daran, dass Kosten von zwei Millionen Reichsmark entstehen würden, die das Heer tragen müsse. Und noch ein weiteres Argument sprach dagegen: »Da es unwahrscheinlich ist, dass sich im Falle eines Krieges 1500 Ordensjunker auf der Ordensburg Vogelsang befinden«, baten die Grenztruppen das Heeresgruppenkommando 2 (Frankfurt/Main) um eine Entscheidung,[39] der Chef des Generalstabes des Heeresgruppenkommandos lehnte letztlich ab. Für 1939 jedenfalls käme ein solcher Ausbau nicht in Betracht, da weder Baumaterial noch Geldmittel oder Arbeiter zur Verfügung stünden.[40]

Im Spätsommer 1939 bezogen schließlich Kampftruppen die Region, wobei im Bereich Vogelsang schwere Artillerie stationiert war. Anfang 1940 kam der Stab der 28. Infanteriedivision nach Vogelsang, der wahrscheinlich in die »bombensicheren« Bereiche unter der Wandelhalle zog. Beim Beginn des Überfalls auf die westlichen Nachbarländer am 10. Mai 1940 herrschte für etwa eine Woche Hochbetrieb auf dem Flugplatz.[41] Zunächst starteten nach Augenzeugenberichten dort zahllose Kampfflugzeuge. Der Treibstoff für die Flugzeuge kam in Tankwaggons mit der Bahn bis Schleiden. Dort wurden die Waggons auf einer eigens im Frühjahr 1940 errichteten Verladestation komplett auf Tieflader umgeladen und nach Vogelsang gefahren. Nachdem sich das Frontgeschehen entfernt hatte, änderte sich die Zweckbestimmung des Flugplatzes: Nun landeten Transportmaschinen, um Verletzte zu dem im Burgrevier eingerichteten Lazarett zu bringen. Noch im Herbst 1940 lagen im Lazarett nicht transportfähige Verwundete. Als – bis auf den militärischen Flugerkennungsdienst, der bis zum Herbst 1944 blieb und dann in einen Bunker bei Herhahn umzog[42] – die letzten Wehrmachtsangehörigen Ende 1940 abgezogen waren, war die Ordensburg vorerst nicht mehr nutzbar.[43]

Das Untergeschoss der Vogelsanger Wandelhalle wurde 1939 nachträglich durch den Einbau von Stahlträgern massiv verstärkt und zur militärischen Befehlsstelle ausgebaut; gleichzeitig wurden Luftschutz-Stahltüren installiert, Aufnahme von 2011.

Burgarzt Dr. Stefan Wunsch war im September 1939 nach dem Ende der Lehrgänge in Vogelsang geblieben und behandelte fortan Patienten aus der Region. Er machte den Niedergelassenen heftige Konkurrenz, indem er eine ganz normale öffentliche Praxis betrieb und auch operierte. Als Kreismedizinalrat Dr. Karl Hübinger nach Protesten am 21. November 1940 intervenierte, ging Burgkommandant Hans Dietel zur Vorwärtsverteidigung über. Er beantragte beim Regierungspräsident Franz Vogelsang in Aachen die Zulassung des Burgreviers als Filiale des Schleidener Kreiskrankenhauses. Nach längerem Tauziehen erfolgte die endgültige Zulassung als Krankenhaus mit 32 Betten im Juli 1942 durch die Behörde in Aachen. Verbotswidrig behandelte Wunsch in Vogelsang offensichtlich auch Zwangsarbeiter, von denen viele in die Region verschleppt worden waren.[44]

Militärischer Plan aus dem Frühjahr 1940, der den Bereich zeigt, für den die 28. Division mit dem Stabssitz in Vogelsang zuständig war.

Schwesternschülerinnen vor dem Eingang zum Krankenhaus Vogelsang, 1944.

Zeitzeugen berichteten, dass auch in Vogelsang 15 bis 20 Frauen aus Osteuropa in einer Baracke lebten, zu ihren Aufgaben gehörten Hilfsarbeiten. Teilweise sollen die Frauen auch Kinder bei sich gehabt haben.[45]

1943 wurde in den Großstädten im Rheinland die Gefährdung durch alliierte Bomberangriffe so groß, dass die Gauleitung Köln beschloss, in größerem Stil insbesondere Schwangere – teilweise mitsamt ihren bereits geborenen Kindern – in ländliche Gegenden zu evakuieren. Da bot sich die weithin ungenutzte Ordensburg geradezu als Ausweichquartier an, wo Versorgungseinrichtungen und Unterkünfte genutzt werden konnten. Ein erster Transport mit 79 werdenden Müttern traf am 7. Juli 1943 ein, weitere 100 Frauen sollten alsbald folgen. Die Kinder wurden von den Müttern getrennt in Kinderhort (45), Kindergarten (37) und Krabbelstube (30) untergebracht.[46] Aufgrund der zahlreichen Geburten in der Nazi-Hochburg Vogelsang – insgesamt waren es 233 – kursierte alsbald ein Gerücht, das sich bis heute hartnäckig hält: dass es in Vogelsang ein Geburtshaus des SS-Vereins »Lebensborn« gegeben habe. Das ist jedoch nachweislich unzutreffend. Die Frauen waren nahezu alle verheiratet, die Kinder wurden unter dem Familiennamen beim örtlichen Standesamt eingetragen und wuchsen in ihren Familien auf, wie zahlreiche bekannte Fälle belegen.[47] Darüber hinaus betrieb der Arzt Stefan Wunsch dort ein öffentliches Krankenhaus, zu dem werdende Mütter aus der Region kommen konnten, wenn sie bei der Niederkunft Probleme erwarteten. Wunsch war nicht nur Chirurg, sondern auch Geburtshelfer. Das erklärt die zahlreichen Geburten in der Ordensburg.

Nach den Osterferien 1942 wurden drei Adolf-Hitler-Schulen nach Vogelsang ausgelagert, zwei blieben bis zu den Sommerferien 1944, danach wurde das Schulinventar ins Bergische Land abtransportiert, die Schulen selbst

Oben: Wehrmachtsangehörige in der Nähe der Vogelsanger Freilichtbühne, 1939. Unten: Wehrmachtsmusiker bei einem Konzert im Hörsaal von Vogelsang vor dem Westfeldzug, Frühjahr 1940.

In Vogelsang abgehaltene Trauerfeier für den an der Front gestorbenen Kommandanten Hans Dietel, Juni 1941.

zogen sich in vermeintlich sicherere Regionen des Reiches zurück.

Während des Krieges fanden eine ganze Reihe großer Trauerfeiern statt, unter anderem für den am 19. Mai 1941 auf Kreta gefallenen Vogelsanger Kommandanten Hans Dietel.[48] Am 11. Mai 1943 gedachten in einer Feierstunde Robert Ley, Reichsschatzmeister Franz Xaver Schwarz, die Gauleiter Josef Grohé und Friedrich Karl Florian sowie die Kommandanten Otto Gohdes und Theo Hupfauer in Vogelsang des ebenfalls an der Front gestorbenen Dietel-Nachfolgers Fritz Montag.[49] Mindestens eine weitere große Trauerfeier gab es, als der Leiter der Technischen Abteilung der Ordensburg, der SA-Mann Hans Stockheim, gestorben war.[50]

Im Herbst 1943 errichtete die Gauleitung der HJ Köln-Aachen eine Gebietsfeldscherschule in Baracken bei Vogelsang, um dort Sanitätslehrgänge für die HJ zu veranstalten.[51] 1944 bestand in diesen Baracken ein »Wehrertüchtigungslager«, in dem kriegsversehrte Soldaten 15- bis 17-jährige Hitlerjungen aus dem Raum Köln-Bonn, dem Kreis Siegburg und dem Oberbergischen zwei Monate lang an drei Flugabwehrgeschützen ausbildeten. Kurz und bündig wurden diese Jungen in Vogelsang vereidigt und als reguläre Soldaten in den Kampf geworfen. Mindestens einer starb bei einem Luftangriff, andere wurden verletzt. Max Lagoda, der dieses Kapitel in seinen Erinnerungen festhielt und mit Fotos belegte, endete mit dem Hinweis: »Es hat sich nicht gelohnt, mit Halbwüchsigen oder Kindern in den Krieg zu ziehen.«[52]

Im Spätsommer 1944 gab es wieder Flugbetrieb. Anfang September landeten Maschinen des Typs Ju 87 (»Stuka«) in Vogelsang. Sie kamen von Tschenstochau, 200 Kilometer südwestlich von Warschau. Es handelte sich um den Stab der 1. Staffel der Nachtschlachtgruppe 2 mit insgesamt 14 der ursprünglich als Sturzkampf-

Dieses alliierte Luftbild vom 22. Januar 1945 zeigt das winterliche Areal der Ordensburg Vogelsang, das von kreisrunden Bombentrichtern übersät ist.

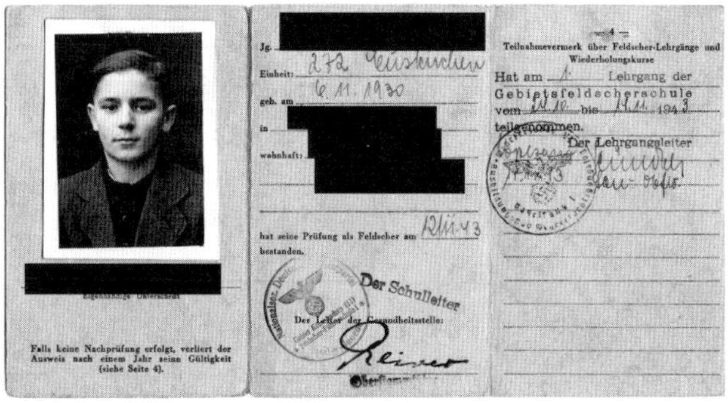

[redacted]

Falls keine Nachprüfung erfolgt, verliert der Ausweis nach einem Jahr seine Gültigkeit (siehe Seite 4).

Jg. [redacted]

Einheit: 272 Euskirchen

geb. am 6. 11. 1930

in [redacted]

wohnhaft: [redacted]

hat seine Prüfung als Feldscher am 12/11.43 bestanden.

Der Schulleiter

Der Leiter der Gesundheitsstelle:

Reiner

– 4 –

Teilnahmevermerk über Feldscher-Lehrgänge und Wiederholungskurse

Hat am 1. Lehrgang der Gebietsfeldscherschule vom 24.10. bis 14.11. 1943 teilgenommen.

Der Lehrgangsleiter

Ausweis eines Teilnehmers eines Sanitätslehrgangs an der Gebietsfeldscherschule Vogelsang, 1943.

bomber konstruierten Junkers-Maschinen unter Major Müller.[53] Die Nachtschlachtflieger griffen im Schutz der Dunkelheit frontnahe gegnerische Ziele an, wie etwa Truppenzusammenballungen.[54] Am 13. September 1944 verlagerte die Fliegerstaffel ihren Einsatzhafen nach Köln-Ostheim.

Am 6. September 1944 kam es in Schleiden zu einem Fall von Lynchjustiz, nachdem durch die Vogelsanger Flugplatz-Flak ein amerikanischer Pilot abgeschossen wurde. Als der verletzte Major Quince Brown in Schleiden von Wehrmachtsangehörigen zu einem Arzt gebracht werden sollte, wurde er vor zahlreichen Zeugen auf offener Straße von zwei SS-Männern misshandelt und schließlich getötet.[55] 1944 sollen Vogelsanger Mitarbeiter, die in Schleiden-Oberhausen lebten, den Chef des dortigen Degussa-Werkes angezeigt haben. Als die Gestapo ihn zu einer Vernehmung abholte, soll der Chemiker Selbstmord begangen haben.[56] Zum 31. Oktober 1944 – die US-Truppen hatten inzwischen den nahen Westwall erreicht – wurde die Dienststelle Vogelsang der DAF offiziell aufgelöst, das Personal entlassen oder in das Reichsinnere geschickt.[57]

Wenig später rückte eine größere Gruppe von nicht mehr einsatzfähigen Industriearbeitern in die leerstehenden Bauten.[58] Bis auf Weiteres wurde deren Chef Karl Hennecke inoffizieller »Kommandant«. Hennecke hatte seit Anfang des Krieges die Zünderabteilung der Dynamit AG als Ingenieur geleitet. Nun führte er eine Abteilung von 300 Sprengstoffexperten, für die in der Industrie keine Verwendung mehr war, zu einem vollends unsinnigem Schanzeinsatz im Umfeld Vogelsangs. Um den 10. Dezember 1944 herum – die blutige Schlacht im nahen Hürtgenwald tobte – wurden die Luftangriffe der Westalliierten auf die nahen Talsperren heftiger.[59] Bei

Vereidigung von Hitlerjungen zu Kindersoldaten im Wehrertüchtigungslager Vogelsang, 1944.

Die durch Bomben teilweise zerstörten Gebäude der Ordensburg Vogelsang, etwa 1947.

zwei Angriffen wurden riesige Spezialbomben vom Typ »Tallboy« eingesetzt.[60] Beim zweiten Angriff erhielt der Staudamm einige schwere Treffer, hielt aber stand.[61] Im Dezember gab es auch einen folgenschweren Luftangriff gegen die Ordensburg. Das Gros der 300 Feuerwerker befand sich zu diesem Zeitpunkt außerhalb der Ordensburg, aber die »25 Männer, die in der Burg geblieben waren, wurden leider getötet«.

Als in der ersten Januarwoche 1945 die letzten deutschen Geschütze mit großem Getöse über den zugefrorenen Urftsee zur Kermeter-Seite in Sicherheit gebracht wurden, rief das die US-Truppen auf den Plan, die Bomben auf das Eis des Sees warfen und so diesen Fluchtweg versperrten.[62] Am 4. Februar 1945 schließlich besetzten Soldaten des 39. und 47. US-Regiments der 9. Division unter General Omar Bradley die unverteidigte Ordensburg, wo sie bis zum 12. Februar ihr Hauptquartier errichteten.

Ein Besatzungssoldat vor dem durch Bombentreffer zerstörten Bereich an der neuen Wache, Vogelsang, undatiert.

Nachkriegsgeschichte

Die Alteburger

Nur wenige hundert ehemalige Ordensjunker überlebten das Kriegsende, das ihrem Traum vom tausendjährigen Reich endgültig ein Ende machte; etwa zwei Drittel der ursprünglich 2000 Männer waren gestorben.[1] Einige Überlebende, die annahmen, dass ihnen die Justiz nun wegen ihrer Handlungen in der Vergangenheit Ärger bereiten könnte, tauchten offensichtlich zumindest für einige Jahre unter.[2] Aber schon bald formierten sich die Ehemaligen wieder zu einer Gruppe, die sich anfangs als »Briefkreis« ausgab, dann als »Kameradschaft Bruhn« firmierte, bevor sich schließlich intern die Bezeichnung »Alteburger« durchsetzte. Das war eine Tarnbezeichnung und meinte nichts anderes als die »alten Burgkameraden«. Dieser Zusammenschluss blieb bis in die 1990er Jahre aktiv.

In einem Rundschreiben vom 30. März 1955 wies der letzte kommissarische Kommandant der Ordensburg Vogelsang, Heinrich Bruhn, die ehemaligen Burgmannschaften darauf hin, dass er 50 »Kameraden« noch in der Ostzone und in Berlin vermute, weitere 20 bis 30 seien wohl noch im Ausland oder in Gefangenschaft.[3]

Die meisten äußerten sich später nicht mehr öffentlich zu politischen Themen. Nach Einschätzung des gut informierten Autors Rolf Sawinski kamen manche in der Demokratie an, andere offensichtlich nie.[4] Vereinzelte ehemalige Junker traten sogar mit rechtslastigem Gedankengut öffentlich und prominent wieder in Erscheinung, darunter der Journalist und Verleger Karl Waldemar Schütz.[5] Er wurde führendes Mitglied sowohl der Deutschen Reichspartei (DRP) als auch der späteren NPD, deren Parteiblatt *Deutsche Nachrichten* er herausgab.

Eines hatte bei sehr vielen Bestand: der Korpsgeist. Bereits in den frühen 1950er Jahren gab es Bestrebungen, sich wieder regelmäßig zu treffen. 1954 berichtete die Presse, dass sich am 9. und 10. Oktober rund 150 ehemalige Ordensjunker in Königswinter trafen. Ihr Mentor, der »Studienrat H. Bruhn«, habe das Treffen selbst dem Verfassungsschutz angemeldet als »Kameradschaftstreffen seines ›Briefkreises‹«. Dieser Kreis lehne jeden »Radikalismus« ab und habe dank der guten rhetorischen Ausbildung der Junker »Mitglieder in allen Parteien«.

Der Initiator der Nachkriegstreffen, der ehemalige Vogelsanger Bereitschaftsführer Heinrich Bruhn, hier mit Burgkommandant Otto Gohdes (rechts), 1938.

Bruhn habe davor gewarnt, sich allzu sehr zu exponieren. Den Junkern sei sogar die Finanzierung eines »Bundestreffens« angeboten worden, was sie abgelehnt hätten. Was sie aber interessieren würde, sei eine Tagung, »auf der unsere Leute ein offenes Wort mit Juden oder Angehörigen des 20. Juli sprechen könnten«. Die Junker hätten aus der Vergangenheit gelernt.[6]

Bundestreffen der Kameradschaft „Bruhn"

Etwa 200 ehemalige Lehrer und Lehrgangsteilnehmer der früheren sog. Ordensburgen Crössinsee, Vogelsang und Sonthofen, trafen sich am vergangenen Samstag zu einem Kameradschaftstreffen in Lohr. Im Grünen Saal der Stadthalle fand am Nachmittag eine Tagung statt, zu der der Vorsitzende der Kameradschaft, Studienrat Bruhn-Travemünde zahlreiche Kameraden aus allen Teilen des Bundesgebietes begrüßen konnte. Zur Erörterung standen vorwiegend Rechtsfragen, Angelegenheiten der Angestelltenversicherung und Lebensversicherungen, sowie der Witwen- und Waisenhilfe. Von den insgesamt 2200 Männern, die bis Kriegsausbruch durch die drei Ordensburgen gegangen waren, seien bereits bis März 1954 nicht weniger als 69 % im Krieg gefallen. Dabei konnten zahlreiche Einzelschicksale in der turbulenten Zeit nach 1945 überhaupt nicht geklärt werden. Trotz umfangreicher Bemühungen und Nachforschungen in den letzten drei Jahren, konnten nur noch 378 Anschriften festgestellt werden. Ausdrücklich wurde betont, daß die Kameradschaft „Bruhn" weder eine feste Organisation noch ein Verein sei, daß sie in keiner Weise irgendwelche politischen Ziele anstrebte, sondern als lose Kameradschaft Hilfe leisten wolle in der Beratung und Unterstützung von Witwen und Hinterbliebenen, sowie für jene Kameraden, die nach harten Jahren noch nicht wieder festen Boden unter die Füße bekommen konnten. Neben der genannten Aussprache erstreckte sich die Zusammenkunft auf eine Wiedersehensfeier im geselligen Kreis.

Pressebericht über ein frühes Nachkriegstreffen ehemaliger Ordensjunker in Lohr am Main; Artikel in der *Lohrer Zeitung*, 10. Oktober 1955.

Am 10. Oktober 1955 meldete die Presse das nächste »Bundestreffen der Kameradschaft Bruhn«. Es hatte am Wochenende zuvor, dem 8. und 9. Oktober 1955, mit rund 200 Teilnehmern stattgefunden. Im »Grünen Saal« der Stadthalle in Lohr am Main habe man vorwiegend über »Rechtsfragen, Angelegenheiten der Angestelltenversicherung, sowie der Witwen- und Waisenhilfe« geredet. Man wolle Beratung leisten in der Unterstützung von Hinterbliebenen sowie für jene Kameraden, die nach harten Jahren noch nicht wieder festen Boden unter die Füße bekommen konnten«. Insgesamt habe die Kameradschaft 378 Adressen Ehemaliger ermitteln können.[7] Diese Anschriftenliste war auch schon Gegenstand des »Rundschreiben 1/55« von Bruhn gewesen, in dem der ehemalige Reichsschulungsleiter darauf hinwies, dass das erste Gesamttreffen im Vorjahr gegen seinen Willen »ein unerwartetes Presseecho« gefunden habe. Es habe in der Folge »politischen Takt« erfordert, ruhig und besonnen zu bleiben, denn kurz nach dem Königswinterer Treffen sei Bruhn vom Landgericht Stuttgart schriftlich gebeten worden, »Namen und Anschriften von ehemaligen Ordensjunkern aufzugeben, die in den ehemals besetzten Ostgebieten als Verwaltungsführer im Einsatz gewesen sind«. Es gehe dabei um Entschädigungsverfahren wegen Aufenthalten in Ghettos und Zwangsarbeiterlagern. Dazu habe er wenige Informationen beitragen können, so Bruhn, weil er selbst nicht im Osteinsatz war und sich an die Namen auch nicht erinnern könne. Bruhns persönliche Vernehmung durch einen Stuttgarter Landgerichtsrat Ende Februar 1955 sei denn auch sehr kurz ausgefallen. Er habe jedoch dem Richter sein Anschriftenverzeichnis übergeben.[8]

Bruhn beschrieb seinen »Kameradenkreis« als unpolitische Gruppe: »Es ist jedem freigestellt, ob und wie er sich politisch betätigt.« Man bekenne sich aber zur westlichen Welt und lehne »jegliche Verbindung zum Bolschewismus ab«. Was die zentrale Anschriftenliste betreffe, so wolle er mit ihr lediglich allen Burgkameraden, vom Erzieher über die Junker bis hin zum Gärtner und den Witwen, die Möglichkeit bieten, »sich wiederzufinden«. Es sei »Kameradenpflicht«, da, wo Not herrsche, zu helfen. Bruhn hatte seinem Rundschreiben einen Überweisungsträger beigefügt, mit dem die Ehemaligen erstmals Geld für soziale Zwecke in eine Gemeinschaftskasse überweisen sollten. Dem Schreiben beigefügt war nun auch die Adressenliste aller Ehemaligen, die man hatte ermitteln können.[9] Diese Liste wurde später laufend ergänzt. Die Aufstellung des Jahres 1958 beinhaltete 392 Namen sowie 42 Adressen der Witwen gestorbener Burgangehöriger. Da darin auch einige Mitarbeiter des Burgdienstpersonals sowie ehemalige AHS-Erzieher enthalten waren, lässt sich jedoch nicht auf die konkrete Anzahl der Männer schließen, die tatsächlich als Junker an den Burgen waren.

In späteren Jahren traten bei der Organisation der Treffen verschiedene andere Ehemalige in die Fußstapfen Bruhns. 1956 übernahm Ottfried S. diese Aufgabe,[10] der als Ort für das nächste Treffen Hamburg vorschlug.[11] In den folgenden Jahren fanden die Treffen dann in Königswinter statt. Da man sich so selten sah, wurde es Ende der 70er Jahre Zeit, sich ein gemeinsames Erkennungszeichen zu geben, damit man sich gegenseitig besser wiedererkennen konnte. 1978 wurde das Emblem dann den Kameraden vorgestellt. Der runde Anstecker zeigte – selbstverständlich im goldenen Eichenkranz – die Kulisse des Vogelsanger Gemeinschaftshauses sowie die drei Buchstaben K, V und S, die jeweils für den Namen einer Ordensburg standen, und zwar in der geplanten Lehrgangs-Reihenfolge: Krössinsee, Vogelsang, Sonthofen.[12] Ein Emblem bekamen auch die späteren Rundbriefe. Es zeigte jeweils markante Punkte aller drei Ordensburgen: den Palas in Sonthofen, die Ehrenhalle am Krössinsee sowie das Hauptgebäude Vogelsangs und den Spruch: »Die Erinnerung ist das Paradies, aus dem man nicht vertrieben werden kann.« Vergangene Illusionen ewiggestriger Männer.

1986 trafen sich noch 139 »Kameraden«, beim 40. Treffen am 11. August 1994 waren es nur noch 34. Für das Treffen im Jahr darauf wollte man sich Gedanken machen über ein »Museum Vogelsang bzgl. Abzug der belg. Truppe und Verbleib der unermesslich wertvollen Exquisiten«.[13] Es war deutlich ablesbar an den Rundschreiben, dass zumindest die Texte politisch wieder deutlich radikaler wurden als in den ersten Jahren. Im Einladungsschreiben von 1994 hieß es, dass man sich treffen wolle, »um zu plaudern, etwas Neues zu hören, Erfahrungen und Gedanken auszutauschen aus guter und für unsere jungen Jahre ersprießlicher Zeit. […] es war die Krone unserer Zukunft und unseres Lebens, zu den Auserwählten als Ordensjunker zu gehören. Diese für unser Leben hehre Gedankenwelt hat uns geformt bis heute.«[14]

Die Alteburger scheinen sich, bedingt durch das Alter der Mitglieder, einige Jahre später endgültig aufgelöst zu haben. Das jedenfalls ist einem Schreiben an die »Lieben Alteburger« zu entnehmen, welches offensichtlich vom damaligen Organisator der Treffen an die noch lebenden Ordensburg-Männer versandt wurde. »Die Zeit hat uns überholt. Wir sind alt geworden«, konstatierte der Briefschreiber zunächst, bevor er bedauernd fortfuhr: »Unsere Wunschvorstellung, der Aufbau eines Deutschen Reiches unserer Anschauung, konnte nicht erfüllt werden. Der Feinde gab es zu viele.« Auch die Hauptgegner von früher seien verschwunden: »Das Paradies der Arbeiter und der Bauern, die Sowjetunion, ist nicht mehr. Es musste zusammenbrechen, da dieses international ausgerichtete System die naturgesetzlichen Erkenntnisse und die erbbiologischen Gesetze missachtete. Genauso wird das System des westlichen Materialismus an der gleichen Naturgesetzwidrigkeit zugrunde gehen. Gegen ein völkisches Erwachen gibt es in der ganzen Welt nichts entgegenzustellen.« Der Weltkrieg, so der Verfasser weiter, sei den Deutschen aufgezwungen worden. Dennoch seien die »Opfer […] nicht umsonst für Deutschland, für Europa und die weiße Rasse gebracht worden«.[15] Deutlicher kann wohl kaum zum Ausdruck gebracht werden, dass man auch ein halbes Jahrhundert nach dem Ende des »Dritten Reichs« noch immer den völkischen Vorstellungen des Nationalsozialismus verhaftet war. Ende 2010 lebten vermutlich nur noch einige wenige ehemalige Junker.

Krössinsee

Kämpfe um die pommersche Ordensburg hatte es nicht gegeben, so dass sie beim Kriegsende weitgehend unverändert erhalten war. Zwei Wochen lang blieb die Anlage ungenutzt und unbeachtet, dann rückten sowjetische Soldaten ein.[16] Danach wurde die Anlage bis 1948 von sowjetischen Panzertruppen in Bataillonsstärke belegt, zudem rückte ein Ausbildungsbataillon für Offiziersanwärter der Infanterie ein. Bis 1954 folgte die Nutzung als nationales Sport-Trainingszentrum für Polen, wo aber auch normale Jugendlager ohne sportlichen Hintergrund stattfanden. Bereits 1952 begann parallel dazu mit der Stationierung des polnischen 68. Panzerregiments (1952 – 1989) die erste Nutzung durch die polnische Armee. Des Weiteren waren am Krössinsee stationiert: das 7. Raketenartillerie-Bataillon (1962 – 1991), das 8. Panzeraufklärungs-Bataillon (1964 – 1980), das 105. Regiment

Krössinsee, 2009: Links oben: Die beiden Türme der ehemaligen Ordensburg bilden nach wie vor markante Landmarken in der pommerschen Ebene; links unten: Der Ehrensaal der in Złocieniec stationierten Garnison; rechts oben: Abstellplatz für die Kettenfahrzeuge der aktuell am Krössinsee stationierten polnischen NATO-Truppe; rechts Mitte: Die ehemalige Feierstätte ist baulich bis heute weitgehend erhalten; rechts unten: Ansicht vom Turm über die ehemalige Thingstätte zwischen den Unterkünften und dem Sportplatz.

der Feldartillerie (1968 – 1990), das 33. Regiment der Panzergrenadiere (1989 – 1996), die 12. Panzerbrigade (1996 – 2001), sowie von 2001 bis heute die 2. Brigade der Panzergrenadiere.[17]

1968 fielen durch Brandstiftung die Reitställe dem Feuer zum Opfer, 1968 brannten auch Feierhalle und Ehrenhalle ab. Bis heute nahm die Armee insbesondere am Eingangsbereich erhebliche bauliche Veränderungen vor, aber vieles ist im Originalzustand belassen. Die Reet-Eindeckung der Dächer ist allerdings durch moderne Dachziegel ersetzt worden. Die Verantwortlichen geben sich erhebliche Mühe, um die Bauwerke zu erhalten. Anfang 2011 dauerte die militärische Nutzung der Anlage an.

Sonthofen

Am 9. Juli 1945 wurde Sonthofen unter amerikanische Besatzung gestellt, die bis dahin präsenten Franzosen rückten ab.[18] Die Amerikaner richteten Ende 1945 in der ehemaligen Ordensburg eine Schule für Militär-Hilfspolizisten ein. Die »Constabulary School« bildete bis 1948 Hilfspolizisten aus, die Ordnungsaufgaben im Besatzungsgebiet übernahmen. Sie errichteten Kontrollposten und gingen gegen Schmuggel und Schwarzhandel vor. In der Folgezeit wurden alle neu aus den Vereinigten Staaten in Deutschland eintreffenden Soldaten zunächst nach

Soldaten des Warschauer Paktes in der zur Kaserne umgewandelten ehemaligen Ordensburg Krössinsee, undatiert.

Die ehemalige Ordensburg Sonthofen ist weitgehend unverändert erhalten geblieben.

Die einstige Ordensburg Sonthofen, 2008:
links oben: die ehemalige Feierstätte; rechts oben: der Speisesaal; links Mitte: die gewölbte Decke im Musiksaal; links unten: die ehemalige »Trinkstube«; rechts unten: die vom Palas ausgehende Arkadenreihe.

Sonthofen geleitet, wo sie in zweiwöchigen Kurzkursen mit den Gepflogenheiten in den Besatzungszonen vertraut gemacht wurden. Zeitweilig sollen bis zu 5000 Soldaten gleichzeitig anwesend gewesen sein.

Die letzten US-Soldaten verließen die ehemalige Ordensburg im Jahr 1952, anschließend stand die Anlage vorübergehend leer. Erste Überlegungen im Hinblick auf eine Folgenutzung durch die künftigen neuen deutschen Streitkräfte unter dem Dach der geplanten Europäischen Verteidigungsgemeinschaft gab es seit dem Abzug der Amerikaner. Für etwa elf Millionen Mark erwarb der Bund die Immobilie vom Land Bayern und entwickelte sie in der Folge zu einer Schulungsstätte der Bundeswehr. Am 29. September 1955 stimmte der Bayerische Ministerrat der von Verteidigungsminister Theodor Blank vorgeschlagenen Umbenennung zur »Generaloberst-Beck-Kaserne« zu. Generalstabschef Ludwig Beck hatte dem militärischen Widerstand angehört und war dem Rachefeldzug nach dem Stauffenberg-Attentat zum Opfer gefallen. Unter seinem Namen übernahm die Bundeswehr am 15. Januar 1956 die Anlage in Sonthofen. Dort fand in der Folge der erste Lehrgang der Bundeswehr überhaupt statt. Hohe Offiziere wurden in den geplanten Aufbau der Streitkräfte eingewiesen und auf ihre Funktionen vorbereitet. Die dabei entstandenen »Sonthofener Vorträge« waren grundlegend für die neue Armee des demokratischen Staates.
In den folgenden Jahrzehnten waren in der ehemaligen Ordensburg ganz unterschiedliche Einheiten stationiert, von der Feldjägerschule bis zum ABC-Abwehr-Lehrbataillon. Zuletzt beanspruchte die Schule für Feldjäger und Stabsdienst etwa 90 Prozent der Kaserne. Seit 2009 wird die leergeräumte Anlage umfassend für eine weitere militärische Nutzung saniert.

Vogelsang

Die amerikanischen Kampftruppen, die die Eifeler Ordensburg besetzt hatten, fanden sie teilweise stark kriegsbeschädigt vor: Der Eingangsbereich zum Adlerhof und dessen östliche Bebauung mit dem ehemaligen Kommandantentrakt war ebenso durch Bomben zerstört wie das Hauptgebäude mit der ehemaligen Schulungshalle und

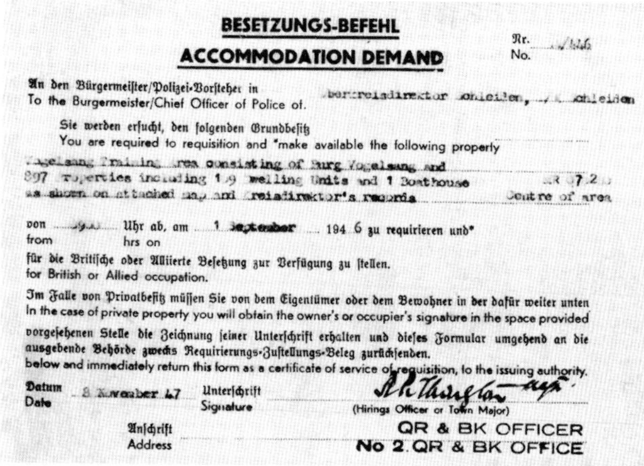

BESETZUNGS-BEFEHL
ACCOMMODATION DEMAND

Nr. / No.

An den Bürgermeister/Polizei-Vorsteher in
To the Burgermeister/Chief Officer of Police of.

Sie werden ersucht, den folgenden Grundbesitz
You are required to requisition and *make available the following property

897 ... Units and 1 Boathouse
... Centre of area

von ... Uhr ab, am 1 September 194 6 zu requirieren und*
from ... hrs on

für die Britische oder Alliierte Besetzung zur Verfügung zu stellen.
for British or Allied occupation.

Im Falle von Privatbesitz müssen Sie von dem Eigentümer oder dem Bewohner in der dafür weiter unten vorgesehenen Stelle die Zeichnung seiner Unterschrift erhalten und dieses Formular umgehend an die ausgebende Behörde zwecks Requirierungs-Zustellungs-Beleg zurücksenden.
In the case of private property you will obtain the owner's or occupier's signature in the space provided below and immediately return this form as a certificate of service of requisition, to the issuing authority.

Datum / Date ... 47
Unterschrift / Signature
(Hirings Officer or Town Major)

Anschrift / Address
QR & BK OFFICER
No 2. QR & BK OFFICE

Beschlagnahmebefehl für das Gebiet des Truppenübungsplatzes rund um die ehemalige Ordensburg.

Belgische Soldaten vor dem ehemaligen Hoheitsadler am Appellplatz mit einem Schild, das vor Minen im Vogelsanger Areal warnt, 1945.

Im erhaltenen Teil des Erdgeschosses des früheren Gemeinschaftshauses richteten die britischen Militärs bis 1950 ein Truppenkino ein, etwa 1948.

dem Speisesaal, zwei Schlafhäuser waren völlig demoliert, ebenso der Eingangsbereich nahe der Tordurchfahrt und der Vorplatz des Schwimmbades mit den dortigen unterirdischen Umkleideräumen.

Bereits unmittelbar nach dem Kriegsende wurden verschiedene Nutzungsvorschläge unterbreitet. Unter anderem wurde gefordert, die ehemalige Hochburg der Nationalsozialisten der deutschen Jugend zur Verfügung zu stellen.[19] Briten und Amerikaner diskutierten derweil den generellen Umgang mit solchen Bauwerken aus der Zeit der Diktatur. Die weitestgehende Forderung war, sie einfach in die Luft zu sprengen. Noch im September 1946 teilte das Büro des in Berlin sitzenden Sekretärs des Militärgouverneurs beim Hauptquartier der Kontrollkommission für Deutschland der britischen Rheinarmee am Standort Aachen mit, dass Vogelsang geschleift werden könne: »Total demolition of all the buildings comprising the NSDAP Training School Ordensburg Vogelsang«. Die noch vorhandenen Möbel sollten dem Regierungspräsidenten Aachen für die Schulen zur Verfügung gestellt werden, das beim Abbruch gewonnene Baumaterial könne für die Reparatur der Gebäude der medizinischen

Blick auf das durch die Manöver bald völlig zerstörte Dorf Wollseifen, vermutlich 1950er Jahre.

Fakultät der Universität Bonn genutzt werden.[20] Unterdessen hatte die Rheinarmee längst Fakten geschaffen.

Mit dem Tag der Kapitulation lag Vogelsang in der britischen Besatzungszone. Bereits im Winter 1945/46 waren in geringer Anzahl britischen Truppen in Vogelsang eingerückt. Die sichtbaren nationalsozialistischen Embleme wurden mit Ausnahme eines unter Schutt verborgegenen Hakenkreuzes entfernt. Die Briten begannen mit deutschen Kriegsgefangenen und zwangsverpflichteten Arbeitern den zunächst noch sehr provisorischen Wiederaufbau, mit dem Ziel, die Anlage als Zentrum eines britischen Truppenübungsplatzes herzurichten.[21] Gleichzeitig erreichten sie damit eine hermetische Abriegelung des Nazi-Propagandabauwerks gegenüber der deutschen Bevölkerung.[22] Zum 1. September 1946 beschlagnahmte die britische Besatzung dann ein rund 42 Quadratkilometer großes Areal, das außer der ehemaligen Ordensburg und dem Flugplatz weite Teile der angrenzenden Hochebene sowie den Urftsee und den gegenüberliegenden Berghang umfasste, um dort ein Manövergelände für die Rheinarmee zu gründen. Das britische *Soldier Magazine* beschrieb das Geschehen sehr treffend: »Heute ist das Trainingslager für Männer, die sich anschickten, die Welt für die nächsten tausend Jahre in Ketten zu legen, ein Übungsplatz für den britischen Soldaten. Die Ruinen stehen da als mächtige Erin-

Zeltlager von Soldaten am ehemaligen Sonnwendplatz mit der monumentalen Plastik »Der Fackelträger«, 1960er Jahre.

nerung an das, wogegen er [der britische Soldat] und seine Kameraden einst gekämpft haben.«[23]

In dem beschlagnahmten Gebiet lag neben einigen Einzelgehöften auch das Dorf Wollseifen. Die 550 Einwohner erfuhren erst gut zwei Wochen vor dem 1. September nach der Sonntagsmesse, dass sie ihre Heimat verlassen müssten, weil dort künftig scharf geschossen werde. Viele Betroffene fassten die Evakuierung und Beschlagnahme als »Vertreibung« auf. Das Verlassen der Heimat erlebten die Wollseifener als Katastrophe, zumal die ganze Region weithin kriegszerstört war und alternative Unterkünfte kaum zu bekommen waren, als ein ganzes Dorf auf Herbergssuche ging. Innerhalb weniger Jahre wurde der Ort mit Ausnahme der Kirche und des ehemaligen Schulgebäudes restlos zerstört. Die Wollseifener beobachteten aus der Ferne, wie am Abend vor Fronleichnam 1947 schließlich auch ihre Kirche abbrannte. Die Ruine wurde später durch die Militärs provisorisch wieder eingedeckt. Mitte der 1950er Jahre wurden etwa 150 Verstorbene vom Wollseifener Friedhof auf Friedhöfe an den neuen Wohnorten der Evakuierten umgebettet.[24] Zur britischen Kommandantur unter Lt. Colonel Blair Oliphant gehörten 1947 acht Offiziere und rund 100 Soldaten, die die Manövertruppen betreuten. Auch belgische Truppen waren bereits bei Kriegsende in der Region um Vogelsang; Fotos belegen, dass sich das

Auf den Fundamenten des »Haus des Wissens« errichtete belgische Kaserne »Kommandant Van Dooren«; Aufnahme von 1953.

21. Belgische Füsilierbataillon im April 1945 in der ehemaligen Ordensburg aufhielt.[25]

Zum 1. April 1950 übergaben die Briten die Kommandantur des »Military Training Area« an die neu aufgebauten belgischen Streitkräfte, die bis 2005 dort das »Camp Vogelsang« leiteten.[26] Das Areal wurde zunächst ausschließlich durch das in Deutschland stationierte 1. Belgische Korps genutzt, nach der NATO-Gründung stand das Gebiet allen Partnerstaaten zur Verfügung. Hauptnutzer waren weiterhin die Belgier, gefolgt von Briten und Niederländern. Für einige Jahre nutzte auch die Bundeswehr das Camp.

Die Belgier legten ein großes Bauprogramm auf. Unter anderem wurde das zerstörte Hauptgebäude auf der Erdgeschossebene teilweise rekonstruiert. Auch das Schwimmbad und der Eingangsbereich wurden im ursprünglichen Stil wieder hergerichtet. Neben militärischen Zweckbauten wie Panzerhallen entstanden zwei Bauwerke von außerordentlichen Dimensionen. Auf der Grundmauer für das »Haus des Wissens« entstand in den 50er Jahren ein riesig anmutendes Kasernengebäude, das nach einem belgischen Kriegshelden, André van Dooren, benannt wurde.[27] An einer weiteren Baustelle, an der vor 1945 der Neubau eines Hörsaals geplant war, errichteten die Belgier ein Truppenkino mit zunächst 1100, nach einer Änderung noch 800 Sitzplätzen.

Zeichnung auf dem Titel einer »Festschrift« anlässlich eines Großmanövers im Jahr 1953, die das Geschehen auf dem Truppenübungsplatz verdeutlicht.

Auch der Urftsee vor der früheren Ordensburg war bei Manövern einbezogen; dort gab es Landungsmanöver und Pionierübungen; undatiertes Foto.

Die Militärpräsenz sorgte jahrzehntelang für Reibereien mit der Bevölkerung, zumal die Kommandantur anfangs wenig partnerschaftlich mit den zivilen Nachbarn umging. Das verwundert allerdings wenig, wenn man bedenkt, dass diese Offiziere teilweise selbst wenige Jahre vorher mit der Waffe in der Hand gegen Nazi-Deutschland gekämpft hatten. Der spätere erste belgische Kommandant, Colonel Alexandre Cloetens,[28] war bereits am 28. Mai 1940 als Leutnant des 28. Linienregiments in deutsche Kriegsgefangenschaft geraten.[29] Seine Nachfolger brachten ähnliche Biografien mit in die Eifel. Besonders ärgerlich für die Menschen in der Region war, dass neben dem eigentlichen militärischen Sperrgebiet auch ein sogenanntes Aufmarschgebiet beschlagnahmt wurde, in dem mehrere Dörfer lagen. Dort hatten die Truppen nahezu alle Rechte wie im eigentlichen Sperrgebiet auch, nur durfte nicht scharf geschossen werden. Dieses Aufmarschgebiet bestand bis 1965. Häufig wurden bestellte Äcker im Umland von Panzerketten verwüstet. Wenn die Kettenfahrzeuge abends über öffentliche Straßen zurück zu ihrem Standort in Vogelsang fuhren, hinterließen sie Berge von Schmutz auf den Dorfstraßen. Die Proteste wurden immer lauter, zumal Anfang der 1950er Jahre bekannt wurde, dass die Vereinigung der Militärbezirke Vogelsang in Deutschland und Elsenborn jenseits der belgischen Grenze geplant war. So sollte ein Artillerie-

Ab den 1990er Jahren dominierte das Training von friedenssichernden Einsätzen unter dem Dach von NATO oder UNO das Geschehen in Vogelsang, 21. Oktober 2003.

Am 1. Januar 2006 wurde das ehemalige militärische Sperrgebiet öffentlich zugänglich.

schießplatz mit 14 Kilometer langer Schießbahn errichtet werden. Damit hätten weitere 2500 Menschen ihre Heimat verloren. Letztlich konnte die nordrhein-westfälische Landesregierung das vereiteln, indem sie den Verkauf eines benötigten Waldstücks ablehnte.

1970 kam dann ein Mann als Chef nach Vogelsang, auf dessen Name der Kreis Euskirchen, zu dem Vogelsang heute gehört, im Jahr 2009 eine neue Brücke über den Urftsee taufte: Colonel Victor Neels, ein Flame, der als Jugendlicher unter der deutschen Besatzung gelitten hatte. 1944 hatte er eine Widerstandsgruppe mit mehreren hundert Mitgliedern geleitet, die unter anderem alliierte Piloten barg, sie versorgte und auf der »Liberty Line« heimlich zurück nach England schleuste. Am Ende, als sich die Front näherte, griffen die Widerständler zu den Waffen und übernahmen Aufgaben im rückwärtigen Gebiet der britischen Truppen. Wenig später trat Neels der neuen belgischen Armee bei, wurde Besatzungsoffizier in Deutschland und heiratete eine deutsche Frau. Als Neels 1970 nach Vogelsang kam, war die Stimmung zwischen den Militärs und den zivilen Nachbarn auf dem Tiefpunkt. 1980, als er in den Ruhestand trat, dauerten seine Abschiedsfeiern von den neuen deutschen Freunden Wochen. Die Eifeler verabschiedeten sich von einem Mann, der es geschafft hatte, den Manöverbetrieb so zu gestalten, dass die Belästigungen weitgehend der Vergangenheit angehörten. Ab Mitte der 1980er Jahre gab es dann erste Forderungen nach einem »zivilen Vogelsang«. Realistisch möglich erschien das aber erst angesichts der Ost-West-Entspannung unter Gorbatschow. Nach der Auflösung des Warschauer Paktes machte die belgische Truppenstationierung in Deutschland keinen Sinn mehr. Die Brüsseler Regierung beschloss den Abzug aller Stationierungsstreitkräfte. Ende 2005 gaben die Belgier das komplette Areal einschließlich der ehemali gen Ordensburg an die Bundesrepublik zurück.

Bereits einige Jahre vorher hatten auf deutscher Seite Überlegungen eingesetzt, wie die riesige Anlage, die zudem seit 2004 im neu geschaffenen Nationalpark Eifel lag, zu nutzen sei. Wieder wurden Rufe nach einem Abriss laut, aber diese verstummten bald und man ging zu einer Planung über, an deren Ende eine wichtige Richtungsentscheidung der Düsseldorfer Landesregierung stand: Vogelsang soll zu einem Bildungs- und Ausstel-

Erste Ansätze für eine zivile Nutzung der ehemaligen Ordensburg: Aufführung von Carl Orffs »Carmina Burana« im früheren Kinosaal Vogelsangs, 14. Oktober 2006.

lungsort von europäischer Bedeutung umgewandelt werden. Die Landesregierung sagte dafür Fördermittel in zweistelliger Millionenhöhe zu. 2011 soll der Umbau beginnen.

Vogelsang kann heute als einzige der drei ehemaligen NS-Ordensburgen besichtigt werden, täglich werden Führungen angeboten. Der Aufbau eines noch provisorischen Bildungsprogramms machte bereits gute Fortschritte. Zudem fanden 2009 erstmals »Internationale Vogelsang-Tage« als wissenschaftliche Tagung statt. 2011 beginnt die Detailplanung einer NS-Dokumentation, die den Ort und seine zentralen historischen Themen in einer großen Ausstellung erklären soll. Da Vogelsang heute inmitten des 2009 neu gegründeten Nationalparks Eifel liegt, beabsichtigt das Umweltministerium dort als Nationalparkzentrum ebenfalls eine große Ausstellung zu diesem Großschutzgebiet.

Eine der inzwischen angebotenen historischen Führungen für die jährlich rund 180 000 Besucher in Vogelsang, 2008.

Anhang

Anmerkungen

In den Anmerkungen sind die Literaturquellen abgekürzt genannt; die vollständigen Angaben finden sich im Literaturverzeichnis, wo der Kurztitel in eckigen Klammern eingefügt ist.

Vorwort

1 Zu den NS-Ordensburgen gibt es bislang überwiegend regionalgeschichtliche Darstellungen. Hans-Dieter Arntz legte 1986 zu Vogelsang eine solche Publikation vor, Hartmut Happel präsentierte 1996 ein reich bebildertes Buch zu Sonthofen, und Rolf Sawinski veröffentlichte zu Krössinsee einen Bildband mit aufschlussreichem Textteil erstmals 1997. Dazu liegt inzwischen eine erweiterte und ins Polnische übersetzte Studie von Jarosław Leszczełowski vor. Unter den erziehungswissenschaftlichen Arbeiten ragen die von Prof. Harald Scholtz heraus, der in mehreren Veröffentlichungen den Ordensburg-Drill sowie die Adolf-Hitler-Schulen thematisierte. Zur Bau- und Architekturgeschichte nach wie vor führend ist die Publikation des Landschaftsverbandes Rheinland von Ruth Schmitz-Ehmke zu Vogelsang. Monika Herzog aktualisierte diesen Band inzwischen mehrfach und legte darüber hinaus einen eigenen Architekturführer zu der Anlage in der Eifel vor. 2002 veröffentlichte der Autor eine Darstellung mit dem Schwerpunkt zur Nachkriegsgeschichte Vogelsangs sowie 2006 ein Begleitheft für Besucher und 2007 eine Darstellung zu den Einsätzen der Burgmannschaften im Rahmen der Besatzungsverwaltung im Osten. Paul Ciupke und Franz-Josef Jelich gaben 2006 einen Sammelband mit Beiträgen rund um das Thema Ordensburgen heraus. 2010 erschien als Tagungsband zu den Internationalen Vogelsang-Tagen die Publikation »Fackelträger der Nation«. Daneben gibt es einige Aufsätze zu speziellen Aspekten der NS-Ordensburgen. Unter den Magisterarbeiten zum Thema ragt die von Stefan Becker heraus, da sie vielfältige, bislang ungenutzte Quellen erschließt. Vgl. dazu das Literaturverzeichnis im Anhang.

Einleitung

1 Vgl. Rundschreiben Nr. 9 v. 26. Mai 1928, in: Landeshauptarchiv (LHA) Koblenz, Best. 403, Nr. 16743.

2 Betr. Pol. Schulungskursus für Führer: Lehrgang II. Fragen und Antworten für den deutschen Arbeiter, in: LHA Koblenz, Best. 403, Nr. 16743.

3 Polizeipräsident an Regierungspräsident v. 4. August 1928. Betrifft: Sportkursus für Führer der NSDAP, in: LHA Koblenz, Best. 403, Nr. 16743. In diesem Bestand sowie in Nr. 16746 lagern zahlreiche Schreiben, in denen es um die Kurse der rechtsextremen NSDAP ging.

4 Hier und nachfolgend: Anordnung Nr. 3/33 (Gohdes) v. 29. Mai 1933, in: Bundesarchiv Berlin (BArch), NS 22/1122.

5 Die Bundesschule des ADGB war 1928 als ein Meisterwerk demokratischen und funktionalen Bauwillens der Bauhausschule errichtet worden. Benz / Deutschland: ADGB, S. 7.

6 Gohdes, Otto: Schulung des Führernachwuchses v. 15. Februar 1934, in: BArch, NS 22/1123.

7 Mühlich, Robert: Dr. Ley auf Burg Vogelsang, in: Orden v. 31. März 1938, S. 1–3.

8 Domarus: Hitler, Bd. I, S. 280 f. Entworfen hatte den ADGB-Bau übrigens kein »Jude May«, sondern das waren die Architekten Hannes Meyer und Hans Wittwer. Vgl.: Benz / Deutschland: ADGB, S. 14. Die Bauhaus-Architektur der ehemaligen Gewerkschaftsschule wurde im Nationalsozialismus vielfach geschmäht, die Ordensburgen als Gegenbeispiele angeführt. Bernau sei eine »Mischung aus Fabrik, Gewächshaus und Hühnerstall« der »roten Gewerkschaften«. Die Ordensburgen hingegen seien »deutsch und monumental empfunden, dabei einfach und behaglich«. Der Angriff v. 29. April 1936, S. 3. (Sammlung S. Becker).

9 Hier zitiert nach Lichtenstein: Schulung, S. 130.

10 Vgl. etwa die Ankündigung von Max Frauendorfer, Gohdes' Nachfolger als Reichsschulungsleiter, für einen Lehrerschulungskursus vom 7. bis zum 12. Januar 1935 an der Landesführerschule II in Lobeda bei Jena. Darin waren Krössinsee, Erwitte und Vogelsang noch als »Schulungsburgen« bezeichnet. Erwitte wurde später zu anderen Zwecken genutzt, stattdessen kam Sonthofen als dritte Säule der Nachwuchsführererziehung hinzu. Frauendorfer: Anordnung Nr. 41 v. 26. November 1934, in: BArch, NS 22/1123, sowie: Anordnung Nr. 43/34 v. 7. Dezember 1934, in: BArch, NS 22/1123, und Anordnung Nr. 42/34 v. 5. Dezember 1934, S. 7, in: BArch, NS 22/1123.

11 Die nationalsozialistische Ordensburg im Oberallgäu, in: Oberallgäuer Nationalzeitung v. 21. Oktober 1935.

12 Der Angriff v. 26. November 1935, hier zitiert nach Schmitz-Ehmke / Herzog: Vogelsang, S. 9 und Anm. 10.

13 Auch in Vogelsang kann man das heute noch ablesen. Die Anordnung der steinernen Unterkunftshäuser erinnert fatal an ein Barackenlager.

14 Die Kunst im Dritten Reich, Beilage, in: Die Baukunst, 2/1939.

15 Früchtel: Giesler, S. 45.

16 Rosenberg: Mythus, S. 546.

17 Schreiben von Rosenberg an Ley, 20. August 1936, in: BArch, NS 8/192, Bl. 138–144, hier Bl. 138.
18 Bollmus: Amt Rosenberg, S. 273.
19 Der Deutsche Ordensstaat, Manuskript (Entwurf Trotha), in: BArch, NS 8/37, Bl. 171.
20 D'Alquen, Gunter (Schriftleiter): Der Abschluss des Parteikongresses und des Parteitages. Adolf Hitler kennzeichnet das Wesen, den Begriff und die große Aufgabe der NSDAP, in: Völkischer Beobachter (Norddeutsche Ausgabe), Nr. 255. 47. Jg., 12. September 1934, S. 2 (Sammlung S. Becker).
21 Rosenberg: Der Ordensgedanke im 20. Jahrhundert, Textentwurf für das Schwarze Korps v. Februar 1935, in: BArch, NS 8/40, Bl. 64–66.
22 Smith/Peterson: Geheimreden, S. 93–104, insb. S. 100 ff.
23 Schreiben von Rosenberg an Ley, 20. August 1936, in: BArch, NS 8/192, Bl. 138.
24 Auslese ohne Vorurteile, in: Der Angriff v. 24. April 1936, S. 1 (Sammlung S. Becker).
25 Mehnert, Fritz: Die Organisation der NSDAP und ihrer angeschlossenen Verbände, in: Schulungsbrief 1936, S. 329–368.
26 Haase, A.: Ordensburg Vogelsang zur Schulung bereit!, in: Westdeutscher Beobachter (Ausgabe Bonn) v. 9. April 1936, S. 8. Zit. nach Schröders, Michael: »Vogilsanc« und Vogelsang. Eine Miszelle zur NS-Geschichtspolitik und ihrer »Historiographie«, Bonn 2006, n. pag.

Bau und Architektur

1 Hier und nachfolgend: Lichtenstein: Schulung, S. 131 f.
2 Bis 1938 war die vorherrschende Schreibweise »Crössinsee«. In der vorliegenden Publikation wird durchgängig die Schreibweise Krössinsee verwendet.
3 Früchtel: Giesler, S. 45.
4 Gohdes, Otto: Sinn und Aufgabe der Ordensburgen. Vortrag beim Reichslehrgang für volksdeutsche Umsiedler in der Ordensburg Krössinsee vom 26. September 1942 (Sammlung H. Happel).
5 Vgl. Leser: Klotz.
6 Vgl. Früchtel: Giesler. Darin enthalten eine dezidierte Biografie und eine umfassende Darstellung und Deutung von Gieslers Œuvre. Die vorliegende Darstellung folgt im Wesentlichen den Angaben Früchtels. Giesler selbst veröffentlichte in der Nachkriegszeit eine autobiografische Darstellung, die sich in weiten Teilen wie ein spätes Bekenntnis zu Hitler liest. Gleichwohl liefert sie einige bemerkenswerte Detailinformationen.
7 Früchtel: Giesler, S. 24 f.
8 Ebd., S. 102.
9 Hier zitiert nach Lichtenstein: Schulung, S. 130.
10 Henne, Hans: Erwitte – eine feste Burg des neuen Reiches. Dr. Ley nahm die Einweihung im Gedenken an unsere Gefallenen vor, in: Der Angriff, Nr. 276 v. 26. November 1935, S. 5 (Sammlung S. Becker).
11 Domarus: Hitler, Bd. 2, S. 869.
12 Lorbach: Vogelsang, S. 45–51.
13 Lichtenstein: Schulung, S. 131.
14 Landrat Josef Schramm an Regierung Aachen, November 1940, in: Altakten Gemünd, Ordensburg Vogelsang, Burggemeinde Vogelsang, 1940, Akte 0, Nr. 01–2, in: Archiv der Stadt Schleiden.
15 Vgl. Auftragsbuch Holzmann, Bauprojekt Vogelsang 1934, in: Institut für Stadtgeschichte, Frankfurt a. M.
16 Zeitzeuge Hubert Breuer anlässlich einer Ortsbesichtigung mit dem Autor am 10. September 2009. O-Ton aufgezeichnet in Sammlung d. Autors.
17 Schmitz-Ehmke: Vogelsang, S. 30.
18 Vgl. Lorbach: Vogelsang.
19 Lichtenstein: Schulung, S. 132, sowie: Westdeutscher Beobachter (Ausgabe Euskirchen) v. 24. September 1934, in: Archiv der Stadt Euskirchen. Die Bauarbeiten begannen im Februar 1934 am Krössinsee und im Mai 1935 am Kalvarienberg bei Sonthofen. Ley: Führer, S. 166 und 173.
20 Burg Vogelsang. Bollwerk deutschen Wesens, in: Westdeutscher Beobachter (Ausgabe Euskirchen) v. 24. September 1934, in: Archiv der Stadt Euskirchen.
21 Burg Vogelsang. Bollwerk deutschen Wesens, in: Westdeutscher Beobachter v. 24. September 1934, in: Archiv der Stadt Euskirchen.
22 Vgl. auch: Westdeutscher Beobachter (Montagsausgabe) v. 24. September 1934, in: Archiv der Stadt Euskirchen.
23 Vgl.: Bartetzko: Götterdämmerung.
24 Vgl. Preußisches Finanzministerium: Bauten. Ein Lageplan war abgedruckt auf Seite 15.
25 Diese Wirtschaftseinrichtungen wurden 1938 in einen neu errichteten Trakt ausgelagert.
26 Vgl. zur Bibliothek Schröders: Bibliothek, S. 219–240.
27 Preußisches Finanzministerium: Bauten. Ein Lageplan abgedruckt auf Seite 18.
28 Ordensburg Vogelsang. Kostenvoranschlag für vier neue Kameradschaftshäuser, in: BArch, NS 22/1078.
29 Schmitz-Ehmke: Vogelsang, S. 19. Ein neues Haus für das weibliche Personal sollte neben dem provisorischen entstehen. Vgl. Bauwelt 1939, Übersichtsplan S. 12.
30 Schmitz-Ehmke: Vogelsang, S. 11, sowie Leser: Klotz, S. 178.
31 Rede v. 7. September 1937, in: Domarus: Hitler, Bd. 2, S. 719.
32 Angaben des Zeitzeugen Hubert Breuer im Jahr 2009 gegenüber dem Autor. Tonaufzeichnung in Sammlung des Autors.
33 Herzog: Architekturführer, S. 13.
34 Die von Ley offenbar angepeilte Hochschulfunktion der

Ordensburgen rief tatsächlich alsbald Rosenberg auf den Plan. Er einigte sich später mit Ley darauf, für die als »Hohe Schule der NSDAP« bezeichnete endgültige Parteiuniversität einen Standort am Chiemsee auszuwählen. Bei der Planung dieser Parteiuniversität bekam Gieslers Entwurf den Vorzug vor einem auch von Klotz präsentierten Modell. Vgl. Giesler: Hitler, S. 138–143.

35 Lichtenstein: Schulung, S. 133.

36 Liebermann gab an, dass sich unter seiner Bauleitung – also von 1934 bis 1937 – die Kosten für die Arbeiten an der Ordensburg auf 36 Millionen Reichsmark belaufen hätten. Lediglich für wenige Einzelprojekte liegen genauere Angaben vor. Weder die tatsächlichen Gesamtkosten der errichteten Bauten noch die geschätzten Kosten der weiteren geplanten Projekte sind daher näher zu beziffern. Vgl. Eintrag in Fotoalbum Liebermann, letzte Seite, in: Nachlass Karl F. Liebermann, Museum für angewandte Kunst, Köln.

37 Montjoi'r Volksblatt v. 6. Mai 1938.

38 Pläne dazu in BArch, NS 1/705, Reichsschatzmeister der NSDAP, Siedlungsbauten Vogelsang. Darin mehrere Baupläne und statische Berechnungen zu den Luftschutzbauten. Laut Beschriftung von dem beratenden Ingenieur Adolf Leber, Köln, 29. April 1942, Bl. 0/42.

39 Belegt durch verschiedene Fotos in Sammlung d. Autors.

40 In der Zeit des Truppenübungsplatzes wurde diese Schießbahn von den Truppen als »Stand 10« bis 2005 genutzt.

41 Pläne dazu in BArch, NS 1/705: Reichsschatzmeister der NSDAP. Siedlungsbauten Vogelsang. 42 Einzelpläne des Düsseldorfer Architekten Professor Fritz Becker vom April 1939. Lageplan des ersten Bauabschnitts: Bl. 24.

42 Heute im Archiv des Fotostudios von Wim Cox, Köln.

43 Ritgen: Dr. Ley: Der Erziehungsweg bei der nationalsozialistischen Führerauslese. Sechs Jahre Adolf-Hitler-Schule, sieben Jahre Bewährung im Lebenskampf, vier Jahre Ordensburg, in: Völkischer Beobachter (Norddeutsche Ausgabe), v. 24. November 1937, S. 1 f. (Sammlung S. Becker).

44 Slg. Brammer: Informationsbericht Nr. 170 aus Notizen zu der Tagung in Sonthofen. Berlin, 25. November 1937, gez. Dr. Kausch. Kopie in Sammlung H. Happel, Ordner 1 OB.

45 Ley: Treue, Vorwort.

46 Prof. Clemens Klotz, Köln, 7. Oktober 1941. Plan im Maßstab 1:25.000 (Kopie in Sammlung R. Sawinski).

47 Kiehl: Mann, S. 277.

48 Die drei Ordensburgen der NSDAP, in: NS-Monatshefte 1936, S. 546–567, hier und nachfolgend zitiert nach: Gamm: Führung, S. 420 f.

49 Hier und nachfolgend: Rosenberg an Heß v. 11. Mai 1936, in: BArch, NS 8/178, Bl. 266–271. Hier S. 4 bis 6 des Schreibens.

50 Troost: Bauen, n. pag.

51 Sawinski: Krössinsee, S. 17.

52 Hier und nachfolgend nach dem Plan bei Sawinski: Krössinsee, S. 22.

53 Ebd., S. 24.

54 Schreiben Heinz Tessmann an Rolf Sawinski v. 3. März 1997 (Sammlung R. Sawinski).

55 Sawinski: Krössinsee, S. 17. Der Grundstein am Krössinsee wurde damit sieben Wochen später als in Vogelsang gelegt (15. März 1934). Baubeginn in Sonthofen war am 16. November 1934.

56 Ruprecht: Landkreis, S. 279 f. Diese Quelle ist jedoch durch eine Fülle offensichtlicher Fehldeutungen getrübt.

57 Osann, Fritz: Unsere Burg, in: Burggemeinschaft, Folge September 1940, S. 13 f.

58 Unsere Burg, in: Burggemeinschaft, Folge November 1940, S. 3.

59 Autorenkürzel »B.«: Unsere Burg. Der Neubau für die Kommandantur und Seminare, in: Burggemeinschaft, Folge November 1940, S. 3 f.

60 Die Burg im Kriege, in: Burggemeinschaft, Folge Dezember 1942, S. 3.

61 Rosenberg an Heß v. 11. Mai 1936, in: BArch, NS 8/178, Bl. 266–271. Hier S. 4 bis 6 des Schreibens.

62 Früchtel: Giesler, S. 48. Happel (Sonthofen, S. 14) datiert hingegen den ersten Spatenstich auf den 16. November 1934.

63 Happel: Sonthofen, S. 14 f.

64 Allgäuer Anzeigenblatt v. 8. April 1936, hier zitiert nach Früchtel: Giesler, S. 49.

65 Happel: Sonthofen, S. 18.

66 Ebd., S. 21.

67 Ebd., S. 22.

68 Oberallgäuer Nationalzeitung v. 23. November 1937, S. 7.

69 Vgl. das Foto und die Bildzeile bei Happel: Sonthofen, S. 15.

70 Das schöne Allgäu, Nr. 23/1937.

71 Die drei Ordensburgen der NSDAP. NS-Monatshefte 1936, S. 546–567, hier und nachfolgend zitiert nach Gamm: Führung, S. 420 f.

72 Rosenberg an Heß v. 11. Mai 1936, in: BArch, NS 8/178, Bl. 266–271. Hier S. 4 bis 6 des Schreibens.

Die Ordensburgen als Tagungsorte

1 Der Führer vor den Kreisleitern auf Burg Vogelsang, in: Völkischer Beobachter v. 30. April 1937, in: BArch, R 187/257.

2 Der Führer in Sonthofen, in: Völkischer Beobachter v. 24. November 1937, in: BArch, R 187/257.

3 NS-Monatshefte 1936, zitiert nach Gamm: Führung, S. 418.

4 Biallas, Hans: Sozialistisches Wollen und Wirtschaftsführung, in: Der Angriff, in: BArch R 187/257.

5 Die Tagung auf Burg Sonthofen, in Bayerische Ostmark (Ausgabe Bamberg) v. 18. November 1937, in: BArch, R 187/257.

6 Es fällt auf, dass diese Tagungen im Zusammenhang mit den Ordensburgen in der Literatur bislang im Wesentlichen unter dem Aspekt des regionalgeschichtlichen Geschehens dargestellt wurden, des »Spektakels Hitler-Besuch«, bei dem Schaulustige jeweils an die Zufahrtswege drängten und Schüler oder Betriebsangehörige geschlossen ankommandiert wurden, um den »Führer-Besuch« mit verordnetem Jubel zu begleiten. Dabei würde sich eine inhaltliche Analyse der auf den Parteitagungen gehaltenen Reden durchaus lohnen, weil Hitler es sich im Kreis »Alter Kameraden« leisten konnte, weitaus offener und zynischer zu reden als vor anderem Publikum. So urteilte etwa die Historikerin Hildegard von Kotze über Hitlers Rede in Vogelsang am 29. April 1937: »Trotz der Trivialität, die in so vielen Teilen auch ihr anhaftet, ist Hitlers Rede in Vogelsang [...] eine seiner aufschlussreichsten nach 1933 überhaupt.« Kotze / Krausnick: Führer, S. 113 f.

7 NS-Monatshefte 1936, S. 546 – 567, zitiert nach Gamm: Führung, S. 418 – 421.

8 Vortragsplan in: BArch, NS 8/33, Bl. 84 f.

9 Neue Kraft aus unserem Glauben, in: Bayerische Ostmark v. 13. November 1936, in: BArch, R 187/257.

10 Der Führer in Sonthofen, in: Völkischer Beobachter v. 24. November 1937, in: BArch, R 187/257.

11 Zitiert nach Gamm: Führung, S. 418.

12 Kotze / Krausnick: Führer, S. 113 f.

13 Die DAF im Leben der Nation, in: Völkischer Beobachter v. 30. August 1937, in: BArch R 187/257, sowie Dr. Ley: Die deutsche Geschichte ist älter, in: Der Angriff v. 23. März 1939, in: BArch, R 187/257.

14 Ley: Die deutsche Geschichte ist älter, in: Der Angriff v. 23. März 1939, in: BArch, R 187/257.

15 Gauleiter Julius Streicher sprach, in: Völkischer Beobachter v. 19. August 1937, in: BArch, R 187/257. Einen Tag später, am 20. August 1937, veröffentlichte *Der Angriff* ein Foto, das Streicher beim Abschreiten der Front der angetretenen DAF-Obmänner auf dem Appellplatz in Vogelsang zeigte, in: BArch, R 187/257.

16 Besser vorbeugen als Schaden flicken, in: Bayerische Ostmark (Ausgabe Landshut) v. 23. November 1937, in: BArch, R 187/257.

17 Gefahren des Sieges, in Der Angriff v. 19. Oktober 1938, in: BArch, R 187/257.

18 Der Begriff des Kämpfers steht für uns im Vordergrund, in: Völkischer Beobachter v. 27. März 1939, in: BArch, R 187/257.

19 Dr. Frick und Lutze sprachen auf Vogelsang, in Der Angriff v. 20. November 1936, in: BArch, R 187/257.

20 Besser vorbeugen als Schaden flicken, in: Bayerische Ostmark (Ausgabe Landshut) v. 23. November 1937, in: BArch, R 187/257.

21 Der Begriff des Kämpfers steht für uns im Vordergrund, in: Völkischer Beobachter v. 27. März 1939, in: BArch, R 187/257.

22 Dr. Ley auf Burg Vogelsang, in: Frankfurter Zeitung v. 24. August 1937; Die Kreisobmänner der DAF auf Vogelsang, in: Der Angriff v. 17. August 1937; Nationalsozialistische Arbeitsführer, in: Völkischer Beobachter v. 18. August 1937, alle in: BArch R 187/257.

23 Erster Hinweis auf die Tagung: Nationalsozialistische Arbeitsführer, in: Völkischer Beobachter v. 18. August 1937; Unsere Männer – Unsere Burg, in: Der Angriff v. 20. August 1937; Sozialpolitik und Wirtschaft, in: Bayerische Ostmark v. 21. August 1937; Aufgaben der Sozialpolitik, in: Bayerische Ostmark v. 22. August 1937; Dr. Ley über die Partei und ihren Auftrag, in: Völkischer Beobachter v. 23. August 1937; Leistungslohn ist sicherer als Konjunkturlohn, in: Der Angriff v. 25. August 1937; Der Mut vor dem Vorgesetzten, in: Der Angriff v. 28. August 1937; Die DAF im Leben der Nation, Gauleiter Julius Streicher sprach, in: Völkischer Beobachter v. 19. August 1937; Einblick in die Finanzlage, in: Der Angriff v. 19. August 1937, alle in: BArch, R 187/257.

24 Kulturelle Arbeit auf dem Lande, in: Bayerische Ostmark v. 26. August 1937, sowie Der Angriff v. 28. August 1937, beide in: BArch, R 187/257.

25 Vgl. dazu den Beitrag von Dr. Thomas Beddies: Die Einbindung der Jungärzte in die nationalsozialistische Gesundheitspolitik, in: Stommer: Medizin, S. 61. Quelle der bei Beddies vermittelten Informationen ist die Fachzeitschrift *Der Jungarzt* 5 [1937/38] 2, S. 6–13. Die Zeitschrift *Der Jungarzt* war als äußeres Merkmal des verstärkten Engagements des NS-Ärztebundes in den »Verlag der Deutschen Ärzteschaft« übernommen worden. Zur Tagung war auch Rosenberg eingeladen, er lehnte die Teilnahme jedoch wegen einer Reise ab. Vgl. den Schriftwechsel in: BArch, NS 8/32, Bl. 161–171.

26 Dr. Ley vor 500 Ärzten auf Burg Vogelsang, Bergwerks-Zeitung v. 6. Oktober 1937, in: BArch, R 187/257.

27 Ohne Handwerk keine Kultur, in: Der Angriff v. 7. August 1938; Hans Biallas, Leiter des Presseamtes der DAF: Sozialistisches Wollen und Wirtschaftsführung, in: Der Angriff v. August 1938, Erscheinungstag unklar, beide in: BArch, R 187/257.

28 Nach Beschriftung im Fotoalbum Heinrich B (Kopie in Sammlung d. Autors).

29 Schmidt an alle Gauschulungsleiter, Rundschreiben Nr. 19/39 v. 12. April 1939, in: BArch, NS 22/1129, sowie: Die Propaganda-Tagung auf Burg Vogelsang, in: Der Angriff v. 28. April 1939, in: BArch, R 187/257.

30 Schmidt an alle Gauschulungsleiter, Rundschreiben Nr. 19/39 v. 12. April 1939, in: BArch, NS 22/1129.
31 Nachwuchs von der Ordensburg, in: Der Angriff v. 25. Mai 1939, in: BArch, R 187/257.
32 Rheinische Blätter 14, 1937, Heft 4, S. 50, hier zitiert nach Schmitz-Ehmke: Vogelsang, Anm. 107 (Hinweis im Text ebd., S. 20).
33 L., Erwin: Wir grüßen den Generalfeldmarschall des Führers Hermann Göring, in: Orden, Folge 6 v. 30. Juni 1938, S. 3–6.
34 L., Erwin: Der rumänische Arbeitsminister Ralea bewundert Vogelsang, in: Orden, Folge 6 v. 30. Juni 1938, S. 7.
35 Führeranwärter Sch.: Exzellenz! Ich melde Ihnen die Burgschaft angetreten. Zu dem Besuch des italienischen Korporationsministers Lantini, in: Orden, Folge 9 v. 14. Dezember 1938, S. 2–5.
36 Ohne Autor: Japans Botschafter auf der Ordensburg Vogelsang, in: Orden, Folge 1/1939, S. 4 f.

Kommune NS-Ordensburg

1 Nach: Reichsorganisationsleiter der NSDAP: Organisationsbuch, Ausgabe 1943, S. 182–183 b.
2 Ebd., S. 183 a–f.
3 Ebd., S. 183 a.
4 Ebd.
5 Hauptpersonalamt, Otto Marrenbach, an die Gauleiter, 8. Mai 1936. Betrifft: Auswahl der Führerschaft für die Junker der Ordensburgen, in: BArch, NS 22/1125. Das Schreiben ist insbesondere deshalb aufschlussreich, weil der Lehrgang 1936 quellenmäßig kaum belegt ist.
6 Die NSDAP züchtet keine Mönche. Eine Unterredung mit Dr. Ley über den Sinn der Ordensburgen, Hakenkreuzbanner v. 18. Juli 1936 (Sammlung S. Becker).
7 Foto in Sammlung Golawski (Kopie in Sammlung d. Autors).
8 Rheinische Blätter, Jg. 14, 1937, Heft Nr. 4, Rubrik »Rheinische Chronik«, Eintrag 1. März (Sammlung S. Becker).
9 Dr. Ley mustert Vogelsang. Entscheidung über die Verwendung der Burgmänner, in: Der Angriff v. 2. März 1937, S. 1 (Sammlung S. Becker), sowie: Rheinische Blätter, Jg. 14, 1937, Heft Nr. 7, S. 64 (Sammlung S. Becker).
10 Lilla: Statisten, S. 40 f.
11 Ebd., S. 447 f.
12 Mehr zu diesem Vorgang im Kapitel über die Lehrgänge.
13 Durch Dokumente und Kopien belegte Angaben der Familie gegenüber dem Autor. Vgl. auch Benz/Deutschland: ADGB, S. 82.
14 Sawinski: Krössinsee, S. 17.
15 Nach Lilla: Statisten, S. 183.
16 Nach ebd., S. 25.
17 Klee: Personenlexikon, S. 275 f., sowie Burgbrief, Folge März 1941.
18 Eigene Ermittlung des Autors anhand der Namens- und Funktionsnennungen im *Burgbrief*, der Zeitschrift der Sonthofener Ordensburg.
19 1942 gab es angesichts der schweren Kämpfe im Osten eine neue Einberufungswelle zur Wehrmacht, die zu erheblichem Personalverlust in Sonthofen führte. Zu der Zeit befanden sich 223 Mitarbeiter beim Heeresdienst, sechs waren Nachrichtenhelferinnen, bei der Ersatzwagenstaffel der DAF kamen vier Mitarbeiter zum Einsatz, weitere 23 arbeiteten in der Rüstungsindustrie. Rudolf Clausnitzer: Der Personalstand in der Verwaltung im 3. Kriegsjahr, in: Burgbrief, Folge April 1942, S. 20.
20 Die Burgverwaltung im Kriege, in: Burgbrief, Folge Mai 1941, S. 1–27.
21 J., Rudolf: Liebe Kameraden, in: Burgbrief, Nr. 3 vom 11. Mai 1940, S. 4 f.
22 Ohne Autor: Aus der Ortsgruppe, in: ebd., S. 5.
23 Ohne Autor: Unsere Burggemeinschaft, in: Burgbrief, Folge Mai 1941, S. 28–32.
24 Ohne Autor: Aus der Ortsgruppe, in: Burgbrief, Nr. 3 vom 11. Mai 1940, S. 5.
25 Bilder im *Orden* zeigten die BDM-Gruppe beim Tanz und beim Singen an der Freilichtbühne anlässlich des Vorabends des 1. Mai 1938. Die gesamte Burgmannschaft nahm als Zuschauer teil. M., Robert: Maisingen der BDM-Gruppe Vogelsang, in: Orden, Folge 21. Mai 1938, S. 13.
26 Me., Eduard: NS-Volkswohlfahrt »Ordensburg Vogelsang«, in: Orden, Folge 8, v. 1. Dezember 1938, S. 23.
27 Lorbach (Vogelsang, S. 49) gab an, dass es sich in Vogelsang 1936 um Angehörige der »SS-Verfügungstruppe Ostfriesland« aus Esterwegen gehandelt habe. Gemeint waren damit die großen Konzentrationslager im Raum Esterwegen.
28 Standortverzeichnis der SS-Totenkopfverbände. Stand vom Oktober 1936. Als Faksimile abgedruckt bei Kaienburg: Militär- und Wirtschaftskomplex, S. 54 f.
29 Justiz und NS-Verbrechen. Sammlung deutscher Strafurteile wegen nationalsozialistischer Tötungsverbrechen 1945–1966, Bd. XV, 2., überarbeitete und um Verfahrensregister erweiterte Aufl., Amsterdam 2006 (E-Book) [im Folgenden: Justiz und NS-Verbechen], Verfahren Nr. 473, Urteil Landgericht Bonn v. 6. Februar 1959, 8 Ks 1/58.
30 Urteil, Bl. 653 f.
31 Urteil, Bl. 656.
32 Führer des SS-Oberabschnitts West (Düsseldorf.).
33 SS-Obergruppenführer Weitzel: Zum Jahresabschlussappell

des SS-Oberabschnitts West am 10. und 11. Dez. 1938, in: Orden, Folge 1/1939, S. 6.

34 SS-Oberabschnitt West I/Az.: 10 m/2832, Düsseldorf, den 4. März 1939, an Verteiler V. (Sonderverteiler), in: BArch, NS 19/3983, Bl. 1–7.

Lehrgänge

1 Zur Frage, welche Art von Elite in den Ordensburgen gedrillt werden sollte, vgl. Becker: Elite.

2 Erklärung der Reichsleiter Dr. Ley und Schirach über die Adolf-Hitler-Schulen vom 17. Januar 1937, in: Dokumente der deutschen Politik, Bd. 5, Berlin 1938, S. 389–392. Hier und nachfolgend zitiert nach: Gamm: Führung, S. 425. Die genannte Zahl von 4000 Schülern ist übertrieben hoch.

3 Das nationalsozialistische Erziehungssystem der Zukunft, in: Völkischer Beobachter v. 24. November 1937, in: BArch, R 187/257. In dieser Rede kündigte Ley auch den Bau einer vierten NS-Ordensburg im Osten an, die »unweit der Marienburg auf historischem deutschem Kolonisationsboden« entstehen werde. Baubeginn, so Ley vollmundig, solle im Frühjahr 1938 sein. Tatsächlich kam dieses Vorhaben über erste Planungen nicht hinaus.

4 Schulungsbrief, Jg. 1936, S. 86.

5 Schmidt, Peter: Das Reichsschulungslager »Vogelsang«. Pflegestätte nat.-soz. Weltanschauung, in: Westdeutscher Beobachter v. 16. März 1934, S. 3.

6 Erziehung zur Kameradschaft. Dr. Ley auf Burg Vogelsang vor den Führeranwärtern, in: Der Angriff v. 10. Juni 1937 (Sammlung S. Becker).

7 Rüdiger, Karlheinz: Auslese der Bewegung, in: Wille und Macht. Führerorgan der nationalsozialistischen Jugend, 4. Jg., Heft 12/1936, hier zitiert nach Gamm: Führung, S. 416.

8 Ley: Die Gemeinschaftshäuser der Partei und die Erziehung des Führernachwuchses, in: Ley: Führer, S. 140 f.

9 Der Schleidener Kreisleiter Franz Binz anlässlich der Grundsteinlegung in Vogelsang. Nach: Burg Vogelsang. Bollwerk deutschen Wesens, Westdeutscher Beobachter v. 24. September 1934, in: Archiv der Stadt Euskirchen.

10 Die Rundschreiben und Anordnungen des Hauptpersonalamtes finden sich in BArch, NS 22, in den Nr. 559, 716, 117, 1118 sowie 1123.

11 Im Detail präzisierte die Partei im Lauf der Zeit die Auswahlkriterien. So mussten am Ende nicht nur die Kandidaten selbst, sondern auch deren »Sippe« den Vorstellungen der Partei entsprechen. Die Bräute der Bewerber wurden von NS-Medizinern auf Gesundheit und rassische »Qualitäten« untersucht.

12 Ley: Führer, S. 134 f.

13 Mannestum, in: Ley: Führer, S. 156 f.

14 Rheinische Blätter, Jahrgang 1937, Heft 10, Rheinische Chronik, S. 691 (Sammlung S. Becker).

15 Vgl. Werkscharen für die Ordensburgen gemustert, in: Der Angriff v. 16./17. November 1938, S. 6 (Sammlung S. Becker).

16 Die NSDAP züchtet keine Mönche. Eine Unterredung mit Dr. Ley über den Sinn der Ordensburgen, in: Hakenkreuzbanner v. 18. Juli 1936 (Sammlung S. Becker).

17 Vgl. Sammlung Kirchenaustrittsbewegungen, in: Archiv der evangelischen Kirchengemeinde Gemünd.

18 T., Günter: Stellungnahme vom 21. August 1997 (Sammlung R. Sawinski). Das Schreiben ist ohne Seitenzählung. Die hier verwendeten Seitenangaben entsprechen einer eigenen Seitenzählung des Autors von S. 1 (Vorbetrachtung) bis S. 16 (Schlussbetrachtung) des Originals. Vgl. auch ebd., Zwischenbilanz, S. 8.

19 Mannestum, in: Ley: Führer, S. 156 f. Bei dieser Angabe Leys ist zu beachten, dass im Frühjahr 1936 von AHS und Hoher Schule als weiteren Stufen der Erziehung noch keine Rede war. Daher weitete Ley die Aufstiegsmöglichkeiten für den angesprochenen Personenkreis auf Gau- und Reichsleitung aus. Das endgültige Konzept wurde erst ab 1937 entwickelt.

20 Auskunft Günter T., S. 4. Die hier und nachfolgend zitierten Günter T., Werner W. und Willy B. waren Teilnehmer vierjähriger Lehrgänge, die in der Nachkriegszeit in Schreiben an Hartmut Happel und Rolf Sawinski Angaben zu ihren Lehrgängen machten. Im Gegensatz zu den von der Reichsorganisationsleitung verbreiteten Schreiben und Leys Ankündigungen geben die Ausführungen dieser ehemaligen Ordensjunker Ablauf und Inhalt der Lehrgänge wesentlich realistischer wieder.

21 Ebd., S. 2 f.

22 Auskunft Werner W., Vorwort sowie Anmerkungen zu Arntz: Vogelsang. S. 2 f. (Sammlung H. Happel), hier S. 3.

23 Auskunft Günter T., S. 10. Vgl. auch: Schröders: Bibliothek.

24 Auskunft Günter T., S. 4.

25 Auskunft Werner W., S. 3.

26 Willy B. an Hartmut Happel v. 23. Januar 1997 (Sammlung H. Happel).

27 Auskunft Willy B., S. 4.

28 W., Roger von: Gedanken zum Besuch der Führerinnenschule des BDM aus Godesberg, in: Orden, Folge v. 30. April 1938, S. 17.

29 Auskunft Günter T., S. 10. Der ideologische Schwerpunkt sollte erst im nächsten Lehrgangsjahr in Vogelsang gelegt werden. Daher mag die Beschreibung T.s für sein Jahr am Krössinsee bedingt zutreffen.

30 Ebd.

31 Vermutl. Gohdes, etwa 1942. Text in: BArch, R 187/257, hier Bl. 2 (Sammlung S. Becker).

32 Ley: Es spricht der Reichsorganisationsleiter Dr. Robert Ley, in: Der Hoheitsträger, Folge 3, 2. Jahrgang, März 1938, S. 28 (Sammlung S. Becker).

33 Die Rede Dietels ist auf Decelith-Platten gespeichert und liegt in digitalisierter Form vor (Sammlung d. Autors).

34 Vgl. Lauscher: Eheweihe.

35 Eine digitale Kopie des Films zur »Eheweihe« in Vogelsang in Sammlung d. Autors.

36 Erinnerungsblatt, erster Lehrgang, I. Jahr, Ordensburg Krössinsee, den 20. September 1938 (Original in Sammlung R. Sawinski).

37 Prof. Udo Arnold, der führende Forscher zum Thema Deutscher Orden, verwies am 23. Juli 2010 im Gespräch mit dem Autor darauf, dass das Ritterrelief am Ostturm keinen Ordensritter zeige, da das sehr typische Kreuz auf der Rüstung fehle. Mit Sicherheit verzichteten die Nationalsozialisten auf das Detail, um ankommende Besucher ihres braunen Tempels nicht mit einem christlichen Kreuz-Symbol begrüßen zu müssen.

38 Hitler: Mein Kampf, S. 452.

39 Mannestum, in: Ley: Führer, S. 155.

40 Das nationalsozialistische Erziehungssystem der Zukunft, in: Völkischer Beobachter v. 24. November 1937, in: BArch, R 187/257.

41 W.: Der Skisport im Winter 1939/40, in: Burgbrief, Nr. 2 vom 6. April 1940, S. 12.

42 Neben Heckmair wurde auch Vörg nach Sonthofen verpflichtet. Vgl. Heckmair: Eigernordwand, S. 170.

43 Ebd., S. 171. Vgl. zudem zur Instrumentalisierung von Spitzenbergsteigern, konkret auch im Fall Heckmair, Grupp: Faszination, S. 299 und 301: »Heckmair und seine Gefährten genossen die Ehrungen und die Popularität und entzogen sich der propagandistischen Ausbeutung nicht, entweder aus opportunistischem Kalkül oder aus Naivität. Heckmair, der noch nie im Leben eine feste Anstellung hatte, war glücklich, für die NS-Ordensburg Sonthofen als Bergführer verpflichtet zu werden.«

44 Ohne Autor: Aufzeichnungen über die Sporthundertschaft auf der Ordensburg Krössinsee im Jahre 1939 (Sammlung R. Sawinski).

45 B., Walter: Erster Start in Düren, in: Orden, Folge 21. Mai 1938, S. 14–17.

46 Auflistung eines ehemaligen Lehrgangsteilnehmers, notiert auf einem Ankündigungsschreiben für ein Reit- und Fahrturnier am 17. und 18. Mai 1939 in Köslin (Kopie in Sammlung R. Sawinski).

47 Auskunft Willy B.

48 S.: Die Boxerei, in: Orden v. Januar 1938, S. 19.

49 Ordensburg Vogelsang – Bericht über die Schulungstätigkeit 1939 von Gauschulungsleiter Julius Kölker, in: BArch, NS 8/231.

50 V., Willi: Feierstunde mit dem Dichter Kurt Eggers, in: Orden, Folge v. 30. April 1938, S. 18.

51 V./Behrens: Statt einer Überschrift war das Programm der Feierstunde abgedruckt, in: Orden, Folge 30. April 1938, S. 13 f.

52 Führeranwärter F.: Sudetendeutsche Dichterabende. Gottfried Rothacker, in: Orden, Folge 9 v. 24. Dezember 1938, S. 12 f.

53 L., Erwin: Um die Einheit von Körper, Seele und Geist. Ein Rückblick auf 8 Monate Schulungs- und Erziehungsarbeit, in: Orden v. 15. Februar 1938, S. 7–14, hier S. 13.

54 Auskunft Willy B.

55 L., Erwin: Um die Einheit von Körper, Seele und Geist. Ein Rückblick auf 8 Monate Schulungs- und Erziehungsarbeit, in: Orden v. 15. Februar 1938, S. 7–14, hier S. 14.

56 Auskunft Günter T., S. 10.

57 Gaupersonalamtsleiter (München-Oberbayern) Reichinger an die Kreisleitung Rosenheim der NSDAP z. Hdn. Kreisleiter Pg. Heliel vom 12. Mai 1938, in: Staatsarchiv (StA) München, NSDAP/1723 (Sammlung S. Becker).

58 Beurteilung des Führeranwärters Pg. Max S., z. Z. Ordensburg Krössinsee von Kreisleiter Heliel an die Gauleitung München-Obb. v. 11. Juli 1938 sowie Ortsgruppenleiter der Ortsgruppe Bad Aibling an die Kreisleitung Rosenheim, betr. Beurteilung – Führeranwärter Pg. Max S., in: StA München, NSDAP/1723 (Sammlung S. Becker).

59 Hauptstellenleiter der Gauleitung München-Oberbayern an die Kreisleitung Rosenheim z. Hdn. Krs.Ltr. Pg. Heliel vom 28. März 1938, betr. Einsatz der Führeranwärter im Wahlkampf, in: StA München, NSDAP/1723 (Sammlung S. Becker).

60 Beiträge von verschiedenen Autoren: Unsere deutsche Ostmark! Die Kameraden erzählen von den Erlebnissen in ihrer befreiten Heimat, in: Orden, Folge 30. April 1938, S. 1–9.

61 S., Friedrich Wilhelm: Wir helfen mit, in: Orden, Folge 30. April 1938, S. 8 f.

62 Auskunft Werner W., S. 4.

63 Ebd.

64 Ley an Rust v. 22. Januar 1937, in: Aktenstück aus der Adjutantur des Führers, Institut für Zeitgeschichte (IfZ) München, 1886/56 ED 9, Bl. 85–87. Hier zitiert nach Gamm: Führung, S. 133 f.

65 Rosenberg an Hitler: Betr.: Beschwerde über Schulungstätigkeit des Reichsorganisationsleiters, v. 31. August 1936, in: BArch, NS 8/175, Bl. 103 f.

66 Rosenberg an Heß v. 22. Mai 1935, in: BArch NS 8/177, Bl. 31 f.; Rosenberg an Heß v. 11. Mai 1936, in: BArch, NS

8/178, Bl. 234–239 sowie weitere Schreiben bei diesen Akten.

67 Stimmungs- und Lagebericht des Gauleiters Grohé, Gau Köln-Aachen, v. 13. Mai 1936, Plan Ziffer 12: Schulung in der Partei, in: BArch, NS 22/716.

68 Rosenberg an Heß v. 11. Mai 1936, in: BArch, NS 8/178.

69 Die Lehrer der NS-Ordensburgen wollte Rosenberg an einem damals in Neu-Rehse geplanten Institut ausbilden lassen. Diese Idee scheiterte, wurde letztlich aber zur Initialzündung für den Gedanken einer Hohen Schule als Parteiuniversität.

70 Rosenberg an Ley v. 20. August 1936, in: IfZ, MA 596, Bl. 1244–1250.

71 Schmidt, Otto: Bericht über die Tagung des Hauptschulungsamtes in Oberursel am 7. und 8. Mai 1938«, in: IfZ, MA 250, Bl. 133–138.

72 Vgl. hier und nachfolgend: Kölker, Julius: Vogelsang. Bericht über die Schulungstätigkeit, 1939, in: BArch, NS 8/231.

73 Carl Röver, geboren am 12. Februar 1889 in Lemwerder, war fanatischer Nationalsozialist. Bereits früh fiel er durch verbalen Antisemitismus auf. Ab Mitte der 1920er Jahre hatte er rasch parteiinterne Karriere gemacht, wobei er in seinen Reden durch »Brutalität der Sprache« auffiel. Bei einem Aufenthalt in Kamerun erkrankte er an Malaria, die ihm dann zeitlebens zu schaffen machte. Zudem litt er unter den Folgen einer bei einem Autounfall erlittenen Kopfverletzung. Carl Röver verstarb am 15. Mai 1942 an einer Lungenentzündung. Vgl.: Rademacher: Röver sowie: BArch, NS 6/805, Röver-Bericht.

74 BArch NS 6/805, Röver-Bericht, S. 29 des Originals.

75 Ebd., S. 31 des Originals.

76 Ebd., S. 32 des Originals.

77 Rademacher: Röver, S. 74 (= S. 111 des Originals).

78 Von der Gebirgsjägerei zur Fliegerei, in: Burgbrief, Folge August 1941, S. 14–18.

79 Burggemeinschaft, Folge 10/11 aus 1942, S. 5.

80 Auskunft Günter T., S. 15.

81 Ebd.

82 Burggemeinschaft, Folge 1 aus 1941, S. 24 f.

83 Brief Otto Gohdes an Otto R. v. 3. Juni 1944, in: BArch, NS 20/136.

84 Bericht dazu in: Burgbrief, Folge August 1941, S. 10 f.

85 Vgl. Kreisgeschichtsverein Euskirchen: Nationalsozialismus, Bd. 1, S. 259.

86 Amt des Generalgouverneurs für die besetzten polnischen Gebiete. Der Leiter der Abteilung Finanzen. Betrifft: Besoldung der in Behörden des Generalgouvernements eingesetzten Ordensjunker. Krakau, 1. April 1940. Unterzeichnet: I.V. Semkowsky, in: BArch, R 2/5065, Bl. 71.

87 Hauptpersonalamt, Jennes, Liebe Kameraden v. März 1940, in: BArch, NS 22/885.

Besatzungsherrschaft

1 Domarus: Hitler, Bd. 3, S. 1251 f.

2 Ebd., S. 1391.

3 Tägliche Rundschau für Mittelschlesien (Ausgabe Schweidnitz) v. 10. November 1939; Bewährung der Ordensjunker. Münchner Neueste Nachrichten v. 17. März 1940, beide in: BArch, NS 22/559.

4 Zu Hans Frank vgl. Schenk: Frank und Frank: Vater.

5 Auflistung des Hauptpersonalamtes über den Einsatz der Ordensburg-Mannschaften vom Januar 1940, abgedruckt bei: Sawinski: Krössinsee, S. 13.

6 Ebd. Vgl. auch Die Auslese der Besten, in: Der Hoheitsträger, Jg. 7, Folge 1 v. 1. Januar 1943, S. 5–8 (Sammlung S. Becker).

7 Vgl. Rundschreiben Hauptpersonalamt, Fuchs, v. 6. August 1940, betr. Einsatz von Ordensjunkern im Gau nach ihrer Entlassung von der Wehrmacht an die Gaue, in: BArch, NS 22/1121 (Sammlung S. Becker).

8 Hauptpersonalamt an Gauleitung v. 2. November 1939, in: BArch, NS 22/1118.

9 V., Hubert: Erlebnisse von Ordensjunkern im Osteinsatz, in: Burggemeinschaft, Folge April 1941, S. 24 f.

10 Burgbrief, Folge 10/11, 1942, S. 5.

11 »Landratsposten erhalten hier nur noch Parteileute, also Kreisleiter, die auf den Ordensburgen besonders vorgeschult sind.« Hohenstein: Tagebuch, S. 183.

12 Hier und nachfolgend: Burggemeinschaft, Folge Oktober 1940, S. 11.

13 Burggemeinschaft, Folge Oktober 1940, S. 11.

14 Roth: Herrenmenschen, S. 87 f. Den Ausdruck »mannhaftes Zupacken« hat laut *Warschauer Zeitung* vom 24. Januar 1940 Gouverneur Otto Wächter in einer Ansprache an die Ordensjunker verwendet.

15 Vgl. ebd., S. 88.

16 Hier und für die nachfolgende Aufstellung: Burgbrief, Folge Oktober 1940, S. 7–10.

17 Krössinsee, 11. Kameradschaft. Quellen: BArch, NS 22/884-1, Burggemeinschaft Folge Januar 1941 und Folge Februar 1941.

18 Die Einführung in dieses Kapitel nach: Leniger: Volkstumsarbeit.

19 Gemeint ist der Gauleiter des Warthegaus, Arthur Greiser.

20 Burggemeinschaft, Ausgabe November 1940, S. 9–13.

21 Ebd., S. 13.

22 Ohne Autor: Berichte, in: Burgbrief, Nr. 1 vom 6. Dezember 1939, S. 6 f.

23 R., Hans-Joachim: Erziehereinsatz im Generalgouvernement, in: Burgbrief Nr. 7 vom Oktober 1940, S. 7–10.

24 Burggemeinschaft, Osterfolge 1941, S. 28.

25 Sch., Herbert: Männer unserer Kraftfahrabtlg. erzählen von der Umsiedlung im Warthegau, in: Burgbrief, Folge März 1941, S. 19 f.

26 K., Curt: Kommandantur Ordensburg Sonthofen, in: Burgbrief, Folge März 1941, S. 22.

27 Ausführlich zum Osteinsatz der Burgmannschaften Heinen: Gottlos. Zum historischen Rahmen der Besatzungsverwaltung in den Reichskommissariaten nach wie vor von zentraler Bedeutung Gerlach: Morde. Wesentlich auch Zellhuber: Katastrophe. Erläuterte Dokumente bei Benz / Kwiet / Matthäus: Ostland. Zum Bereich Shitomir vgl. Lower: Empire sowie Lower: Kolonisatoren und Brandon / Lower: Shoah.

28 Gunzer, H[ans]: Unsere Arbeit im Ostland, in: Burggemeinschaft, Folge 7–9 aus 1944. S. 7 f.

29 Unsere Ordensburg und der Aufbau im Osten, in: Burggemeinschaft, Folge 5–6 aus 1943, S. 4

30 Ebd.

31 Zu dem Gebäude in der Berliner Rauchstraße 17/18 wurden zunächst auch die Ordensjunker von der Front zurückberufen. Im Nachlass eines Vogelsanger Reitlehrers findet sich ein Beleg dafür, dass das offiziell noch nicht bekannt gemachte neue Ministerium zunächst unter der Tarnbezeichnung »Institut für kontinental-europäische Forschung« firmierte. Vgl. Nachlass Wilhelm T. (Sammlung d. Autors).

32 Tätigkeitsbericht der Abteilung II Pers. des Reichsministeriums für die besetzten Ostgebiete v. 30. November 1944, in: BArch, R / 6 238, Bl. 61–65, hier und nachfolgend Bl. 61 f. (Sammlung S. Becker).

33 Burggemeinschaft, Folge 6–8 aus 1941, S. 4.

34 Unsere Ordensburg und der Aufbau im Osten, in: Burggemeinschaft, Folge 5–6 aus 1943, S. 4

35 Bereit für die Arbeit in den Ostgebieten. Dr. Ley sprach zu den Teilnehmern eines Einweisungslehrgangs, in: Völkischer Beobachter (Norddeutsche Ausgabe) v. 20. Oktober 1941, S. 2 (Sammlung S. Becker).

36 Hauptabteilung II, II 1c 5019, v. 23. 12. 1944, betr. Tätigkeitsbericht der Hauptabteilung II (Verwaltung) an Herrn Reichsminister … 3. Personalverwaltung. Tätigkeitsberichte der Abteilungen bzw. Chefgruppen im RMbO 1944, in: BArch, R 6/34 (Reichsministerium für die besetzten Ostgebiete), Bl. 25 f. (Sammlung S. Becker).

37 Hauptpersonalamt an Liebe Kameraden v. Dezember 1941, in: BArch, NS 22/884, Bl. 10 des Schreibens.

38 Ebd.

39 Tätigkeitsbericht der Abteilung II Pers. des Reichsministeriums für die besetzten Ostgebiete v. 30. November 1944, in: BArch, R 6/238, Bl. 61–65, hier und nachfolgend Bl. 61 f. (Sammlung S. Becker).

40 Rundschreiben Hauptpersonalamt, L. Jennes an Nachwuchsführer, v. 15. Januar 1942, in: BArch, NS 22/1121.

41 Unsere Ordensburg und der Aufbau im Osten, in: Burggemeinschaft, Folge 5–6 aus 1943, S. 4.

42 Ebd.

43 Hauptpersonalamt an Nachwuchsführer v. 15. Juni 1942, in: Sammlung H. Happel.

44 Bruhn an Ordensjunker Franz B., München, 28. März 1942, in: BArch, NS 22/165.

45 Labs, Walter: Aufbau und Aufgaben der Verwaltung der besetzten Ostgebiete, in: Der Hoheitsträger, Jg. 7, Folge 2, 1943, S. 7–11, hier S. 10 (Sammlung S. Becker).

46 Vgl. Lower, Wendy: Karrierewege – Ausbildung, Aktivitäten und Ideologie der Gebietskommissare in der Ukraine, Vortrag bei den 1. Internationalen Vogelsang-Tagen 2009. Inhaltlich ähnlich Lower: Kolonisatoren, S. 206.

47 Ebd., S. 207 f.

48 Ebd., S. 220.

49 H.: Korpsgeist, in: Burggemeinschaft, Folge 4–6 aus 1942, S. 15.

50 Burggemeinschaft, Folge 10–11 aus 1942, S. 5 f.

51 Dietz, Willy, in: Burggemeinschaft, Folge 7–9 aus 1944, S. 9–12.

52 Burggemeinschaft, Folge 3–4 aus 1943, S. 13 f.

53 Vgl. Lower: Kolonisatoren. Wendy Lower überließ dem Autor freundlicherweise zahlreiche weitere wesentliche Quellen und Informationen. Die US-Historikerin, aktuell an der Universität München, untersuchte die Zivilverwaltung für das Generalkommissariat Shitomir, dessen Akten weitgehend erhalten sind. Sie gilt als führende Expertin für Okkupation und Holocaust in Shitomir.

54 Vgl. zum Ausmaß der Morde insbesondere Gerlach: Morde und Zellhuber: Katastrophe.

55 Zitiert nach BArch, B 162/5154, Urteil LG Hamburg (50) 19/72 v. 25. Juni 1974, S. 44. Das Urteil wurde vom Bundesgerichtshof wegen eines Formfehlers aufgehoben.

56 Ebd., S. 44 f.

57 Ebd., S. 45.

58 Burggemeinschaft, Folge 7–9 aus 1944, S. 9–12.

59 Zur Verstrickung von Ordensjunkern in den Holocaust vgl. Heinen: Gottlos, insb. S. 71–100 sowie die dort im Anhang, S. 105–129, aufgelisteten Einzelbeispiele.

60 Lower: Kolonisatoren, S. 220 f.

61 Und zwar handelte es sich um Zivilverwalter der Kommissariate Dunajewzy, Jarmolincy, Proskurow, Letitschew, Starokonstatinow, Antoniny, Issjasslaw, Schepetowka, Stolan und Bar. Vgl. BArch, B 162/4965, Bl. 4790 f.

62 Vgl. Jäckel / Longerich / Schoeps: Enzyklopädie des Holocaust: Bd. II, S. 1032–1037.

63 Mit der Bearbeitung von Verfahren wegen nationalsozialistischer Gewaltverbrechen war Weissing vom 8. März 1965 bis zum 30. November 1971 als Dezernent, vom 24. Mai 1976 bis zum 31. Januar 1985 als Leiter der Dortmunder Zentralstelle und vom 1. Januar 1991 bis zum Eintritt in den Ruhestand im Wege der Fachaufsicht befasst. Interview mit der Historikerin Wendy Lower und dem Autor am 9. März 2010 in Münster, Videoaufzeichnung.

64 BArch, B 162/4524.

65 Anklage, S. 1f., Bl. 728f. der Akten.

66 Anklage, S. 5.

67 Über die Anklage berichtete die Presse, u.a. die Allgemeine jüdische Wochenzeitung v. 10. Februar 1978 sowie Die Tat v. 3. März 1978.

68 Urteil in: BArch, B 162/14590.

69 Eine nachträglich von der Staatsanwaltschaft beantragte Revision verwarf der Bundesgerichtshof am 17. November 1983, nahezu 40 Jahre nach den Morden.

70 Vgl. beispielsweise in Justiz und NS-Verbrechen, Lfd. Nr. 652 mit den Urteilen Landgericht (LG) Stade v. 9. Mai 1967, 9 Ks 1/63, LG Stade v. 3. Februar 1960, 16 Ks 1/59 sowie Bundesgerichtshof (BGH) v. 12. Juli 1960, 5 StR 223/60, Fall Georg M.; Justiz und NS-Verbrechen, Verfahren Lfd. Nr. 638 mit den Urteilen LG Oldenburg v. 28. September 1966, 2 Ks 1/64 und BGH v. 31. Oktober 1967, 5 StR 399/67, Fall Erich K.; BArch, B 162/5154 mit dem Urteil LG Hamburg (50) 19/72, Fall Gerhard E.

Adolf-Hitler-Schulen

1 Im Nachfolgenden sollen diese Schulen ausdrücklich nicht unter erziehungswissenschaftlichen Aspekten vorgestellt werden, weil das den Rahmen der Arbeit sprengen würde. Stattdessen steht das im Vordergrund, was die Schulen mit den Parteiburgen verband. Ergiebige Quellen zu den AHS in dieser Publikation sind unter anderem Fragebögen des Autors, die von mehreren ehemaligen Schülern aus verschiedenen Schulen und Jahrgängen ausgefüllt wurden. Im Vorfeld war den Zeitzeugen die Anonymisierung für den Fall einer Verwendung der Angaben zugesichert worden. Weitere Informationen sind Aufzeichnungen ehemaliger Schüler entnommen, die dem Autor über Dritte zugeleitet wurden. Solche Quellen sind nachfolgend durchgängig anonymisiert und durch Buchstaben-Kürzel gekennzeichnet, beginnend mit A, B, C etc. Gleiche Buchstaben bezeichnen durchgängig die gleiche Quelle. Nachkriegsdarstellungen von zwei anderen ehemaligen AH-Schülern (Edgar Maurer und Walter Kallert) wurden jedoch mit Namensnennung auf der Internet-Seite eines ehemaligen Angehörigen der belgischen Kommandantur Vogelsangs veröffentlicht. Ihre Namen werden daher nicht anonymisiert. Beide Berichte bei: www.video4u.be. Zuletzt eingesehen am 1. September 2010.

2 Der Schulführer Herbert Roloff war am 9. März 1944 als Soldat gestorben. Der Text zur Totenfeier am 23. Mai 1944 in Vogelsang ist in Privatbesitz.

3 Ley: Die Gemeinschaftshäuser der Partei und die Erziehung des Führernachwuchses, in: Ley: Führer, S. 137.

4 Scholtz: Herrschaftsmittel, S. 93–161. Zur Einordnung der Adolf-Hitler-Schulen, vgl. ebd., S. 162–253.

5 Tonbandprotokoll eines Interviews ehemaliger AH-Schüler mit Dr. Kurt Petter, Transkription, Bl. 1, in: Sammlung H. Happel.

6 Oberbergischer Bote v. 19. Januar 1937, hier zitiert nach: Rosendahl-Kraas: Stadt, S. 14.

7 Zum Literaturangebot zu den AHS: Bislang dominierend ist die Darstellung von Barbara und Wolfgang Feller (Adolf-Hitler-Schulen). Die Autoren stützten sich auf zahlreiche Interviews mit Ehemaligen. Autor Max Klüver (Adolf-Hitler-Schulen) war selbst AHS-Schulführer und Leiter der Erzieherakademie der AHS, somit ein absoluter Insider, der seine Veröffentlichung als »Richtigstellung« diverser anderer Publikationen verstand. Seine Wertungen erscheinen jedoch teilweise fragwürdig. Joachim Baumann (Schwachsinn) lieferte eine rigorose Abrechnung eines ehemaligen AH-Schülers mit dem System. Johannes Leeb (Eliteschüler) ließ es zu, dass Klüver in einem Einzelbeitrag in der Leeb-Publikation den angeblichen pädagogischen Wert der AHS verteidigen durfte. Lesenswert auch Miller-Kipp: Jungs.

8 Pehmöller, Reichsschulungsamt, an Gauschulungsamt v. 3. April 1937, in: Sammlung H. Happel.

9 Das modernste Erziehungssystem, in: Bayrisches Tagblatt v. 24. November 1937, in: BArch, R 187/257. Die von Ley behauptete Zahl von 4000 jährlichen Absolventen war deutlich übertrieben. Selbst 32 Schulen mit je 30 Schülern der Abgangsjahrgänge hätten viel weniger Absolventen zur Verfügung stellen können.

10 Rosendahl-Kraas: Stadt, S. 15.

11 Übermittelt von Stabsleiter [Helmut] Möckel, Chef des Amtes für Heimbeschaffung bei der HJ, an Dr. Ruoff, Berlin, 25. Januar 1941, in: BArch, R 187/270, Bl. 172–174. Dem Dokument ist auch zu entnehmen, dass bis zum Kriegsbeginn der DAF Kosten in Höhe von sechs Millionen Reichsmark für die Schulen entstanden waren.

12 Hauptschulungsamt an Gauschulungsleiter v. 5. März 1940, in: BArch, NS 22/1131.

13 Adolf-Hitler-Schule Thüringen (Hrsg.): Arbeitsbericht und Elternbrief Arbeitsjahr 1941/42, in: BArch, R 187/270, Bl. 91–115.

14 H. Simon an Reichsschatzmeister, betr.: Inanspruchnahme von Gebäuden, die als Adolf-Hitler-Schulen vorgesehen sind, für zusätzliche Lazarettzwecke der Wehrmacht v. 27. Januar 1942, in: Sammlung H. Happel.

15 Elternbrief 1/45 AHS Franken v. 8. Januar 1945, Archiv Vogelsang.

16 Schwarz an Simon v. 17. August 1942, in: Sammlung H. Happel.

17 Elternbrief 1/45 AHS Franken vom 8. Januar 1945, S. 5, Archiv Vogelsang.

18 Schwarz an Ley v. 1. Juni 1939, in: BArch, R 187/270, Bl. 152–155.

19 Damit war die NS-Ordensburg an der Marienburg gemeint.

20 Besuchs-Vermerk. Aktenvermerk Reichsschatzmeister v. 16. November 1940, in: BArch, R 187/270.

21 Sonderbericht, in: BArch, R 187/270, Bl. 17–23.

22 Klüver: Adolf-Hitler-Schulen, S. 188 f. sowie Anm. 6 und 7.

23 N., Peter: Schreiben v. 9. Mai 2000 (Kopie in Sammlung des Autors).

24 Auskunft Schüler J.

25 Vgl. Auskunft Schüler K und J sowie Darstellung Maurer.

26 Sonderbericht über die Entwicklung der Adolf Hitler-Schulen im Jahre 1943, in: BArch, R 187/270, Bl. 17–23.

27 Schneider, Klaus: Was wurde aus den ehemaligen Erziehern der AHS? Askania-Studiensammlung in: Sammlung H. Happel. Von 84 ehemaligen Erziehern wusste Schneider zu berichten, dass davon 72 in der Nachkriegszeit wieder im Staatsdienst eingesetzt waren. 30 seien als Oberstudienräte pensioniert worden, 15 als Studiendirektoren, zwei Oberstudiendirektoren und Schulleiter an Gymnasien. Fünf seien an Realschulen gewesen, davon vier als Schulleiter. Andere unterrichteten an Volks-, Grund- und Hauptschulen, darunter sieben Rektoren und ein Konrektor einer Sonderschule. Einer sei als leitender Regierungsschuldirektor tätig geworden. Drei ehemalige AHS-Erzieher seien ordentliche Professoren geworden, einer Akademischer Oberrat.

28 Erklärung der Reichsleiter Dr. Ley und Schirach über die Adolf-Hitler-Schulen vom 17. Januar 1937, Dokumente der deutschen Politik, Bd. 5, Berlin 1938, S. 389–392, zitiert nach Gamm: Führung, S. 425 f.

29 Tonbandprotokoll eines Interviews ehemaliger AH-Schüler mit Dr. Kurt Petter, Transkription, Bl. 2, in: Sammlung H. Happel.

30 Angabe Hans Dietels in: Schmidt, Otto: Bericht über die Tagung des Hauptschulungsamtes in Oberursel am 7. und 8. Mai 1939, in: IfZ, MA 250, Bl. 133–138.

31 Klüver: Adolf-Hitler-Schulen, S. 119.

32 Ebd, S 120.

33 Baumann: Schwachsinn, S. 28.

34 Petter, Kurt: Anweisung für den Ausleselehrgang 1938 für die Adolf-Hitler-Schulen v. 9. Februar 1938, in: Sammlung H. Happel.

35 Miller-Kipp sieht das jedoch anders: »Die da Hitlers ›Beste‹ werden wollten, waren also zunächst einmal eine politisch-rassische ›Auslese‹. [...] Seinerzeit wurde politischer Glaube verlangt; Wissen hat sich dem zu fügen.« Miller-Kipp: Jungs, S. 54.

36 Auskunft Schüler J.

37 BArch, NS 22/Anh. 12.

38 Werner Lamberz war später Leiter der Abteilung Agitation beim Zentralkomitee der SED. Er starb am 6. März 1978 bei einem Hubschrauberabsturz in Nordafrika.

39 Klüver: Adolf-Hitler-Schulen, S. 132 f.

40 Auskunft Schüler A.

41 Auskunft Schüler C.

42 Auskunft Schüler J sowie Darstellung Maurer.

43 Vgl. dazu auch Klüver, S. 229.

44 Vgl.: Ohne Autor: Aktennotiz betreffend die feierliche Eröffnung der AHS Krössinsee sowie Programmentwurf der feierlichen Eröffnung, Krössinsee, 16. April 1937. Kopie Archiv Vogelsang und: Erklärung der Reichsleiter Dr. Ley und Schirach über die Adolf-Hitler-Schulen vom 17. Januar 1937, Dokumente der deutschen Politik, Bd. 5, Berlin 1938, S. 389–392, in: Gamm: Führung, S. 425 f.

45 Auskunft Schüler E. und Darstellung Kallert.

46 Darstellung Kallert.

47 Auskunft Schüler A.

48 Auskunft Schüler C.

49 Klüver: Adolf-Hitler-Schulen, S. 151–154.

50 Adolf-Hitler-Schule Thüringen (Hrsg.): Arbeitsbericht und Elternbrief Arbeitsjahr 1941/42, in: BArch, R 187/270, Bl. 91–115.

51 Auskunft Schüler C, J und A.

52 Auskunft Schüler K.

53 Auskunft Schüler C.

54 Auskunft Schüler J.

55 Auskunft Schüler A.

56 Darstellung Kallert.

57 Auskunft Schüler A.

58 Auskunft Schüler J.

59 Ebd.

60 Auskunft Schüler A.

61 Ebd.

62 Auskunft Schüler J.

63 Baumann: Schwachsinn, S. 70. Auch bei Gesprächen des Autors mit ehemaligen AH-Schülern seit 2006 wurde eine direkte antisemitische Beeinflussung der Schüler in allen Fällen bestritten.

64 Klüver: Adolf-Hitler-Schulen, S. 131, hier zitiert nach Baumann: Schwachsinn, S. 70.
65 Baumann: Schwachsinn, S. 72 f.
66 Klüver: Adolf-Hitler-Schulen, S. 154–163, hier insb. S. 155.
67 Auskunft Schüler C.
68 Auskunft Schüler I.
69 Auskunft Schüler K.
70 Worm, Alfred: Von der »Erkenntnis« zum »Bekenntnis«. Vorwort zu: Baumann: Schwachsinn. S. 9–12.
71 Klüver: Adolf-Hitler-Schulen, S. 56.
72 Baumann: Schwachsinn, S. 56 f.
73 Jahresbericht, Bl. 112, Archiv Vogelsang.
74 Auskunft Schüler A.
75 Jahresberichte, S. 69 f., Archiv Vogelsang.
76 Tagebuch Franken, S. 86–88, Archiv Vogelsang.
77 Ebd., S. 84–86.
78 Darstellung Kallert.
79 Auskunft Schüler J.
80 Auskunft Schüler A.
81 Auskunft Schüler K.
82 Auskunft Schüler A.
83 Ebd.
84 Hier und nachfolgend Auskunft Schüler J.
85 Auskunft Schüler J.
86 Ebd.
87 Darstellung Maurer.
88 Tagebuch AHS Franken, S. 101 f., Archiv Vogelsang.
89 M., Hannes: In den Ostwind hebt die Fahnen, in: Burggemeinschaft, Folge 10/11, S. 4 sowie Folge 12, S. 5–7.
90 Elternbrief AHS Franken, Vogelsang, 14. Oktober 1942, Archiv Vogelsang.
91 Tagebuch der AHS Franken, S. 90–93, Archiv Vogelsang.
92 Elternbrief, Vogelsang, 14. Oktober 1942. Darin Abschrift einer Darstellung zum Arbeitseinsatz in Oberschlesien (Sammlung d. Autors).
93 Elternbrief AHS Franken, Vogelsang, 14. Oktober 1942, Archiv Vogelsang.
94 Otto Ohlendorff, 1907–1951. Jurist, ab 1939 Leiter des SD im RSHA, 1948 in Nürnberg zum Tode verurteilt, 1951 in Landsberg hingerichtet.
95 Im Tagebuch eines ehemaligen Schülers hieß es dazu unter anderem: »Professor [Hermann] Pfannmüller, Heilanstalt Eglfing, spricht über Auslese und Ausmerze. Sein Vortrag mit Lichtbildern gab uns einen Einblick in die brennenden Fragen der Bevölkerungspolitik.« Vgl. Auskunft Schüler J. An einen solchen Vortrag erinnerte sich auch Maurer in seiner Darstellung.
96 Bei dieser Einheit starben nach Angaben Klaus Schneiders insgesamt 18 ehemalige AH-Schüler.
97 Darstellung Maurer.
98 Klüver: Adolf-Hitler-Schulen, S. 141.
99 Darstellung Maurer.
100 Die Schule der Auserlesenen, in: Volksstimme (Linz), v. 12. März 1943, abgedruckt in: Leeb: Eliteschüler, S. 182 f.
101 Brief v. 27. April 1944, Nachlass Friedrich Schöll (Sammlung C. Knüppel). Christoph Knüppel sei herzlich gedankt für die Überlassung von Kopien der für die Ordensburgen relevanten Dokumente.
102 Brief v. 1. Februar 1944, Nachlass Friedrich Schöll (Sammlung C. Knüppel).
103 Brief v. 23. April 1944, Nachlass Friedrich Schöll (Sammlung C. Knüppel).
104 Brief v. 19. April 1944, Nachlass Friedrich Schöll (Sammlung C. Knüppel).
105 Elternbrief 1/45 AHS Franken v. 8. Januar 1945, Archiv Vogelsang. Ebenso dargestellt bei E.
106 Klüver: Adolf-Hitler-Schulen, S. 173, Anm. 18. Vgl. dazu auch den überaus anschaulichen Bericht Maurers.
107 Vgl. etwa Darstellung Maurer.
108 Baumann: Schwachsinn, S. 76–80.
109 Vgl. Schneider: Adolf-Hitler-Schüler. Schneider hat die gestorbenen und vermissten Schüler in einem »Gedenkbuch« festgehalten, das nach seinen Angaben in einer Fußnote allerdings im Buchhandel nicht erhältlich ist.
110 Bericht zum Schanzeinsatz am »Ostwall« in: Elternbrief 1/45 AHS Franken vom 8. Januar 1945, Archiv Vogelsang, sowie Darstellung Kallert.
111 Elternbrief 1/45 AHS Franken vom 8. Januar 1945. S. 7, Archiv Vogelsang.
112 Auskunft Schüler I.
113 Darstellung Kallert.
114 Vgl. z. B. Auskunft Schüler A.
115 Auskunft Schüler C. Ähnlich auch bei Schüler E, Theilmann und Morlok.
116 Auszüge aus dem Tagebuch eines Schülers (Sammlung d. Autors).
117 Auskunft Schüler E.
118 Vgl. Sommer, Theo: Mein Kriegsende, in: Die Zeit, Geschichte, April 2005, S. 8–16, sowie: Wenn die Sonne im Meer versinkt, in: Der Spiegel 30/2005, und: Kummer, Jochen: »Zu alt für die Windeln, zu jung für das Schwert«, in: Welt am Sonntag v. 14. Februar 1988.
119 Baumann: Schwachsinn: S. 146.
120 Zugleich war Morlok der Architekt der Jugendbegegnungsstätte. Vgl. Bericht des Autors in: Kölner Stadt-Anzeiger (Ausgabe Euskirchen) v. 4. Februar 2010.
121 Kummer, Jochen: »Zu alt für die Windeln, zu jung für das Schwert«, in: Welt am Sonntag v. 14. Februar 1988. Darin

sind Scholtz und Wiedecke fälschlich der Rubrik Napola zugeordnet.

122 Schneider: Adolf-Hitler-Schüler.

123 Der Autor hatte seit 2006 vielfältige Kontakte zu ehemaligen AH-Schülern, die durchweg bereitwillig ihre Erinnerungen preisgaben. Für die Dokumentation Vogelsang zeichnete der Kölner Historiker Stefan Wunsch ebenfalls Zeitzeugeninterviews auf Video auf. Alle diese Gespräche deuteten darauf hin, dass es sich um gefestigte Demokraten handelte, die nach 1945 das braune Gespenst ihrer Jugendjahre abstreifen konnten.

Hohe Schule der NSDAP

1 Bollmus: Amt Rosenberg, S. 101.

2 O. A.: Einheit von Körper, Seele und Geist. Dr. Ley verkündet auf Vogelsang die Gründung einer Akademie für Lehrernachwuchs, in: Der Angriff, Nr. 58 v. 10. März 1937, S. 10 (Sammlung S. Becker); Rheinische Blätter, Jg. 14, 1937, Heft Nr. 4, Rubrik »Rheinische Chronik«, S. 52 sowie Bericht S. 54 f. (Sammlung S. Becker).

3 Rede Leys vom 16. November 1937 in Sonthofen, Kopie der Rede-Abschrift in Sammlung H. Happel. Vermutlich war sie Teil der Festschrift zur Tagung.

4 Informationsbericht Nr. 170, Notizen zu der Tagung in Sonthofen. Berlin, 25. November 1937, gez. Dr. Kausch, S. 2 (Kopie in Sammlung H. Happel, Ordner 1 OB Sonthofen aus Sammlung Brammer).

5 Giesler: Hitler, S. 138–143.

6 Ebd, S. 141 f.

7 Bei der Gelegenheit beauftragte Hitler Giesler auch mit der Neugestaltung von München und der Planung für seine Heimatstadt Linz.

8 Schmidt, Otto: Bericht über die Tagung des Hauptschulungsamtes in Oberursel am 7. und 8. Mai 1938, in: IfZ, MA 250 Bl. 133–138 (6/95).

9 Schreiben an den Leiter des Hauptschulungsamtes, Friedrich Schmidt, vom 9. Juni 1938, in: IfZ, MA 250, Bl. 129 (5/95).

10 Briefwechsel der Reichsorganisationsleitung mit dem Hauptamt für Kommunalpolitik der NSDAP (Karl Fiehler) über die Einrichtung eines kommunalpolitischen Seminars in Sonthofen 1939, in: BArch, NS 25/713, Bl. 1–26. Ley an Fiehler vom 18. Januar 1939, Bl. 1 f. (Sammlung S. Becker).

11 Bereit für die Arbeit in den Ostgebieten. Dr. Ley sprach zu den Teilnehmern eines Einweisungslehrgangs, in: Völkischer Beobachter (Norddeutsche Ausgabe), v. 20. Oktober 1941, S. 2 (Sammlung S. Becker).

Ordensburgen im Krieg

1 Ohne Autor: Volksdeutsche aus Südtirol auf der Ordensburg Krössinsee, in: Burggemeinschaft, Folge April 1941, S. 22 f.

2 O. [Vermutl. Osann, d. A.]: Unsere Burg, in: Burggemeinschaft, Folge April 1941, S. 3.

3 Die Burg im Kriege, in: Burggemeinschaft, Folge 1–2 aus 1943, S. 2.

4 Die Burg im Kriege, in: Burggemeinschaft, Folge 3–4 aus 1943, S. 2.

5 Ebd.

6 Die Burg im Kriege, in: Burggemeinschaft, Folge 5–6 aus 1943, S. 2.

7 Die Burg im Kriege, in: Burggemeinschaft, Folge 7–8 aus 1943, S. 5 f.

8 Die Burg im Kriege, in: Burggemeinschaft, Folge 9–10 aus 1943, S. 2.

9 Burggemeinschaft, Folge 3–4 aus 1943, Vorwort.

10 R., Werner: Der Dank an unsere Partei, in: Burggemeinschaft, Folge 6 aus 1944, S. 5.

11 Die Burg im Kriege, in: Burggemeinschaft, Folge 3–4 aus 1943, S. 2.

12 Zudem gab es in dieser Zeit wieder parallele Großveranstaltungen. So etwa mehrere Rechtswahrertagungen, eine Arbeitstagung von BDM-Bannmädelführerinnen, eine Arbeitstagung der Gaupersonalamtsleiter, eine Arbeitstagung der Berliner Zentralinspektion für die Betreuung der ausländischen Arbeitskräfte im Reich, eine Tagung von 700 SA-Führern unter Leitung des Stabschefs Wilhelm Schepmann sowie eine Tagung von 350 Schriftwaltern.

13 Burggemeinschaft, Folge 10–11 aus 1944, S. 7 f.

14 Ebd.

15 Sawinski: Krössinsee, S. 47–55.

16 Dieses Kapitel folgt der Darstellung bei Happel: Sonthofen, S. 62–70.

17 Bauer, Robert: Liebe Kameraden, in: Burgbrief, Nr. 8, 1940, Vorwort.

18 Burgbrief, Folge März 1941, S. 3, sowie Bericht über die Amtseinführung in Burgbrief, Folge März 1941.

19 Hupfauer: Anordnung zur Bekanntgabe an alle Mitarbeiter der Ordensburg, 4. März 1941, in: Burgbrief, Folge April 1941, S. 3.

20 Hupfauer: Liebe Kameraden, in: Vorwort zu Burgbrief, Folge August 1941, S. 1 f., sowie Sch., Günther: Der Feldpostbrief, ebd., S. 7.

21 Heinen: Truppenübungsplatz, S. 33 sowie Fotos S. 34 f.

22 Chef dieser Truppe war der 1944 in Plötzensee wegen seiner Beteiligung am Stauffenberg-Attentat hingerichtete General Erich Fellgiebel. Während des Einsatzes in Vogelsang hatte Fellgiebel die dortige Truppe besucht.

23 Bericht Helmut Staerck v. 14. Juni 1997, in: Archiv Vogelsang.

24 Vgl. S., Otto: Arbeitskamerad »West«, in: Orden, Folge 7 v. 1. November 1938, S. 14.

25 Heeresgruppenkommando 2, Aktennotiz zu Telefonat mit Hauptmann Pistorius v. 12. September 1939, in: Bundesarchiv-Militärarchiv Freiburg (BA-MA), RH 19 III/36, Bl. 132 sowie Bl. 131 und 130.

26 Heeresgruppenkommando an OKH Berlin v. 10. November 1938, in: BA-MA, RH 19 III/36, Bl. 24 f.

27 Fernspruch Heeresgruppenkommando 2 an Kommandantur der Befestigungen Aachen v. 12. November 1938, in: BA-MA, RH 19 III/36, Bl. 129.

28 Kommandantur der Befestigungen bei Aachen an Heeresgruppenkommando v. 23. November 1938, in: BA-MA RH 19 III/36, Bl. 126, sowie: Heeresgruppenkommando an Kommandantur der Befestigungen bei Aachen v. 2. Dezember 1938, in: BA-MA, RH 19 III/36, Bl. 124.

29 Schmitz-Ehmke: Vogelsang, S. 21.

30 Generalkommando der Grenztruppen Eifel, betr. weitere Ausbauabsichten, Bonn, 8. April 1939, an Heeresgruppenkommando 2, in: BA-MA, RH 19 III/24, Bl. 58 ff., hier Bl. 61 f.

31 Vgl. Fernschreiben Heeresgruppenkommando an »In West« zu Beschlagnahme von 20 Kubikmetern Holz des Sägewerks Faust in Gemünd, in: BA-MA, RH 19 III/36, Bl. 117.

32 Reichsorganisationsleitung. i. A. Moser, an OKH, Generalstab, Major i. G. Frhr. V. Manstein, vom 6. Februar 1939, in: BA-MA, RH 19 III/24, Bl. 130, sowie Chef des Generalstabes Kommandostab Eifel v. 23. Februar 1939, in: BA-MA, RH 19 III/24, Bl. 131.

33 Reichsorganisationsleiter. i. A. Moser, an OKH Berlin v. 13. Dezember 1938, in: BA-MA, RH 19 III/36, Bl. 120.

34 Heeresgruppenkommando an Kommandostab Eifel, Bonn, v. 20. Dezember 1938, in: BA-MA, RH 19 III/36, Bl. 121 f.

35 Generalkommando der Grenztruppen Eifel an Heeresgruppenkommando 2 v. 30. Juni 1939, in: BA-MA, RH 19 III/24, Bl. 138

36 OKH an Reichsorganisationsleiter. Z. Hd. General z. V. Moser, Berlin, v. 12. Dezember 1938, in: BA-MA, RH 19 III/36, Bl. 123.

37 Chef des Generalstabes an Generalkommando der Grenztruppen Eifel v. 16. Mai 1939, in: BA-MA, RH 19 III/24, Bl. 132.

38 Schmitz-Ehmke: Vogelsang, S. 21.

39 Generalkommando der Grenztruppen Eifel an Heeresgruppenkommando 2 v. 19. Mai 1939, in: BA-MA, RH 19 III/24, Bl. 133.

40 Chef des Generalstabes beim Heeresgruppenkommando 2, Betr.: Ausbau der Burg Vogelsang v. 1. Juni 1939, in: BA-MA, RH 19 III/24, Bl. 135, sowie Entwurf Schreiben an Generalkommando der Grenztruppen Eifel v. 1. Juni 1939, in: BA-MA, RH 19 III/24, Bl. 136. Inhaltlich ähnlich an OKH Berlin, BA-MA, RH 19 III/24, Bl. 137.

41 Hier und zum Scheinflugplatz Lüttgens: Kriegsjahre, S. 46, sowie zum Transport der Kesselwagen ebd., S. 319; zum Flugplatz ebenfalls Angaben Wiertz ebd., S. 326; Beschreibung des Flugplatzbaus Angaben Esch ebd., S. 333 f., sowie Angabe G. Heinen ebd., S. 513 f.

42 Hinweis Wolter ebd., S. 373.

43 Vgl. Heinen: Truppenübungsplatz, S. 37.

44 Hier und nachfolgend zum Krankenhaus: Dienstanweisung für den Burgarzt sowie Schriftverkehr des Kreismedizinalrates Dr. Hübinger mit Bezirksregierung und anderen Behörden zum Krankenhaus Vogelsang, in: Archiv des Kreises Euskirchen, Akte SLE I, Bd. 226.

45 Angabe Hubert Breuer gegenüber dem Autor 2010. Die Angabe ist gestützt durch weitere Zeitzeugen.

46 Betr.: Unterbringung von Schwangeren in der Ordensburg Vogelsang. Kreismedizinalrat Hübinger an Regierung Aachen vom 12. Juli 1943, in: Archiv des Kreises Euskirchen, Akte SLE I, Bd. 226.

47 Angabe der Standesbeamtin Schleiden nach Überprüfung der Geburtsregister sowie persönliche Kontakte des Autors zu Menschen, die in Vogelsang geboren wurden.

48 Aus dem Opfer erwächst der Sieg und das Leben!, in: Westdeutscher Beobachter (Ausgabe Schleiden) v. 23. Juni 1941.

49 Berichte in: Der Hoheitsträger, Folge 7/1943, sowie in: Burggemeinschaft, Folge 5–6, S. 1.

50 Pressebericht, vermutl. Westdeutscher Beobachter (Ausgabe Schleiden) undatiert.

51 Bestätigung im Ausweis von Winand Krämer über die Teilnahme an einem Lehrgang der Gebietsfeldscherschule der HJ des Gebietes Aachen in Vogelsang, in: Sammlung des Autors.

52 Lagoda, Max: Ein Blick in die Vergangenheit, Biografie von Max Lagoda, in: Sammlung Horst Schuh. Vgl. auch Heinen: Truppenübungsplatz, S. 38 f (mit Fotos).

53 Möller: Nachtschlachtgruppen.

54 Lfl.Kdo. 3 – Führungsabteilung, KTB Nr. 79 vom 27. August bis 30. September 1944, in: BA-MA, RL 7/118, Bl. 38. Hier zitiert nach: Möller: Nachtschlachtgruppen, S. 166 f.

55 Vgl. Urteil LG Aachen v. 7. Dezember 1953, 11 Ks 1/53, in: Justiz und NS-Verbrechen, Lfd. Nr. 385. Ein Zeugenbericht des Absturzes des Piloten von seinem Kameraden Richard L. Baron abgedruckt in: Lüttgens: Kriegsjahre, S. 136 sowie deutsche Übersetzung S. 141. Beschreibung des Falls mit Abschrift des Urteils ebd., S. 144–161.

56 Vgl. die Darstellung Schellers ebd., S. 504.

57 Vgl. Arbeitszeugnis des Mitarbeiters der Intendantur, Hu-

bert Breuer, sowie Eintragung in das Arbeitsbuch und den DAF-Mitgliedsausweis (Kopien in Sammlung d. Autors).
58 Hier und nachfolgend nach Monheim: Chronik, S. 52.
59 Ebd., S. 54.
60 Die offizielle Bezeichnung der Tallboys lautete »D.P.12.000 lb«. Im Gesamtgewicht von 5,4 Tonnen waren 2,4 Tonnen hochbrisanten Sprengstoffs enthalten. Sie waren entwickelt worden zur Zerstörung stark befestigter Betonbauten. Ab 1944 wurden insgesamt 854 dieser Bomben an die Royal Air Force ausgeliefert, mit denen unter anderem das Schlachtschiff »Tirpitz« versenkt wurde. Die belgische Kommandantur hatte bis 2005 in Vogelsang die Hülle eines aus dem Urftsee geborgenen Tallboy-Blindgängers vor ihren Fahnenmasten aufgestellt.
61 Vgl. Jones: 617 Squadron.
62 Monheim: Chronik, S. 63.

Nachkriegsgeschichte

1 Bundestreffen der Kameradschaft »Bruhn«, in: Lohrer Zeitung v. 10. Oktober 1955 (Sammlung R. Sawinski). Diese Angaben decken sich mit den Schätzungen von Rolf Sawinski.
2 Hinweise darauf fanden sich bei mehreren Biografien, die der Autor näher beleuchtete.
3 Bruhn, Heinrich: Rundschreiben 1/55 v. 30. März 1955, in: BArch, NS 20/136.
4 Mündliche Angaben Sawinskis 2007 gegenüber dem Autor.
5 Nach journalistischer Tätigkeit ab 1937 zur Ordensburg Vogelsang, später Angehöriger der Waffen-SS bei der »Leibstandarte Adolf Hitler« und Führer einer Panzerkompanie. Zeitweilig war Schütz nach dem Krieg Mitglied des niedersächsischen Landtages.
6 Dokument unbekannter Herkunft, möglicherweise Verfassungsschutz, in: Sammlung R. Sawinski.
7 Lohrer Zeitung und Lohrer Echo sowie: Einladungsschreiben Heinrich Bruhn in Rundschreiben Nr. 2/55 vom 1. September 1955 (Sammlung R. Sawinski).
8 Bruhn, Heinrich: Rundschreiben 1/55 v. 30. März 1955, S. 1 f., in: BArch, NS 20/136.
9 Vgl. ebd., S. 2 – 9.
10 M., Hans-Ulrich: Schreiben an Liebe Kameraden! v. 7. Februar 1956, in: Archiv Vogelsang.
11 S., Ottfried: Schreiben an Meine Kameraden v. 15. Mai 1956, in: Archiv Vogelsang.
12 S., Ottfried: Schreiben an Kameraden v. 18. Dezember 1978, sowie Hinweis von Rolf Sawinski.
13 Rundschreiben August G. an die Alteburger, Ende 1994, in: Archiv Vogelsang.
14 August G. an Alteburger, v. 11. August 1994, in: Archiv Vogelsang.
15 Hier und nachfolgend: Schreiben Willy B. an Alteburger, Oktober 1996, in: Archiv Vogelsang.
16 Nach Sawinski: Krössinsee, S. 53v– 57.
17 Mündliche Angaben von Jarosław Leszczełowski, Herausgeber eines Buches zur ehemaligen Ordensburg Krössinsee. gegenüber dem Autor von 2010.
18 Happel: Sonthofen, S. 64 – 70.
19 Vgl. Volksstimme v. 15. Mai 1945.
20 National Archives, Kew, FO 1049/539.
21 Vgl. Kirchner: Kraftstoff.
22 Zu den Jahren 1945 bis 2001 vgl. Heinen: Truppenübungsplatz, S. 39 – 237.
23 Ebd., S. 59.
24 In Memoriam Wollseifen, in: ebd., S. 60 – 76.
25 Die Kriegstagebücher der 21. Füsiliere in: Archiv der belgischen Armee in Brüssel-Evere.
26 Van den Rul, Marcel: Situationen 1950. Zusammenfassung der Situation bei Übernahme eines 50 Kilometer tiefen Bereichs an der Südspitze der britischen Besatzungszone durch die belgische Armee. Darin Hinweis auf Annexe à la Convention relative au Statut des Forces Belges en Allemagne, Par. 3. Ein Exemplar der britisch-belgischen Abkommens vom 23. Dezember 1949 in: Archiv der belgischen Armee in Brüssel-Evere. Im Anhang 3 heißt es: »Die belgischen Streitkräfte bekommen Vorrang bei der Nutzung des Camps Vogelsang. Die Verwaltung des Camps wird unter belgische Verantwortung gestellt.«
27 Als Kommandant der 2. Schwadron der Lansiers kämpfte van Dooren 1940 in vorderster Frontlinie und starb am 19. Mai 1940 an der Spitze seiner Schwadron im Kampf an der Schelde.
28 Geboren 2. Dezember 1897 in Knocke, gestorben 19. Oktober 1978 in Belœil.
29 Meldung »Zu- und Abgänge« des Oflag, u. a. für das Rote Kreuz in Genf in: Archiv der belgischen Armee in Brüssel-Evere, Personalakte Alexandre Cloetens.

Literatur

Aly, Götz: Hitlers Volksstaat. Raub, Rassenkrieg und nationaler Sozialismus, Frankfurt a. M. 2005.

Amt des Hochmeisters des Deutschen Ordens: Tannenberg/Grunwald 2010. Gesammelte Beiträge, Wien 2010.

Arntz, Hans-Dieter: Ordensburg Vogelsang 1934–1945, Erziehung zur polit. Führung im Dritten Reich, Weilerswist 2006 (Erstauflage 1986) [Arntz: Vogelsang].

Arntz, Hans-Dieter: Ordensburg Vogelsang ... im Wandel der Zeiten, Aachen 2007.

Arntz, Hans-Dieter: Vogelsang. Geschichte der ehemaligen NS Ordensburg, Aachen 2008.

Bartetzko, Dieter: Geahnte Götterdämmerung. Die »Ordensburg Vogelsang« und ihre Herkunft aus Baukunstgeschichte und Film, in: Vogelsang-ip (Hrsg.): Fackelträger der Nation. Elitebildung in den NS-Ordensburgen, Köln 2010, S. 120–135 [Bartetzko: Götterdämmerung].

Baumann, Joachim: Vom heiligen Schwachsinn. Geführt, verführt, aufgearbeitet, Wien 1993 [Baumann: Schwachsinn].

Becker, Stefan: »Elite« ohne Substanz oder »Auslese« mit Führungsqualitäten? Die Formierung künftiger »Politischer Leiter« auf der NS-Ordensburg Vogelsang, Magisterarbeit bei der Philosophischen Fakultät der Westfälischen Wilhelms-Universität Münster, Köln 2009 [Becker: Elite].

Bender, Ewald: Die Ordensburgen Vogelsang und Crössinsee, in: Die Bauwelt, 1936, 27. Jahrgang, Heft 35, S. 1–20.

Benz, Wolfgang/Deutschland, Heinz (Hrsg.): Das Schicksal der ADGB-Bundesschule im Dritten Reich. Reichsführerschule. Schule des Sicherheitsdienstes der SS. Außenstelle des Reichssicherheitshauptamtes, Bernau 2007 [Benz/Deutschland: ADGB].

Benz, Wolfgang: Dimension des Völkermords, München 1991.

Benz, Wolfgang/Konrad Kwiet/Jürgen Matthäus: Einsatz im »Reichskommissariat Ostland«. Dokumente zum Völkermord im Baltikum und in Weißrußland 1941–1944, Berlin 1998 [Benz/Kwiet/Matthäus: Ostland].

Bertram, Mathias u. a.: Der Nürnberger Prozeß. Das Protokoll des Prozesses gegen die Hauptkriegsverbrecher vor dem Internationalen Militärgerichtshof. 14. November 1945–1. Oktober 1946, Digitale Bibliothek, Berlin 1999.

Bollmus, Reinhard: Das Amt Rosenberg und seine Gegner. Studien zum Machtkampf im nationalsozialistischen Herrschaftssystem, München 1970 [Bollmus: Amt Rosenberg].

Bräutigam, Otto: So hat es sich zugetragen, Würzburg 1968.

Brandon, Ray/Wendy Lower: The Shoah in Ukraine. History, Testimony, Memorialization. Bloomington 2008 [Brandon/Lower: Shoah]

Brüll, Christoph: Belgien im Nachkriegsdeutschland. Besatzung, Annäherung, Ausgleich 1944–1958, Essen 2009 (zugl. Diss. Phil., Universität Jena 2008)

Ciupke, Paul/Jelich, Franz-Josef (Hrsg.): Weltanschauliche Erziehung in Ordensburgen des Nationalsozialismus, Essen 2006.

Dallin, Alexander: Deutsche Herrschaft in Russland 1941–1945, Düsseldorf 1958.

Der Reichsorganisationsleiter der NSDAP (Hrsg.): Organisationsbuch der NSDAP, Ausgabe 1943 [Reichsorganisationsleiter der NSDAP: Organisationsbuch].

Die Kunst im Dritten Reich, Beilage in: Die Baukunst, 2/1939.

Domarus, Max: Hitler. Reden und Proklamationen 1932 bis 1945, Würzburg 1962/63 [Domarus: Hitler].

Du Prel, Max: Das Deutsche Generalgouvernement Polen, Krakau 1940.

Die Reden Hitlers am Parteitag der Freiheit 1935, München 1935.

Feller, Barbara und Wolfgang: Die Adolf-Hitler-Schulen. Pädagogische Provinz versus Ideologische Zuchtanstalt, Weinheim/München 2001.

Frank, Niklas: Der Vater – Eine Abrechnung, München 1987 [Frank: Vater].

Früchtel, Michael: Der Architekt Hermann Giesler. Leben und Werk (1898–1987), Dissertation bei der Fakultät für Architektur der TU München, 2007 [Früchtel: Giesler].

Fuhrer, Armin/Heinz Schön: Erich Koch. Hitlers brauner Zar. Gauleiter von Ostpreußen und Reichskommissar der Ukraine, München 2010.

Gamm, Hans-Jochen: Führung und Verführung. Pädagogik des Nationalsozialismus, eine Quellensammlung. 2. Aufl. mit neuer Einleitung und einer Erg.-Bibliographie. Frankfurt a. M./New York 1984 [Gamm: Führung].

Gelhaus, Dirk/Jörn-Peter Hülter: Die Ausleseschulen als Grundpfeiler des NS-Regimes, Würzburg 2003.

Gerlach, Christian: Kalkulierte Morde. Die deutsche Wirtschafts- und Vernichtungspolitik in Weißrußland 1941 bis 1944, Hamburg 1999 [Gerlach: Morde].

Giesler, Hermann: Ein anderer Hitler. Stegen/Leoni am Ammersee 1978 [Giesler: Hitler].

Goldhagen, Daniel Jonah: Hitlers willige Vollstrecker. Ganz gewöhnliche Deutsche und der Holocaust, Cambridge, Mass. 1996.

Groß, Manfred: Der Westwall zwischen Niederrhein und Schnee-Eifel, Köln 1982.

Grupp, Peter: Faszination Berg. Die Geschichte des Alpinismus, Köln/Weimar/Wien 2008 [Grupp: Faszination].

Happel, Hartmut: Die Allgäuer Ordensburg in Sonthofen, 5. Aufl., Immenstadt 2005 (Erstauflage 1996) [Happel: Sonthofen].

Heckmair, Anderl: Eigernordwand, Grandes Jorasses und andere Abenteuer, Zürich 1999 [Heckmair: Eigernordwand].

Heckmair, Andreas u. a.: Um die Eiger-Nordwand, München 1938.

Heinemann, Manfred (Hrsg.): Erziehung und Schulung im Dritten Reich, Stuttgart 1980.

Heinen, Franz Albert: Vogelsang. Von der NS-Ordensburg zum Truppenübungsplatz in der Eifel, Aachen 2002 [Heinen: Truppenübungsplatz].

Heinen, Franz Albert: Vogelsang. Im Herzen des Nationalparks Eifel. Ein Begleitheft durch die ehemalige NS-»Ordensburg«, Düsseldorf 2006.

Heinen, Franz Albert: Gottlos, schamlos, gewissenlos. Zum Osteinsatz der Ordensburg-Mannschaften, Düsseldorf 2007 [Heinen: Gottlos].

Herzog, Monika: Architekturführer Vogelsang, Köln 2006 [Herzog: Architekturführer].

Hilberg, Raul: Die Vernichtung der europäischen Juden, Berlin 1961.

Hitler, Adolf: Mein Kampf, Ausgabe München 1935 [Hitler: Mein Kampf].

Hohenstein, Alexander: Wartheländisches Tagebuch 1941/42. München 1963.

Jäckel, Eberhard / Peter Longerich / Julius H. Schoeps: Enzyklopädie des Holocaust. Die Verfolgung und Ermordung der europäischen Juden, deutsche aktualisierte und überarbeitete Fassung der Enzyklopädie von Israel Gutman, Jerusalem 1989 [Jäckel / Longerich / Schoeps: Enzyklopädie des Holocaust].

Jones, Tobin (Hrsg.): 617 Squadron. The Operational Record Book 1943 – 1945, Bicester 2002 [Jones: 617 Squadron].

Kaienburg, Hermann: Der Militär- und Wirtschaftskomplex der SS im KZ-Standort Sachsenhausen-Oranienburg. Schnittpunkt von KZ-System, Waffen-SS und Judenmord, Berlin 2006 (Schriftenreihe der Stiftung Brandenburgische Gedenkstätten, Bd. 16) [Kaienburg: Militär- und Wirtschaftskomplex].

Kiehl, Walter: Mann an der Fahne. Kameraden erzählen von Dr. Ley, 3. Aufl., München 1938 [Kiehl: Mann].

Kirchner, Karl: Kraftstoff, Kaffee und Kartoffeln, in: Jahrbuch des Kreises Euskirchen 1979/80, S. 103 – 117 [Kirchner: Kraftstoff].

Klee, Ernst: Das Personenlexikon zum Dritten Reich. Wer war was vor und nach 1945, Frankfurt a. M. 2005 [Klee: Personenlexikon].

Klüver, Max: Die Adolf-Hitler-Schulen. Lindhorst 1979 (Neuauflage: Beltheim-Schnellbach 2007) [Klüver: Adolf-Hitler-Schulen].

Kotze, Hildegard von / Krausnick, Helmut (Hrsg.): »Es spricht der Führer«. 7 exemplarische Hitler-Reden, Gütersloh 1966 [Kotze / Krausnick: Führer]

Kreisgeschichtsverein Euskirchen (Hrsg.): Nationalsozialismus im Kreis Euskirchen, Euskirchen 2006 [Kreisgeschichtsverein Euskirchen: Nationalsozialismus].

Krüger, Hardy: Junge Unrast, Berlin, Darmstadt, Wien 1983.

Lauscher, Hans Gerd: Eine »Eheweihe« in der NS-Ordensburg Vogelsang, in: Das Monschauer Land, Jahrbuch 2011, S. 126 – 146 [Lauscher: Eheweihe].

Leeb, Johannes: »Wir waren Hitlers Eliteschüler«. Ehemalige Zöglinge der NS-Ausleseschulen brechen ihr Schweigen, Hamburg 1998 [Leeb: Eliteschüler]

Leitl, Alfons: Ordensburgen im Bauschaffen unserer Zeit. Das neue Universum 61, Stuttgart 1942.

Leniger, Markus: Von der »Volkstumsarbeit« zur »Um-Siedlung«, in: Schulte: Wewelsburg, S. 273 – 296 [Leniger: Volkstumsarbeit].

Leser, Petra: »Der Kölner Architekt Clemens Klotz«. Dissertation an der Philosophischen Fakultät der Universität zu Köln, 1989 [Leser: Klotz].

Ley, Robert: Der Weg zur Ordensburg, Sonderdruck des Reichsorganisationsleiters der NSDAP für das Führerkorps der Partei, ihrer Gliederungen und der angeschlossenen Verbände, undatiert (vermutl. 1936).

Ley, Robert: Wir alle helfen dem Führer, Berlin 1937 [Ley: Führer].

Ley, Robert: »Die Treue ist das Mark der Ehre!«, Vorwort zur Festschrift NS-Ordensburg Sonthofen anlässlich der Tagung der Gauamtsleiter und Kreisleiter in Sonthofen vom 16. bis 23. November 1937 [Ley: Treue].

Lichtenstein, Heiner: Schulung unterm Hakenkreuz. Die Ordensburg Vogelsang, hrsg. von Walter Först, in: Menschen, Landschaft und Geschichte. Ein rheinisch-westfälisches Lesebuch, Köln 1965, S. 129 – 140 [Lichtenstein: Schulung].

Lilla, Joachim: Statisten in Uniform. Die Mitglieder des Reichstags 1933 – 1945. Ein biografisches Handbuch, Düsseldorf 2004 [Lilla: Statisten].

Longerich, Peter: Heinrich Himmler, München 2008.

Lorbach, Josef: Die Burg Vogelsang, in: Die Schöne Eifel, Ausgabe Gemünd, 2. Aufl. 1978 (Schriftenreihe des Eifelvereins) [Lorbach: Vogelsang].

Lower, Wendy: Nazi Empire-Building and the Holocaust in Ukraine, Chapel Hill 2005 [Lower: Empire].

Lower, Wendy: Hitlers Kolonisatoren in der Ukraine. Zivilverwalter und der Holocaust in Shitomir, in: Vogelsang ip, Fackelträger der Nation, S. 199 – 227 [Lower: Kolonisatoren].

Lüttgens, Karl Josef: Kriegsjahre, Kriegsende und erste Neuanfänge im Kreis Schleiden 1939 – 1945. Daten, Zeitzeugen, Dokumente, Hintergründe, Schleiden 1997 [Lüttgens: Kriegsjahre].

Marrenbach, Otto (Hrsg.): Fundamente des Sieges. Die Gesamtarbeit der Deutschen Arbeitsfront von 1933 bis 1940, Berlin 1940.

Michalka, Wolfgang (Hrsg.): Der Zweite Weltkrieg. Analysen, Grundzüge, Forschungsbilanz. Im Auftrag des Militärgeschichtlichen Forschungsamtes, München 1989.

Miller-Kipp, Gisela: »Deutsche Jungs, die dem Führer helfen, das Reich zu tragen«. Elite-Bildung und Elite-Bewusstsein in der Adolf-Hitler-Schule nebst Erinnerungsspuren zur »Ordensburg« Vogelsang, in: Ciupke, Paul / Jelich, Franz-Josef (Hrsg.): Weltanschauliche Erziehung in Ordensburgen des Nationalsozialismus, Essen 2006, S. 53 – 64 [Miller-Kipp: Jungs].

Möller, Christian: Die Einsätze der Nachtschlachtgruppen 1, 2 und 20 an der Westfront von September 1944 bis Mai 1945. Aachen 2008 [Möller: Nachtschlachtgruppen].

Monheim, Franz: Kleine Chronik von Jägersweiler, o. O. o. J. [Monheim: Chronik].

Mues, Willi: Geschichte des Schlosses zu Erwitte, in: Heimatblätter, Folge 20, Erwitte 1968.

Musial, Bogdan: Deutsche Zivilverwaltung und Judenverfolgung im Generalgouvernement. Eine Fallstudie zum Distrikt Lublin 1939 – 1944, Wiesbaden 1999.

Oelschläger, Günther: Weltanschauliche Schulung in der Hitler-Jugend. Inhalte, Schwerpunkte und Methoden. Examensarbeit zur ersten Lehrerprüfung, Pädagogische Hochschule Oldenburg (heute Universität) 1963.

Orlow, Dietrich: Die Adolf-Hitler-Schulen, in: Vierteljahrshefte für Zeitgeschichte, Heft 3/1965, S. 272 – 284.

Overy, Richard: Verhöre. Die NS-Elite in den Händen der Alliierten 1945, Berlin 2005.

Patel, Kiran Klaus: Sinnbild der nationalsozialistischen Weltanschauung? Die Gestaltung von Lagern und Ordensburgen im Nationalsozialismus, in: Ciupke / Jelich: Erziehung, S. 33 – 52.

Piper, Ernst: Alfred Rosenberg. Hitlers Chefideologe, München 2005.

Preußisches Finanzministerium (Hrsg.): Bauten der Bewegung, in der Buchreihe des Zentralblatts der Bauverwaltung, Bd. 1, Berlin 1939 [Preußisches Finanzministerium: Bauten].

Rademacher, Michael: Carl Röver: Der Bericht des Reichsstatthalters von Oldenburg und Bremen und Gauleiter des Gaues Weser-Ems über die Lage der NSDAP. Eine Denkschrift aus dem Jahr 1942, Vechta 2000 [Rademacher: Röver].

Rosenberg, Alfred: Der Mythus des 20. Jahrhunderts. Eine Wertung der seelisch-geistigen Gestaltenkämpfe unserer Zeit. München 1930 (zitiert nach 5. Auflage, 1933 [Rosenberg: Mythus].

Rosendahl-Kraas, Birgit: Die Stadt der Volkstraktorenwerke. Eine Stadtutopie im »Dritten Reich«. Die Planungen und Großbauten der Deutschen Arbeitsfront für die Stadt Waldbröl, Wiehl 1999 [Rosendahl-Kraas: Stadt].

Roth, Markus: Herrenmenschen. Die deutschen Kreishauptleute im besetzten Polen, Göttingen 2009 (Beiträge zur Geschichte des 20. Jahrhunderts, Bd. 9) [Roth: Herrenmenschen].

Roth, Thomas: Abschlussbericht »Vorbereitende Recherche für NS-Dokumentation«, Vogelsang 2007.

Rüdiger, Karlheinz: Auslese der Bewegung, in: Wille und Macht. Führerorgan der nationalsozialistischen Jugend, 4. Jg., H. 12/1936.

Ruprecht, Karl: Der Landkreis Dramburg. Eine Dokumentation. Chronik für Heimatfreunde, o. O. 1976 [Ruprecht: Landkreis].

Sawinski, Rolf: Die Ordensburg Krössinsee in Pommern. Von der NS-Ordensburg zur polnischen Kaserne. Aachen 2004 [Sawinski: Krössinsee].

Sawinski, Rolf / Leszczełowski, Jarosław: Od Nazistowskiej Twierdzy do Polskich Kozar, Warschau 2008 (Aktualisierte und ins Polnische übersetzte Fassung von Sawinski: Krössinsee).

Schenk, Dieter: Hans Frank. Hitlers Kronjurist und Generalgouverneur, Frankfurt a. M. 2008 [Schenk: Frank].

Schirach, Henriette von: Der Preis der Herrlichkeit. Erfahrene Zeitgeschichte, München / Berlin 1975.

Schmitz-Ehmke, Ruth / Herzog, Monika: Die ehemalige Ordensburg Vogelsang, Worms 2010. (Ursprüngl. nur Schmitz-Ehmke, Erstausgabe: Pulheim 1988) [Schmitz-Ehmke / Herzog: Vogelsang].

Schneider, Klaus: Die Adolf-Hitler-Schüler heute, in: Askania-Studiensammlung, Lindhorst 1992 [Schneider: Adolf-Hitler-Schüler].

Schoenbaum, David: Die braune Revolution. Eine Sozialgeschichte des Dritten Reiches, Köln 1968.

Scholtz, Harald: Die NS-Ordensburgen. In: Vierteljahrshefte für Zeitgeschichte, 15. Jg. (1967), S. 269 – 298.

Scholtz, Harald: Nationalsozialistische Ausleseschulen. Internatsschulen als Herrschaftsmittel des Führerstaates. Göttingen 1973 [Scholtz: Herrschaftsmittel].

Scholtz, Harald: Erziehung und Unterricht unterm Hakenkreuz. Göttingen 1985.

Schröder, Karl: Aufstieg und Fall des Robert Ley, Siegburg 2008.

Schröders, Michael: »Teile einer wertvollen wissenschaftlichen Bibliothek«. Die Universitätsbibliotheken Köln und Bonn und die Bibliothek der ehemaligen NS-Ordensburg Vogelsang, in: Geschichte in Köln. Zeitschrift für Stadt- und Regionalgeschichte 54, S. 219 – 240, Köln 2007 [Schröders: Bibliothek].

Schröders, Michael: Der Kölner Philosoph Hermann R. Bäcker, Alfred Rosenberg und die politische Schulung der NSDAP. Zu einem Bestand des Historischen Archivs der Stadt Köln, in: Geschichte in Köln, Zeitschrift für Stadt- und Regionalgeschichte 56, Köln 2009, S. 167–198.

Schulte, Jan Erik (Hrsg.): Die SS, Himmler und die Wewelsburg, Paderborn u. a. 2009.

Smelser, Ronald: Hitlers Mann an der Arbeitsfront. Robert Ley. Eine Biographie. Aus dem Amerikanischen übertragen von Karl und Heidi Nicolai, Paderborn 1989.

Smith, Bradley F., Agnes F. Peterson (Hrsg.): Heinrich Himmler. Geheimreden 1933 bis 1945 und andere Ansprachen, Frankfurt a. M. / Berlin / Wien 1974 [Smith / Peterson: Geheimreden].

Speer, Albert: Erinnerungen, Frankfurt a. M. / Berlin / Wien 1969.

Speer, Albert: Spandauer Tagebücher, Frankfurt a. M. / Berlin / Wien 1975.

Stommer, Rainer (Hrsg.): Medizin im Dienste der Rassenideologie. Die »Führerschule der Deutschen Ärzteschaft« in Alt Rehse, Berlin 2008 [Stommer: Medizin].

Troost, Gerdy: Das Bauen im neuen Reich, Bayreuth 1938 [Troost: Bauen].

Vogelsang ip (Hrsg.): Fackelträger der Nation. Elitebildung in den NS-Ordensburgen, Köln / Weimar / Wien 2010 [Vogelsang ip: Fackelträger].

Wald, Renate: Mein Vater Robert Ley. Meine Erinnerungen und Vaters Geschichte, Nümbrecht 2004.

Weißmann, Karlheinz (Hrsg.): Die Besiegten. Die Deutschen in der Stunde des Zusammenbruchs 1945, Schnellroda 2005.

Wiesenthal, Simon: Doch die Mörder leben, München / Zürich 1967.

Zellhuber, Andreas: »Unsere Verwaltung treibt einer Katastrophe zu …«. Das Reichsministerium für die besetzten Ostgebiete und die deutsche Besatzungsherrschaft in der Sowjetunion 1941–1945, München 2006 [Zellhuber: Katastrophe].

Abkürzungen

ABC-Waffen	Atomare, biologische, chemische Waffen
ADGB	Allgemeiner Deutscher Gewerkschaftsbund
AG	Aktiengesellschaft
AHS	Adolf-Hitler-Schulen
AH-Schüler	Adolf-Hitler-Schüler
BA-MA	Bundesarchiv-Militärarchiv
BArch	Bundesarchiv
BDM	Bund Deutscher Mädel
BGH	Bundesgerichtshof
DAF	Deutsche Arbeitsfront
DDR	Deutsche Demokratische Republik
DJ	Deutsche Jugend
DRP	Deutsche Reichspartei
Gestapo	Geheime Staatspolizei
GG	Generalgouvernement
HJ	Hitlerjugend
IfZ	Institut für Zeitgeschichte
KdF	Kraft durch Freude
Kfz	Kraftfahrzeug
KLV	Kinderlandverschickung
LG	Landgericht
LHA	Landeshauptarchiv
Lkw	Lastkraftwagen
Napola	Nationalpolitische Erziehungsanstalt
NATO	Nordatlantisches Verteidigungsbündnis
NPEA	Nationalpolitische Erziehungsanstalt
NS	Nationalsozialismus, nationalsozialistisch
NSDAP	Nationalsozialistische Deutsche Arbeiterpartei
NSDStB	Nationalsozialistischer Deutscher Studentenbund
NSFO	Nationalsozialistische Führungsoffiziere
NSK	Nationalsozialistische Korrespondenz
NSKK	Nationalsozialistisches Kraftfahrer-Korps
NSV	Nationalsozialistische Volkswohlfahrt
Pg.	Parteigenosse
RAD	Reichsarbeitsdienst
RKO	Reichkommissariat Ostland
RKU	Reichskommissariat Ukraine
RMbO	Reichsministerium für die besetzten Ostgebiete
SA	Sturmabteilung
SD	Sicherheitsdienst
SS	Schutzstaffel
StA	Staatsarchiv
Stapo	Staatspolizei
TOA	Tarifordnung für Angestellte
Uk	unabkömmlich
UNO	Vereinte Nationen
US	United States
VoMi	Volksdeutsche Mittelstelle
VVN	Vereinigung der Verfolgten des Naziregimes
WB	Westdeutscher Beobachter

Abbildungsnachweis

Franz Albert Heinen: S. 155, 169 o., 181, 182 r., 183, 190, 191
Martin Kaule: S. 177, Rückseite
Christopher Volle: S. 7
Franz Zadnicek: S. 24 l.

Archiv der Stadt Schleiden: S. 184 o.
Archiv Vogelsang: S. 19, 22 r., 36, 39, 40, 48, 49, 50, 51, 52, 53, 59, 61, 74, 83, 84, 87 r., 91 r., 92 o., 97 l. u., 100, 103, 127, 134, 135, 138, 139, 140 l., 141, 142, 143, 144, 151, 152, 153, 165, 166, 173, 175 u., 184 u., 186, 189 l.
Bildarchiv Preußischer Kulturbesitz: S. 13, 14, 15 o., 18, 23, 38, 69 r., 157
Bundesarchiv: S. 11 (183-2008-0922-501), 16 (Plan 1, Burg Vogelsang), 17 (183-1985-0723-500), 102 (102-14622), 107 (R 49-0134 / Wilhelm Holtfreter), 112 (137-055679), 113 o. (R 49-1589 / Wilhelm Holtfreter), 120 (Plak 003-045-017), 125 (137-078121 / Dr. Gauss-Riehle)
Fotostudio Mertens, Gemünd: S. 28, 29 o. r., 29 u., 31, 32 o. r.,32 u. r., 33, 34, 41, 63, 68 l., 70, 71 l., 71 r. o., 71 r. m., 75 l., 77, 87 l., 161, 167, 171 u., 172, 185, 187, 188
Fotostudio Pütz, Schleiden: S. 10, 21
Fotostudio Paul Schmeck, Aachen: S. 32 o. l., 35 u.
Fotostudio Paul Schmeck, Aachen / Sammlung Sebastian Golawski: S. 55, 57 l. o., 57 r., 58, 60 l.
Instytut Pamięci Narodowej: S. 121, 122, 123
Museum für angewandte Kunst, Köln, Nachlass Karl F. Liebermann: S. 22 l., 27, 29 o. l., 30
Sammlung Sebastian Golawski: S. 15 u., 26, 32 u. l., 65, 66, 73, 90 l., 92 m.
Sammlung Franz Albert Heinen: S. 35 o., 67, 68 r., 71 r. u., 72, 81, 82 r. o., 90 r., 94 r., 101, 109 l., 115, 133, 136, 137, 140 r., 145, 146, 150, 170, 174 o., 189 r.
Sammlung Jarosław Lezczełowski: S. 182 l.
Sammlung Karl-Josef Lüttgens: S. 169 u.
Sammlung Rolf Sawinski: S. 43, 44, 45, 46, 47, 56, 57 l. u., 64, 69 l., 75 r., 78, 79, 82 r. u., 85, 86, 89, 91 l., 92 u., 93 l., 95, 96 l., 97 l. o., 96 r., 97 r. o., 97 r. u., 99, 104, 105, 108, 114, 128, 129, 130, 131, 132, 162, 163, 171 o., 178
Sammlung Horst Schuh: S. 174 u.
Ullstein-Bilderdienst: S. 24 r., 25, 37, 60 r., 94 l., 158, 159

Burgbrief: S. 93 r., 148
Burggemeinschaft: S. 109 r., 110, 111, 113 u., 116, 117, 119, 147, 164
Kölnische Illustrierte Zeitung: S. 80
Ley, Robert: Der Weg zur Ordensburg, Sonderdruck des Reichsorganisationsleiters der NSDAP für das Führerkorps der Partei, ihrer Gliederungen und der angeschlossenen Verbände, o. O. o. J.: S. 82 l.
Lohrer Zeitung: S. 179
Orden: S. 98
Soldier Magazine: S. 175 o.

Die Verwendung der Fotos aus dem Fotostudio Paul Schmeck (Aachen) erfolgte mit freundlicher Genehmigung von Ursel Thomas (Berlin), die der Fotos vom Bau der Ordensburg Sonthofen mit freundlicher Zustimmung des Fotostudios Heimhuber (Sonthofen) bzw. der Eberl-Medien (Immenstadt).

Trotz sorgfältiger Recherche ist es nicht in allen Fällen gelungen, die Rechteinhaber der Abbildungen zu ermitteln. Der Verlag bittet gegebenenfalls um Mitteilung.

Personenregister

Die Namen von Adolf Hitler und Robert Ley wurden aufgrund ihres häufigen Vorkommens im Text nicht in das Register aufgenommen.

Kursiv gesetzte Seitenzahlen verweisen auf eine Bildunterschrift.

Danksagung

Die Entstehung dieses Buches wäre nicht möglich gewesen ohne die tatkräftige Hilfe vieler Menschen, die bereitwillig den Zugriff auf Dokumente und Bildbestände ermöglichten. Darunter waren vielfach Verantwortliche großer staatlicher Archivbestände, wie etwa Dr. Tobias Herrmann von der Außenstelle des Bundesarchivs in Ludwigsburg, den ich hier stellvertretend für viele andere Archiv-Verantwortliche nennen möchte. Ähnlich verständnisvolles Entgegenkommen fand ich in anderen Archiven, wie etwa dem Landeshauptarchiv in Düsseldorf, dem Archiv des Kreises Euskirchen oder dem Archiv der Stadt Schleiden, um nur einige wenige exemplarisch für den Bereich staatlicher Archive zu nennen. Höchst hilfreich war die von Klaus Ring eingeräumte Möglichkeit, das im Aufbau begriffene und noch nicht öffentlich zugängliche Archiv der NS-Dokumentation in Vogelsang für meine Zwecke zu nutzen. Neben den staatlichen Archiven waren es insbesondere Privatleute, die anhand der Nachlässe ehemaliger Ordensjunker Erkenntnisse über das Geschehen an den NS-Ordensburgen ermöglichten, die in öffentlichen Archiven nicht zu finden sind. Hier ist zuvorderst Rolf Sawinski zu nennen, der sich im Verlauf der jahrelangen Recherchearbeit immer wieder als der wohl profundeste Kenner des Themas entpuppte und der auf nahezu alle Fragen erschöpfende Antworten wusste. Sawinski öffnete seinen über Jahrzehnte zusammengetragenen, heute schier unerschöpflichen Fundus und half bei der Klärung zahlloser Detailfragen aktiv mit. Als sehr hilfreich erwies sich beispielsweise auch Jarosław Leszczełowski, der ergänzende Informationen zur Nachkriegsgeschichte der ehemaligen Ordensburg Krössinsee beisteuerte, oder Hartmut Happel, der mir seinen Quellenschatz zu Sonthofen zugänglich machte. Gleiches ist zu Stefan Becker zu sagen, der ohne zu zögern die Quellen seiner hervorragenden Arbeit zur Elitefrage an den Ordensburgen zur Verfügung stellte. Als herausragender Zeitzeuge für die Intendantur Vogelsangs beantwortete Hubert Breuer in mehrstündigen Interviews meine Fragen zu diesem Komplex und zum Alltagsgeschehen während des Krieges. Ganz ähnlich war es bei etlichen ehemaligen Adolf-Hitler-Schülern, die sowohl für Interviews bereitstanden als auch einen umfangreichen Fragebogen ausfüllten.

Das Thema NS-Ordensburgen ist erkennbar in den Bildsammlungen öffentlicher Archive noch nicht angekommen. Der etwa im Bundesarchiv vorhandene Bildbestand ist marginal. Lediglich im Museum für angewandte Kunst in Köln fand sich ein Album des in Vogelsang tätigen Bauleiters Karl Friedrich Liebermann, das Dr. Gerhard Dietrich ohne Umstände zugänglich machte. Auch das Archiv Vogelsang hat inzwischen seinen Bildbestand mit vielen privaten Funden angereichert, die ich nutzen durfte. Die Masse der Bilder liegt jedoch nach wie vor in privaten Beständen. Exemplarisch seien hier die üppigen Sammlungen von Rolf Sawinski oder Sebastian Golawski erwähnt, auf die ich ebenfalls zugreifen durfte. Freundliche Zustimmung von Eberl Medien (Immenstadt), Foto Heimhuber (Sonthofen) sowie Hartmut Happel ermöglichten den Zugriff auf die Bilder zu Sonthofen.

Kernstück des Bilderfundus bildet jedoch der Nachlass des Fotostudios Mertens in Gemünd, den Ilse Burgass dem Autor überließ. Ergänzt wird der Bestand des Autors durch Bilder, die sich im Besitz der Nachkommen ehemaliger Ordensjunker befinden und die ebenfalls zur Nutzung freigegeben wurden. Ihnen allen gilt stellvertretend für die vielen Menschen mein Dank, die hier nicht alle namentlich angeführt werden können.

Ganz besonderer Dank gebührt jedoch dem Kölner Historiker und profilierten Kenner des Themas NS-Ordensburgen, Stefan Wunsch. Er las und korrigierte geduldig die Textentwürfe und gab vielfältige Anregungen, die in allen Fällen hilfreich waren.

Zum Autor

Franz Albert Heinen

Jahrgang 1953; Journalist; seit 1979 in der Kreisredaktion Euskirchen des *Kölner Stadt-Anzeiger* tätig; Arbeitsschwerpunkt Politik; Mitglied im Team zur Sicherung und Auswertung von Quellen für die geplante NS-Dokumentation in Vogelsang.

Zahlreiche regionalhistorische Veröffentlichungen zum 20. Jahrhundert, insbesondere zur NS-Ordensburg Vogelsang sowie zum Einsatz der NS-Ordensjunker in der Besatzungsverwaltung Osteuropas.